加强版审计报告：理论与应用

(Extended Auditor's Report:
Theory and Application)

杨志国 著

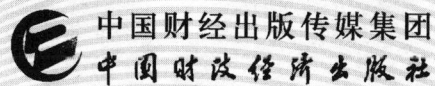

中国财经出版传媒集团
中国财政经济出版社

图书在版编目（CIP）数据

加强版审计报告：理论与应用／杨志国著．—北京：中国财政经济出版社，2018.8
ISBN 978-7-5095-8448-4

Ⅰ.①加… Ⅱ.①杨… Ⅲ.①审计报告－研究－中国 Ⅳ.①F239.22

中国版本图书馆 CIP 数据核字（2018）第 188178 号

责任编辑：张若丹　王晗青　白静　　　责任校对：杨瑞琦

中国财政经济出版社 出版

URL: http://www.cfeac.com
E-mail: cfeac@cfemg.cn

（版权所有　翻印必究）

社址：北京市海淀区阜成路甲 28 号　邮政编码：100142
营销中心电话：010-88191522
天猫网店：中国财政经济出版社旗舰店
网址：http://zgczjjcbs.tmall.com
北京鑫海金澳胶印有限公司印刷
787×1092 毫米　16 开　20 印张　329 000 字
2018 年 8 月第 1 版　2018 年 12 月北京第 2 次印刷
定价：68.00 元
ISBN 978-7-5095-8448-4
（图书出现印装问题，本社负责调换）
本社质量投诉电话：010-88190744
打击盗版举报热线：010-88191661　QQ：2242791300

Preface 前 言

写作本书的目的，是向读者阐释加强版审计报告模式的来龙去脉：为什么对二元审计报告模式进行改革？如何构建加强版审计报告模式？对改革涉及的重大问题是怎么决策的？如何运用新的和修改的审计准则？运用加强版审计报告有哪些经验？

注册会计师审计是财务信息生成链条上关键的一环，对增强财务信息的可信性起着至关重要的作用。传统审计报告模式属于二元审计报告模式（a binary opinion），分为合格或不合格（pass/fail）意见两类。审计意见在审计报告中居于核心地位，审计报告的其他部分使用统一的要素、格式和措辞。使用者认为这种审计报告模式信息含量低，相关性和决策有用性差，注册会计师获取的有关被审计实体和审计本身的信息对财务报表使用者具有重要价值，但却没有披露出来。在这种情况下，形成了使用者和注册会计师的信息差距。

在全球经济环境下，伴随着日益复杂的财务报告要求，使用者比以往任何时候更需要内容丰富和高度相关的信息。2008年的全球金融危机导致监管者、投资者和其他利益相关者对二元审计报告的不满达到了空前的高度，强烈呼吁对审计报告进行改革。因此，国际审计与鉴证准则理事会（IAASB）、欧盟委员会（European Commission）、英国财务报告理事会（FRC）、美国公众公司会计监督委员会（PCAOB）、中国注册会计师协会（CICPA）等国际机构、地区组织和国家准则制定者，加快了审计报告改革步伐，从不同的视角提出了改进审计报告的方案。

国际审计与鉴证准则理事会作为国际审计准则制定者，从2009年起开始跟踪和评论各国审计报告的改革，并积极推进国际审计准则的修订。2011年5月提出咨询文件《增加审计报告的价值》探索变革的途径，2011年12月成立国际审计准则起草小组，2012年6月提出邀请评论《改进审计报告》，2013年6月提出国际审计准则征求意见稿，2015年1月颁布新的和修改的审计准则。

新的和修改的国际审计准则规定了加强版审计报告模式，其核心要求是提高审计报告的信息含量，增强审计工作的透明度，强化注册会计师与审计相关的责任。主要体现在：在上市实体审计报告中沟通关键事项和注明项目合伙人的姓名，单独披露与持续经营相关的重大不确定性和注册会计师对其他信息的责任及工作结果，澄清管理层（治理层）和注册会计师的责任，声明注册会计师独立于被审计单位并履行了职业道德方面的其他责任，优化审计报告要素顺序。这些变化构成了加强版审计报告模式的主要方面，对于提高审计报告的相关性和决策有用性，提高审计工作的透明度，强化审计的价值具有至关重要的作用。

最近几年，笔者一直担任国际会计师联合会理事会理事，非常关注国际审计准则和我国审计准则的制定和修订工作，以及相关国家和地区采用加强版审计报告的经验。为此，笔者全面整理了国际审计与鉴证准则理事会发布的审计报告改革文献，研究了欧盟审计制度改革建议和制定修订的相关法律，阅读了英国2014年和2015年采用加强版审计报告的资料，分析了我国A+H股和H股公司、沪深证券交易所部分上市公司2017年和2018年采用新版审计报告的做法，探讨了加强版审计报告涉及的特殊问题。上述整理、阅读、研究和分析工作，形成了大量的文字，去芜存菁，遂成此书。

本书参考、借鉴、引用和介绍了大量的前沿性文献资料，在脚注和附录中一一注明文献的出处和作者。如果书中存在对文献理解和表达不准确之处，均是笔者本人的责任，与原文献作者无关。

本书结合了理论和实务，适用于审计工作者、财会工作者和会计审计教学科研人员使用，也适用于财会类高年级学生、硕士研究生和博士研究生学习使用。

杨志国
2018年6月

Contents

目 录

第一章 加强版审计报告的构建 …………………………………… 1
    第一节 二元审计报告存在的问题 …………………………… 1
    第二节 加强版审计报告思路的提出 ………………………… 8
    第三节 加强版审计报告思路的深化 ………………………… 17
    第四节 加强版审计报告准则的建议 ………………………… 40

第二章 加强版审计报告有关问题的决策过程 …………………… 66
    第一节 新的和修订的国际审计准则 ………………………… 66
    第二节 对关键审计事项有关问题的决策 …………………… 70
    第三节 对持续经营有关问题的决策 ………………………… 88
    第四节 对其他改进建议的决策 ……………………………… 97

第三章 加强版审计报告准则的运用 ……………………………… 106
    第一节 加强版审计报告准则的核心要求 …………………… 106
    第二节 关键审计事项的确定和沟通 ………………………… 120
    第三节 持续经营 ……………………………………………… 146
    第四节 其他信息 ……………………………………………… 155
    第五节 强调事项段和其他事项段 …………………………… 173

第四章　国外运用加强版审计报告的经验 ……………… 182
 第一节　欧盟委员会对审计改革的建议 …………………… 182
 第二节　欧盟对审计改革的立法 …………………………… 188
 第三节　英国 2014 年运用加强板审计报告的经验 ………… 201
 第四节　英国 2015 年运用加强版审计报告的经验 ………… 219

第五章　中国运用加强版审计报告的经验 ……………… 237
 第一节　制定和修订的相关审计准则 ……………………… 237
 第二节　中国 2017 年运用加强版审计报告的经验 ………… 243
 第三节　中国 2018 年运用加强版审计报告的经验 ………… 255
 第四节　对加强版审计报告特殊问题的考虑 ……………… 273

附录 …………………………………………………………… 298
 1. A+H 股、H 股和自愿披露公司样本名单 ………………… 298
 2. 沪深 300 指数公司样本名单 ……………………………… 301

参考文献 ……………………………………………………… 311

第一章
加强版审计报告的构建

第一节 二元审计报告存在的问题

审计报告①是注册会计师对财务报表发表审计意见形成的书面报告,同时也是注册会计师与财务报表使用者(以下简称使用者)沟通审计事项的主要手段。审计报告模式是指审计报告的样式,体现的是审计报告的形式和内容。良好的审计报告模式可以保持审计报告的一致性、可比性,增强其相关性和决策有用性,提高审计工作的透明度。尽管审计报告在过去几年不断得到改进,包括澄清审计的范围以及管理层和注册会计师各自的责任,但仍有部分市场参与者,如监管者、投资者和其他利益相关者认为无法满足使用者的信息需求,呼吁对审计报告进行更多的根本性的改变。因此,最近几年,国际审计与鉴证准则理事会(IAASB)、欧盟委员会(European Commission)、英国财务报告理事会(FRC)、美国公众公司会计监督委员会(PCAOB)、中国注册会计师协会(CICPA)等国际机构、地区组织和国家准则制定者,一直在探索增强审计报告的相关性和决策有用性的途径,并提出了加强版审计报告(在本书中也称"改进的审计报告""新审计报告")。

---

① 对"注册会计师出具的审计报告"的称谓并不完全一样,中国法律法规和审计准则称为"审计报告",欧盟法律也称为"审计报告"(audit report),国际审计准则称为"独立审计师报告"(independent auditor's report),美国审计准则称为"独立注册公共会计师事务所报告"(report of independent registered public accounting firm)。本书统一称为"审计报告"。

一、二元审计报告模式

审计报告是财务信息生成链条上关键的一环,对增强财务信息的可信性起着至关重要的作用。传统审计报告模式,包括标题、收件人、引言、管理层对财务报表的责任、注册会计师的责任、审计意见、注册会计师签字(或以会计师事务所的名称、注册会计师的个人姓名或两者的名义签字,视特定司法管辖区[①]的要求)、报告日期、会计师事务所地址等要素,这种审计报告的特点是要素统一、格式一致、措辞标准,称为短式标准审计报告模式;由于审计意见分为合格或不合格(pass/fail)的二元意见(a binary opinion),居于核心地位并且最有价值,其他部分使用统一的要素、格式和措辞,因此,这种审计报告又称为二元审计报告。二元审计报告模式见参考格式1-1。

参考格式1-1   二元审计报告模式

审计报告

ABC 股份有限公司全体股东:

一、对财务报表出具的审计报告

我们审计了后附的 ABC 股份有限公司(下列简称 ABC 公司)财务报表,包括20×1年12月31日的资产负债表,20×1年度的利润表、现金流量表和股东权益变动表以及财务报表附注。

(一)管理层对财务报表的责任

编制和公允列报财务报表是 ABC 公司管理层的责任,这种责任包括:(1)按照国际财务报告准则的规定编制财务报表,并使其实现公允反映;(2)设计、执行和维护必要的内部控制,以使财务报表不存在由于舞弊或错误导致的重大错报。

(二)注册会计师的责任

我们的责任是在执行审计工作的基础上对财务报表发表审计意见。我们

---

① 司法管辖区,是指具有司法管辖权的国家或地区,本书中有时也用"国家和地区"代替。

按照国际审计准则的规定执行了审计工作。国际审计准则要求我们遵守国际职业会计师道德守则,计划和执行审计工作以对财务报表是否不存在重大错报获取合理保证。

审计工作涉及实施审计程序,以获取有关财务报表金额和披露的审计证据。选择的审计程序取决于注册会计师的判断,包括对由于舞弊或错误导致的财务报表重大错报风险的评估。在进行风险评估时,注册会计师考虑与财务报表编制和公允列报相关的内部控制,以设计恰当的审计程序,但目的并非对内部控制的有效性发表意见。审计工作还包括评价管理层选用会计政策的恰当性和作出会计估计的合理性,以及评价财务报表的总体列报。

我们相信,我们获取的审计证据是充分、适当的,为发表审计意见提供了基础。

(三) 审计意见

我们认为,ABC公司财务报表在所有重大方面按照国际财务报告准则的规定编制,公允反映了ABC公司20×1年12月31日的财务状况以及20×1年度的经营成果和现金流量。

[保留意见:(三) 形成保留意见的基础

ABC公司20×1年12月31日资产负债表中存货的列示金额为×元。管理层根据成本对存货进行计量,而没有根据成本与可变现净值孰低的原则进行计量,这不符合国际财务报告准则的规定。公司的会计记录显示,如果管理层以成本与可变现净值孰低来计量存货,存货列示金额将减少×元。相应地,资产减值损失将增加×元,所得税、净利润和股东权益将分别减少×元、×元和×元。

(四) 形成保留意见

我们认为,除"(三) 形成保留意见的基础"段所述事项产生的影响外,ABC公司财务报表在所有重大方面按照国际财务报告准则的规定编制,公允反映了ABC公司20×1年12月31日的财务状况以及20×1年度的经营成果和现金流量。]

二、按照相关法律法规的要求报告的事项

(本部分报告的形式和内容,取决于相关法律法规对其他报告责任的规定。)

［以会计师事务所的名义、注册会计师个人的姓名或两者的名义签字，视特定司法管辖区要求而定］

　　［审计报告日期］

　　［会计师事务所地址］

　　（为了进行国际比较，注册会计师签字、审计报告日期和会计师事务所地址采用国际审计准则的描述方式。我国审计报告末尾列示注册会计师签名和盖章、会计师事务所名称和地址及加盖公章、审计报告日期。）

在二元审计报告模式下，注册会计师对财务报表出具的审计报告交付什么内容？用标准措辞描述接受审计的财务报表、审计本身、管理层和注册会计师各自的责任。审计报告的基石是审计意见，或者是干净的意见（无保留意见），或者带"形成审计意见基础"的非无保留意见（保留意见、否定意见、无法表示意见）。

然而，在当今全球经济环境下，伴随着日益复杂的财务报告要求，使用者比以往任何时候更需要高度相关的信息用于决策。全球金融危机也激发使用者，特别是机构投资者和金融分析师，想要了解更多有关的审计事项，对实体[①]和财务报表获取进一步的了解。尽管审计意见是非常有价值的，但审计报告中其他要素的有用性并未达到其应有的程度。

二、财务报告供应链条

国际会计师联合会（IFAC）[②] 在 2008 年的研究报告《财务报告供应链条：当前的看法和方向》[③] 中将财务报告供应链描述为"在财务报告编制、批准、审计、分析和使用中所涉及的人员和流程"。因此，在财务报告供应链所有环节，需要具有高质量和密切联系的特性。并且，每个单独的环节在支持高质量

---

　　① 实体即被审计实体，被审计单位，接受财务报表审计的上市公司、非上市公司、其他企业、私营部门或公共部门等。

　　② 国际会计师联合会（IFAC）成立于 1977 年，是会计行业的国际组织，由 130 多个国家和地区的 175 个职业组织组成，代表全球近 300 万在会计师事务所、教育、政府和企业等领域工作的职业会计师。国际会计师联合会的宗旨是，通过制定和实施高质量的职业标准，促进标准的国际趋同，并为与行业专长最为相关的公众利益问题进行呼吁，从而促进世界范围内会计行业的发展，推动全球经济增长，服务公众利益。

　　③ web.ifac/media/publication/a/financial-reporting-supply/financial-reporting-supply.pdf

的财务报告中扮演着重要角色,而各环节之间联系或相互作用的性质能够对审计质量具有特定的影响。其中,外部审计①在整个供应链条中起着重要作用。财务报告供应链各主体之间的关系见图1-1。

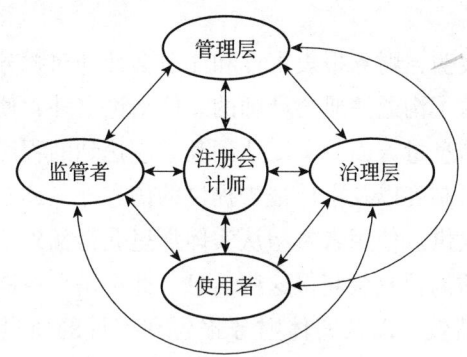

图1-1 财务报告供应链之间的关系

法律和监管环境,包括报告规则、与公司治理相关的政策、适用的财务报告框架要求②、监管者,以及管制财务报告供应链中参与者行为的各项标准,对财务报告而言,都是相互关联的投入因素,决定着财务报告的质量。同样,高质量的财务报告,还取决于每个实体中负责财务报告的人员——管理层和治理层——对使用者提供哪些信息作出的决策。要想实现财务报告的不断改进,监管者、投资者和其他使用者、准则制定者和政策制定者必须持续审视和改善他们所影响的财务报告基础架构流程(financial reporting infrastructure process)。

在全球范围内,无论是资本市场,还是公共部门或私营(非公共)部门,外部审计对于保证财务报告的质量都是非常重要的,它是监管和监督基础架构的重要组成部分。同时,也有许多因素会影响审计和对审计的期望,以及注册会计师能够或应当向使用者传达哪些信息。这些因素包括财务报告的性质、注册会计师获得和传播信息的能力受到的实际限制和法律限制,以及在合理的时间范围内、以合理的成本执行审计的要求。

审计报告只是更广泛的报告流程(财务报告供应链条)中的一个要素,但在与使用者的沟通中扮演着非常重要的角色。相应地,审计报告的价值和相

---

① "外部审计"即"注册会计师审计";"审计师"和"注册会计师"含义相同,有时也指"会计师事务所"。本书使用"注册会计师"一词。
② 关于"财务报告编制基础"和"财务报告框架",在本书中含义相同。涉及国际和国外的情况,使用"财务报告框架";涉及中国的情况,使用"财务报告编制基础"。

关性也需要得到监控和维护，并在适当的时候予以提高。

三、期望差距与信息差距

二元审计报告表明，财务报表审计和注册会计师对财务报表发表的意见是有价值的。然而，除了沟通注册会计师的总体结论之外，使用者认为审计报告的内容在有用性和信息量方面并未能达到其本应达到的程度。除了通过已审计财务报表和其他披露制度以及审计报告提供的信息外，还有很多关于实体和审计本身的信息没有提供。使用者希望从实体那里获得额外信息，或者通过注册会计师对此类问题的沟通直接获得这些信息。此类信息可能有助于使用者评价实体的财务状况和绩效，以及实体财务报告和审计的质量。上述现象称之为"信息差距"，它与"期望差距"不同，但又相互重叠。

（一）期望差距

从最广泛意义上来说，期望差距是指使用者对注册会计师和财务报表审计的期望与审计的现实状况之间的差异。期望差距早已有之，其产生的部分原因可归结为使用者对审计性质（包括审计范围、审计目标和固有限制）的误解。特别需要指出的是，公众对注册会计师发现财务报表舞弊能力的期望与注册会计师在现有职业标准下的舞弊发现责任之间仍然存在差距。

有人也表示，注册会计师向使用者沟通审计结果的方式也是导致期望差距的部分原因。由于二元审计报告使用一般性语言来描述注册会计师的工作成果，使用者无法从中完整获知注册会计师对某项审计执行程序的程度，因此感知到的注册会计师所做的工作和注册会计师实际做的工作有一定差距。

学术研究显示，使用者对审计质量的感知受审计报告信息沟通价值的影响。二元审计报告对评价审计质量几乎不提供任何参考信息，部分原因是二元审计报告不披露与实施程序有关的信息，也不披露注册会计师形成审计意见时作出的大量判断。因此，如果能够提高审计过程的透明度，就可能改善人们对审计质量的感知。在这种情况下，一些资本市场参与者（包括投资者和财务分析师）建议进一步改进审计报告以满足使用者的需求。

（二）信息差距

信息差距是指投资者在制定明智的投资和信托决策时所需要的信息与他们通过实体的已审计财务报表或其他公开渠道可以获得的信息之间存在差距。这种"信息差距"会影响资本市场的效率和资本的成本。同时,它也使人们对以下问题的理解面临更大挑战:实体财务信息(包括已审计财务报表和相关披露信息)如何反映实体的整体财务状况、绩效和业务的可持续性。特别是在经济动荡的情况下,即使不考虑信息差距,这种挑战也已经非常严峻。

一些人表示,信息差距部分可能归因于财务报告框架或其应用中存在的缺陷,特别是在披露对使用者了解实体及其财务报表非常重要的信息时,这种缺陷尤其明显。然而,许多人也承认,由于业务和报告环境固有的复杂性,单凭已审计财务报表是不可能向使用者提供财务分析和决策所需要的全部信息的。

使用者认为,他们得到的信息(包括实体的已审计财务报表和注册会计师出具的审计报告)只是管理层和注册会计师获得的大量信息中的一部分。根据现有的财务报告框架和相关法律法规,向使用者提供的这一小部分信息,旨在向使用者提供与决策有关的、相对简明概要的信息。信息差距示意图见图1-2。

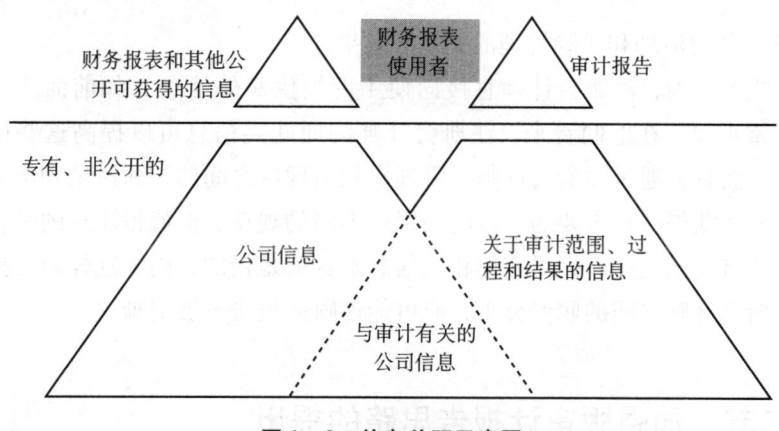

图1-2 信息差距示意图

有一种观点认为,披露下列信息可以让使用者感知到较高的透明度:

(1)实体的情况和财务报表,特别是重大财务报告风险以及目前所采取的解决方式;

(2)执行的审计,包括关键审计风险领域。

这促使准则制定者考虑,为了缩小信息差距,向使用者提供这种额外信息,应当采用哪种可行而且最合适的渠道。

从概念上说,通过披露使用者无法获得的额外信息,可以缩小人们认为的

"信息差距"。原则上，可以将公司管理层、治理层或注册会计师的更多报告进行某种整合，就有可能向使用者提供此类信息。但是也有人特别是投资者和分析师认为，注册会计师在财务报表审计过程中所获得的对实体及其业务的了解才是与他们的需求最相关的信息，所以建议注册会计师在报告中包含以下额外信息：

（1）注册会计师认为存在的重大业务、运营和审计风险；

（2）注册会计师对下述问题的看法：对财务报表有重大影响的判断所依据的重要假设，以及这些假设是否落在可能结果区间的低点或高点；

（3）采用的会计政策是否恰当，包括任何与行业实务不一致的会计政策等；

（4）具有重大影响的会计政策变更；

（5）对资产和负债估值时使用的方法和判断；

（6）重大异常交易事项；

（7）关键的审计问题以及项目合伙人在审计摘要备忘录中记录的解决方案；

（8）公司治理和风险管理的质量和效果。

一些人认为，注册会计师直接向使用者提供额外信息（如前面所说的信息）非常重要。在他们看来，注册会计师沟通此类信息可以提高这些信息的可信度，而且，通过注册会计师、管理层和治理层之间的不断讨论和沟通，可以让使用者获得一种重要的、可能与以往不同的观点。但值得注意的是，由注册会计师首先向使用者提供实体相关信息本身就是错的，因为这样做会损害实体和注册会计师之间的职责分工，有可能使财务报告不够清晰。

第二节 加强版审计报告思路的提出

为了缩小使用者感知到的"信息差距"或提高审计报告的沟通价值，国际审计与鉴证准则理事会（IAASB）[①] 于 2011 年 5 月在咨询文件《提高审计报

---

① 国际会计师联合会下设的国际审计与鉴证准则理事会（IAASB），旨在通过制定高质量的审计、鉴证和其他相关准则，以及促进国际准则和国家审计和鉴证准则的趋同，服务公众利益，从而提高全球范围内实务质量和一致性，增强全球审计和鉴证职业的信心。公众利益监督理事会（PIOB）参与准则的制定过程，负责监督国际审计与鉴证准则理事会和国际审计与鉴证准则理事会咨询顾问组（IAASB Consultative Advisory Group）的活动。

告的价值：探索变革的途径》[①] 中提出了改进审计报告的三种备选方案，即在现行公司报告模式和财务报表审计范围内的变革，对公司报告模式的变革，对涉及其他鉴证服务及相关服务的变革。其中在现行公司报告模式和财务报表审计范围内的变革，提出加强版审计报告模式，方案较为可行，成为缩小"信息差距"的重要突破口。下面以咨询文件为基础，简要介绍构建加强版审计报告的思路。

一、加强版审计报告模式的设想

在现行公司报告模式和财务报表审计范围内的变革，主要设想如下：

（一）优化二元审计报告的格式和结构

下列方法可能改进、提高审计报告的沟通价值：

（1）在所有审计报告中添加一般性通用措辞的段落以更加清晰说明管理层和注册会计师各自的责任；

（2）鉴于不同的人对于专业术语（如"重大""合理保证""公允"）理解不同，建议采用专业性低一点的措辞代替专业术语或提供进一步解释；

（3）调整审计报告中审计意见段落的位置。

（二）在审计报告中明确对"其他信息"的责任

其他信息是指包含已审计财务报表及审计报告文件中的其他信息。既然使用者高度关注其他信息，如管理层讨论与分析（MD&A）以及经营与财务回顾（OFR）等信息，审计报告应当包含有关注册会计师对其他信息责任的段落，或者甚至包含一个有关其他信息的结论段落。

（三）在审计报告中增加"注册会计师评论"

使用者认为注册会计师拥有大量有关实体和已审计财务报表的信息，且这些信息对于使用者作出决策很有价值，如财务报表中的重大错报风险、关键会计估计和管理层判断以及管理层对会计政策的选择和运用等。因此，建议在审计报告中增加"注册会计师评论"，即注册会计师对影响使用者理解审计或已审计财务报表的重大事项发表的评论，以提高实体及其已审财务报表和已执行审计工作的透明度。

二元审计报告变革为加强版审计报告的思路见图1-3。

[①] IAASB Consultation Paper: Enhancing the Value of Auditor Reporting: Exploring Option for Change, May 2011.

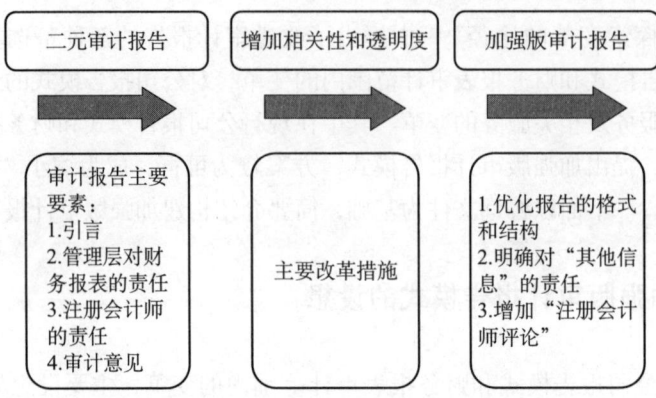

图1-3 二元审计报告变革为加强版审计报告的思路

根据加强版审计报告的变革思路,构建的加强版审计报告框架见参考格式1-2。

参考格式1-2　　　　　加强版审计报告框架

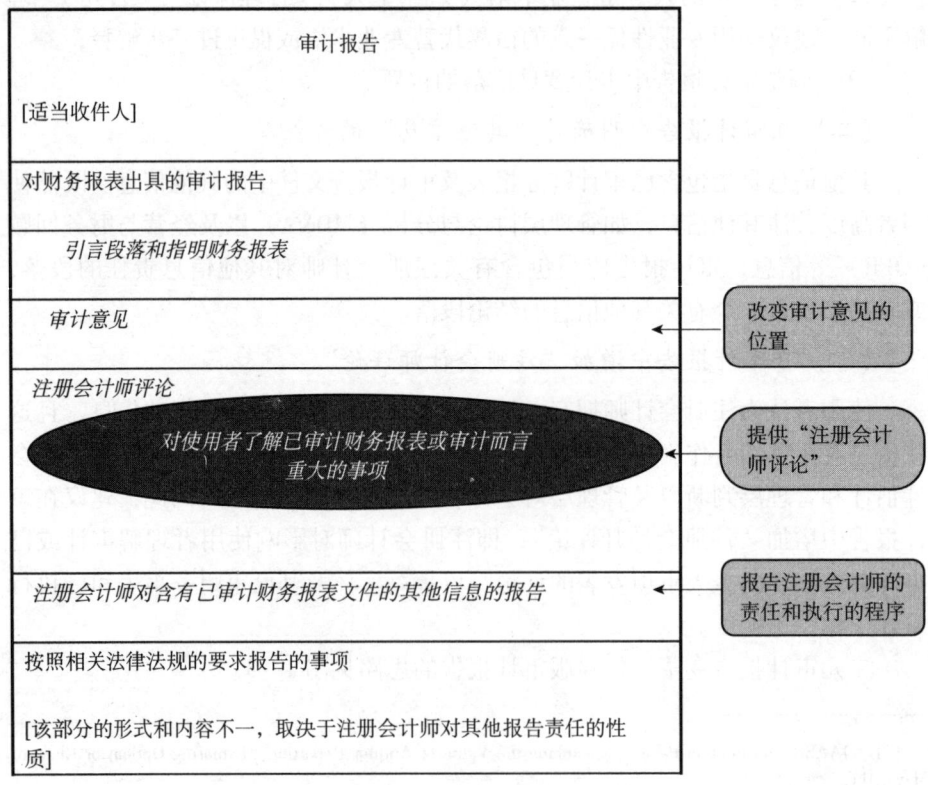

```
┌─────────────────────────────────────────────────────┐
│ [以会计师事务所的名义、注册会计师个人的姓名或两者的名义签字， │
│ 视特定司法管辖区要求而定]                              │
│ [审计报告日期]                                        │
│                                                     │
│ [会计师事务所地址]                                    │
│                                                     │
│ 关于财务报表审计                                      │
│                                                     │
│ 描述财务报表审计、管理层对财务报表的责任和注册会计师的责任 ←──── 保留和改进有关
│                                                     │        审计的标准内容
│                                                     │       （适用情况下扩
│                                                     │        充内容），并把
│                                                     │        这部分改放在审
│                                                     │        计报告末尾
└─────────────────────────────────────────────────────┘
```

二、加强版审计报告要素的讨论

（一）审计意见

大家公认，审计报告需要清楚地表达注册会计师对财务报表发表的意见。对于使用者来说，这是审计报告的关键要素。在二元审计报告模式下，审计意见放在审计报告中的最后一段。有些人建议对审计意见给予更多重视，将审计意见放在审计报告的第一段，或者审计报告只有"审计意见段"。但有些人建议维持原来的做法，将审计意见放在描述管理层和注册会计师责任的段落之后，方便使用者结合上下文来阅读。

（二）"注册会计师评论"

"注册会计师评论"（关键审计事项的前身），是指注册会计师对影响使用者理解审计或已审计财务报表的重大事项发表的评论。在审计报告中增加"注册会计师评论"要素可以提供审计的进一步信息。例如，使用者已经提出，提供有关下列方面的信息将有助于其理解审计报告：

（1）注册会计师识别的存在财务报表重大错报风险的关键领域，包括重要的会计估计或财务报表中存在计量不确定性的领域；

（2）注册会计师重大判断的领域，例如，有关导致使用者对实体的持续经营能力产生疑虑的重大不确定性的判断，或者有关财务报表内相关项目的确认、终止确认、计量或披露的判断；

（3）注册会计师执行审计时所使用的重要性水平；

（4）被审计实体内部控制，包括注册会计师在审计过程中识别的值得关注的内部控制缺陷；

（5）注册会计师在审计过程中遇到的重大困难及其解决问题的办法。

但有人告诫说，提供这类信息可能有问题，并可能产生令使用者感到更加困惑的预想不到的后果：

（1）使用者可能对财务报表或审计过程提出疑问，例如，注册会计师描述了其使用的重要性门槛（临界值），但没有对重要性的定性和定量方面的考虑因素以及如何在审计中运用重要性进行充分的解释；

（2）在使用者心中产生疑问：额外信息（"注册会计师评论"）是否会影响审计意见；

（3）使用者可能误以为注册会计师在对财务报表的某些要素或某些披露发表意见或形成结论。

在这些领域，事实可能证明，将注册会计师在审计背景下所作的额外披露（"注册会计师评论"），与被审计实体本身对额外信息的披露区分开来是很难的。例如，注册会计师就其对重要会计估计的看法而提供的信息，未必和管理层在财务报表中披露该信息的方式一致。这可能导致出现有关实体的"竞争性信息"（dueling information）。尽管存在这些担忧，但探索是否能够提供有关审计的进一步信息仍可能对使用者有好处。

（三）其他信息

根据《国际审计准则第 720 号——注册会计师对含有已审计财务报表文件中其他信息相关的责任》（2009 年 12 月 15 日生效）的规定，注册会计师应当阅读含有已审计财务报表和审计报告文件中的其他信息（简称其他信息），以识别与已审计财务报表之间的重大不一致（如有）。如果注册会计师识别出一项重大不一致，或者注册会计师注意到对事实的明显的重大错报，注册会计师应当采取适当的措施。这可能涉及在审计报告中提供额外说明，描述该重大不一致。

在二元审计报告模式下，审计报告不提及注册会计师对其他信息的责任，或者财务报表与其他信息之间的关系。因此，有人认为这会导致阅读者不清楚注册会计师与其他信息相关的责任。同时，引起人们注意的一个问题是，让阅读者关注注册会计师关于其他信息的责任而非其他责任（例如，注册会计师评估实体持续经营能力的责任），可能使阅读者感到困惑，或者暗示注册会计师对于其他信息的责任高于其他责任。

（四）管理层和注册会计师各自的责任

描述管理层和注册会计师各自责任，是为了解决信息使用者与财务报表审计之间的"期望差距"问题，从而希望使用者能够借助必要的背景信息来理解审计意见。但是，学术研究表明，在二元审计报告模式下，使用者觉得除了审计意见具有价值外，审计报告其他内容的价值很小。因此，应当对管理层和注册会计师各自的责任进行更多描述，例如，增加关于舞弊、持续经营、风险、非财务披露或独立性等方面的描述。

在加强版审计报告模式中，注册会计师应当以最佳的方式说明管理层的责任和注册会计师的责任，并将其放在最适当的位置。关于管理层的责任和注册会计师的责任在审计报告中的位置，一种选择是将这些段落移到一个单独的文件中，用于向使用者沟通与财务报表审计相关的信息，例如，将该文件用电子形式放在向公众开放的网址上，供公众阅读。英国财务报告理事会采用这一模式。第二种选择是将这些段落完全从报告中删除。这会导致所谓的"只有意见段"的报告。该方法假设使用者已经充分知悉管理层和注册会计师的责任所涉及的事项，并且他们在阅读审计报告时无须得到相关提醒。第三种选择是，在审计报告中保留这些段落（并且视情况，扩展其内容），将它们放在报告末尾，或者作为审计报告的附件，并强调该信息是审计报告不可分割的组成部分。这可能既有助于提高报告的可读性，又保留了许多人认为必要的背景信息。一部分人认为如果为了提高审计报告的信息价值而完全删除这些段落，实际上可能会导致"期望缺口"扩大。因此，他们建议不要从审计报告中删除这些内容。

研究表明，审计报告中使用的某些专业术语，可能导致注册会计师和报告阅读者做出不同的理解。有些人提议审计报告采用专业性低一点的措辞，甚至建议是否能提供专业术语的解释和审计报告关键部分的详细说明，帮助使用者理解审计报告。综上所述，将解释专业术语与全面描述管理层和注册会计师各自的责任结合起来的做法可能更好。

三、"注册会计师评论"的进一步讨论

（一）"注册会计师评论"的好处和困难的例证

是否有证据证明在审计报告中增加"注册会计师评论"要素能够缩小

"信息差距",其效益是否大于成本?

在2011年之前的若干年,法国已经推行了类似的做法,是在结合适用于审计报告和审计的法律上建立起来的。财务报表审计报告中包含了专门针对法定审计的部分,称为"注册会计师评估的合理性"。该部分内容包括注册会计师识别出的财务报表中的某些关键领域,并提供注册会计师在这些领域执行有关程序的信息。

法国在2011年对代表广大使用者的各组人群进行了调查,征求他们对"注册会计师评估的合理性"有用性的看法,被访谈的人群的看法相去甚远。

被访谈者认为这类披露("注册会计师评估的合理性")具有一些好处:

(1) 在二元审计报告模式下,审计意见性质比较单一,除了"合格"就是"不合格"。而这类披露弥补了这一不足,提高了审计报告的沟通价值,甚至在无保留意见的情况下也是如此。

(2) 由于财务报告日益复杂,许多情况下使用者认为难以阅读和理解财务报表,而这类披露能够帮助使用者阅读财务报表。

(3) 通过强调财务报表的某些具体内容,能够提醒阅读者注意,并使阅读者将注意力集中于他们感兴趣的、主观性更强的内容。

(4) 使得注册会计师能够更好地解释审计涉及哪些方面以及哪些领域是值得关注的。

在调查中,被访谈者也指出运用这类披露("注册会计师评估的合理性")遇到的一些困难和挑战:

(1) 缺乏相关知识的使用者可能不容易理解这些披露。它们通常使用专业术语,而这些术语只能被那些在财务报告和审计中有适当背景的使用者所理解,并且有时读起来很复杂。

(2) 随着时间推移,这类披露可能会成为模板(boilerplate)[①],而且在审计报告中被列示的方式可能降低审计报告的可读性。

(3) 注册会计师倾向于认为该类披露增加了其承担的法律责任风险。

该调查还指出,注册会计师需要注意不要提供公司自身尚未披露的有关公司的信息。因此,对于注册会计师拟在审计报告中做出的披露,通常需要与公司管理层和审计委员会进行更广泛的对话。

[①] 模板,是指将一个事物的结构规律固定化、标准化形成的成果。模板的优点是标准化,缺点是千篇一律、缺乏创新。本书中使用的措辞"模板",等同于"标准化""千篇一律"。

概括起来讲，尽管该调查似乎提出这样的问题，对"注册会计师评估的合理性"披露感知到的好处是否完全超过注册会计师遇到的困难和挑战，但在现阶段，该调查的结果还是表明"注册会计师评论"这一概念还是值得作为审计报告要素做进一步考虑。

（二）"注册会计师评论"能否提供有关财务报告质量的看法

与"注册会计师评论"的讨论相关联，有的使用者一直要求注册会计师分享在财务报表审计工作基础上得出的对公司或其财务报告质量的观点和看法。例如：

（1）公司内部控制和财务报告流程的质量；

（2）公司会计政策的定性问题，包括在管理层选择会计政策中反映出的相对稳健性或激进性；

（3）注册会计师对管理层的关键会计判断和会计估计的评估，包括关键的会计判断或会计估计是否落在可能结果的区间内；

（4）公司治理结构和风险管理的质量和有效性，以及管理的质量和有效性。

但是，一般认为注册会计师不负责向已审计财务报表使用者披露有关公司的信息，并且不应该承担这种披露责任：这是管理层和治理层应当承担的责任。这不仅有必要澄清管理层和治理层以及注册会计师各自的角色和责任，而且是为了保证独立审计职能的有效性。对可能出现的情况，一直存在着一种忧虑，即使用者面临如何诠释分别来自管理层和注册会计师竞争性披露带来的挑战。

注册会计师面临的另一个挑战是报告（以"注册会计师评论"或其他形式）那些公司自身并未披露的事项，尤其是那些与财务报表审计意见无关的事项。这些挑战包括：

（1）制定适当的标准，以便注册会计师能够在客观、透明和一贯的基础上作出额外披露；

（2）注册会计师的额外披露可能与国家有关隐私保护、保密和市场披露规则相关的法律法规相抵触，从而给其带来额外的法律责任风险；

（3）危及对审计质量来说至关重要的关系（例如，由于管理层或治理层不愿意开诚布公地与注册会计师沟通，导致审计过程弱化）。

（三）强调事项和其他事项能否缩小"信息差距"

根据《国际审计准则第706号——在审计报告中增加强调事项段和其他事项段》(2009年12月15日生效) 的规定，在对财务报表形成审计意见后，如果根据职业判断认为有必要在审计报告中增加强调事项段或其他事项段，注册会计师通过明确提供补充信息的方式，提醒使用者关注下列事项：

（1）尽管已在财务报表中恰当列报或披露，但对使用者理解财务报表至关重要的事项；

（2）未在财务报表中列报或披露，但与使用者理解审计工作、注册会计师的责任或审计报告相关的其他事项。

国际审计与鉴证准则理事会在制定第706号准则的过程中，在权衡太多"其他"报告内容可能随着时间推移失去其影响或变成"模板"的风险的同时，是否需要强制规定或鼓励这类额外评论（强调事项和其他事项）。同样重要的是，要确保这些额外信息或评论无论如何不削弱注册会计师对财务报表发表的意见。有人认为过多"其他"报告存在风险，可能导致审计报告变得含糊或使阅读者对注册会计师就财务报表发表的意见的含义感到困惑。而且警告，频繁使用"强调事项段"和"其他事项段"可能使注册会计师在对财务报表形成明确的意见时不能完全遵守必要的规定。

此外，有些研究证据指出一个事实，使用者对注册会计师使用的"强调事项"和"其他事项"段存在广泛误解。学术研究表明，此类额外信息通常被阅读者视为"负面的"，因此等同于非无保留审计意见（保留意见、否定意见、无法表示意见）。

在二元审计报告模式下，注册会计师倾向更多使用"强调事项段"帮助使用者理解日益复杂的公司财务报告，或者促使管理层和治理层关注此类事项来提高财务报告的质量，这在一定程度上缩小"信息差距"。尽管如此，强调事项段未能重点提供使用者真正关心和需要的信息，不能完成缩小"信息差距"的重大使命。

（四）"注册会计师评论"适用的企业类型

可以肯定的是，由于公众公司或上市公司的投资者、监管者、财务分析师、其他利益相关者提出"信息差距"的问题，"注册会计师评论"可能适用于公众公司、上市公司或大型企业。其他企业的财务报表和审计报告可能存在，也可能不存在"信息差距"的问题。

有些观点认为，小型企业的审计报告受到"信息差距"问题的影响相对较小。因为此类企业的财务报告环境可能简单一些，其使用者的范围通常也比较窄，而且这些使用者可能通过与管理层的不断沟通获得企业的额外信息。

但也有人认为，从原则上讲，各种类型的企业（不论规模大小）都应保持审计报告的一致性，这一点十分重要。但是，许多人注意到，根据规模清晰地划分不同企业并保持这种划分依据的一致性常常是很困难的。

第三节 加强版审计报告思路的深化

国际审计与鉴证准则理事会于 2011 年 5 月公布咨询文件《提高审计报告的价值：探索变革的途径》后，反响热烈，收到大量反馈意见。许多人认为这种变革是必要的，恰当地回应了使用者的信息需求，有利于缩小"信息差距"。同时建议，在变革审计报告的同时，更广泛地推进公司治理和财务报告的完善，避免审计报告改革的单打独斗。根据反馈意见，通过与投资者、监管者、报表编制者和其他相关利益者的持续沟通，国际审计与鉴证准则理事会识别出许多需要对审计报告改进的地方，于 2012 年 6 月公布邀请评论《改进审计报告》（ITC）[1]，对 2011 年 5 月在咨询文件中加强版审计报告思路进行了深化，清晰地提出审计报告改进的路线图。下面以邀请评论为基础，简要介绍加强版审计报告思路深化的关键领域。

一、变革的指导原则和关键领域

（一）变革的指导原则

全面、深刻理解变革审计报告倾向性意见的价值和可行性，以及如何在全球范围内最好地实现变革目的，是至关重要的。在审计报告变革过程中，国际审计与鉴证准则理事会认为应当接受以下原则的指导：

（1）审计报告的变革，必须对使用者有价值，并且能够在国际范围内实行；

（2）使用者已经要求注册会计师增强他们更好理解日益复杂的财务报告

---

[1] IAASB：Invitation to Comment（ITC）：Improving the Auditor's Report，June 2012.

的能力；

（3）与已审计财务报表以及审计和执行审计工作的性质有关的关键事项，需要提高其透明度；

（4）应当保持现有的审计范围；

（5）有必要保留管理层和治理层（作为原始信息的提供者）以及注册会计师各自的责任；

（6）国家准则制定者需要保留这样的权利，即依据本国或本地区财务报告管理体制，对审计准则做适当调整，使其适合本司法管辖区的具体情况，或者对准则增加应用材料①，或者对准则要求作进一步详细说明；

（7）修订的审计报告准则必须能够在适当的基础上适用于所有类型的实体。

（二）变革的重点领域

经过各种研究活动，国际审计与鉴证准则理事会对审计报告的许多改进达成共识，认为原则上应当在国际范围内公布。这些共识包括：

1. 在审计报告中增加"注册会计师评论"

在审计报告中增加额外信息（"注册会计师评论"），以强调某些事项。这些事项是指，根据注册会计师的判断，可能对使用者理解已审计财务报表或审计最为重要的事项，被称为"注册会计师的评论"。此类信息将对公众利益实体（PIEs）——最低限度包括公众利益实体提出要求，对其他实体，则由注册会计师自主决定。

2. 加大对持续经营的责任

注册会计师对管理层在编制财务报表时运用持续经营会计基础的合理性形成结论，并且直接声明是否识别出与持续经营相关的重大不确定性。

3. 明确对其他信息的责任

在阅读其他信息的基础上，注册会计师声明是否识别出已审计财务报表和其他信息之间的重大不一致，并且特别指出其他信息已由注册会计师阅读。

4. 将审计意见置于审计报告第一部分

将审计意见和实体的个性化信息放在审计报告的突出位置。

---

① 国际审计准则在实施明晰项目改革后，每项审计准则后附"应用和其他解释性材料"（application and other explanatory material）作为审计准则应用指南，因此，本书中的"应用材料""审计指南""应用指南"含义相同。

5. 增强审计工作的透明度

进一步建议提高有关已实施审计的透明度，以及澄清注册会计师、管理层和治理层在审计中的各自责任。

二、改进的审计报告举例

根据上述原则和改进的关键领域，国际审计与鉴证准则理事会对加强版审计报告模式的思路进行了深化，提出改进的审计报告的例子，见参考格式1-3。举例假定下列普通场景：根据国际审计准则对已审计财务报表发表"干净意见"（无保留意见），并且确认，相关法律法规规定的其他报告责任包括在审计报告中。

国际审计与鉴证准则理事会认为，任何新的国际审计报告准则，必须能够在不同的国家环境中得到执行。相应地，在提出改进的审计报告的建议时，国际审计与鉴证准则理事会已经指出在所有审计报告中要求的共同要素，为各司法管辖区进一步量身定制审计报告提供灵活性。国际审计与鉴证准则理事会将其称作"建筑模块"（building blocks）方法，并且相信对全球审计报告提供一个坚强的基础，推动不同司法管辖区之间审计报告的可比性和一致性。这种改进方法，顾及审计报告的某些要素也适用于某些类型的企业（如对公众利益实体所要求的"注册会计师评论"），或者在具体业务背景下具有相关性（如对其他信息的报告）。

参考格式1-3   改进的审计报告模式

审计报告

ABC 公司股东（或其他合适的收件人）：

一、对财务报表出具的审计报告

（一）审计意见

我们认为，后附的财务报表按照国际财务报告准则，在所有重大方面公允（或真实和公允的观点）反映了 ABC 公司 20×1 年 12 月 31 日的财务状况以及20×1年度的经营成果和现金流量。ABC公司财务报表包括20×1年12月31日的资产负债表，20×1年度的综合收益表、股东权益变动表、现金流量表，以及财务报表附注（包括重大会计政策摘要和其他解释性信息）。

（二）形成审计意见的基础

我们按照国际审计准则审计了后附的财务报表。审计报告的"注册会计师的责任"部分进一步阐述了我们在这些准则下的责任。在执行审计时，我们遵循了适用于财务报表审计的相关职业道德要求（包括独立性要求）。我们相信，我们获取的审计证据是充分、适当的，为发表审计意见提供了基础。

（三）持续经营

对持续经营会计基础的运用

作为财务报表审计的组成部分，我们断定管理层在编制财务报表时对持续经营会计基础的运用是适当的。

可能导致对实体持续经营能力产生重大疑虑的事项和情况相关的重大不确定性

依据我们执行的工作，我们没有识别出，按照财务报告准则需要披露的、可能导致对持续经营能力产生重大疑虑的事项或情况相关的重大不确定性。因为并非所有的未来事项或情况能够预测，此声明不是对公司持续经营能力的担保。

管理层有关持续经营的责任，在审计报告单独部分阐述。

（四）注册会计师评论

在不对审计意见产生影响的情况下，我们强调如下事项，根据我们的判断，这些事项可能是对使用者理解已审计财务报表或审计最为重要的事项。与这些事项相关的审计程序是在对财务报表整体进行审计的背景下设计的，我们不对单独的账户或披露发表单独的意见。

未决诉讼

公司在正常经营过程中面临着各种索赔和或有事项。我们提请关注附注9，该附注描述了涉及公司在20×1年出售业务、与环境索赔相关的重大不确定性。

商誉

正如在20×1年附注3披露，公司在某地购买一重大业务，归因于此项采购的商誉是×元,对财务报表整体重大。如在公司重大会计政策摘要所描述的,年度减值测试复杂并且高度依赖判断。由于在×页管理层评论所讨论的当前经济状况,在减值计算中使用的未来现金流量进行推测具有重大的不确定性。公司在×日执行了减值测试。因为商誉最低限度被分配到该单元的可收回金额,超过了账面价值,故不对减值进行确认。公司已经披露该单元公允价值下降×%,在其他条件相同的情况下,将导致商誉在未来减值,这种减值将对公司财务状况表和综合收益表产生负面影响,但不会对来自经营的现金流量产生影响。

金融工具估值

公司对有关结构化的金融工具的披露包括在附注5中。由于与这些金融工具相联系的重大计量的不确定性,我们确定,与这些金融工具估值相关的财务报表重大错报具有较高的风险。作为应对该风险的组成部分,为了评价管理层公允价值估计的合理性,我们会计师事务所的估值专家确定了一项独立的区间(通过管理层使用的模型确定)。管理层记录的金额落在我们确定的区间内。

与收入确认、应收账款和现金收入相关的审计策略

在本年度,公司实施了一项新的系统记录收入、应收账款和现金收入,这涉及引进新的会计软件。新的系统对公司7个经营分部中的5个分部的流程和相关内部控制进行集中处理。

这些流程和控制影响大量重要的财务报表账户,因此对我们审计的财务报表影响重大。我们与治理层讨论了新系统实施对审计策略的影响,包括考虑公司内部审计职能对新系统执行的工作。审计策略包括支持我们通过与相关人员进行讨论,理解新系统的设计;测试关键控制的有效性;测试对新会计账户余额的转移。

涉及的其他注册会计师(其他会计师事务所)

应我们的要求,在支持我们的审计意见时,其他注册会计师(其他会计师事务所)对某些子公司的财务信息执行了程序以获取审计证据。与我们有联营关系的会计师事务所的工作,大约占我们审计工作的比例是(计量审计工作的百分比,如审计小时);其他非联营事务所的工作,大约占我们审计工作的比例是(计量审计工作的百分比,如审计小时)。我们对审计的责任在审计报告的"注册会计师的责任"部分阐述。

(五) 其他信息

作为审计的组成部分，为了识别其他信息与财务报表是否存在重大不一致，我们阅读了包含在（说明包含其他信息的文件，例如年度报告）（清晰指出所阅读的具体的其他信息，例如，董事会主席的声明、经营回顾等）。依据我们的阅读工作，我们没有识别出其他信息与已审计财务报表的重大不一致。然而，我们没有审计此类信息，相应地不对其他信息发表意见。

(六) 管理层（治理层）和注册会计师各自的责任

管理层（治理层）对财务报表的责任

管理层负责按照国际财务报告准则编制和公允列报这些财务报表，并设计、执行和维护必要的内部控制，以使财务报表的编制不存在由于舞弊或错误导致的重大错报。（治理层负责监督 ABC 公司的财务报告过程。）

管理层对持续经营的责任

在国际财务报告准则下，在编制财务报表时，管理层负责评估公司的持续经营能力。在评估持续经营假设是否恰当时，管理层考虑有关将来（至少但不限于从报告期末 12 个月内）所有可能得到的信息。在国际财务报告准则下，公司财务报表在持续经营会计基础上编制，除非管理层或者意图清算公司，或者中止经营，或者没有其他现实性的选择只有这样做。

国际财务报告准则也要求，当管理层意识到与公司持续经营能力产生重大疑虑的事项或情况相关的重大不确定性时，管理层应当在财务报表中披露这些重大不确定性。

(七) 注册会计师的责任

我们审计的目标是对财务报表整体是否不存在由于舞弊或错误导致的重大错报获取合理保证，并出具包含审计意见的审计报告。合理保证是高水平的保证，但并不能保证按照国际审计准则执行的审计在某一重大错报存在时总能发现。错报可能由于舞弊或错误导致，如果合理预期错报单独或汇总起来可能影响使用者依据财务报表作出的经济决策，则通常认为错报是重大的。

在按照国际审计准则执行审计的过程中，我们运用了职业判断，保持了职业怀疑。我们同时：

（1）识别和评估由于舞弊或错误导致的财务报表重大错报风险；对这些风险有针对性地设计和实施审计程序；获取充分、适当的审计证据，作为发表审计意见的基础。由于舞弊可能涉及串通、伪造、故意遗漏、虚假陈述或凌驾于内部控制之上，未能发现由于舞弊导致的重大错报的风险高于未能发现由于错误导致的重大错报的风险。

（2）了解与审计相关的内部控制，以设计恰当的审计程序，但目的并非对公司内部控制的有效性发表意见。

（3）针对集团内部实体和经营活动的财务信息获取充分、适当审计证据，以对集团财务报表发表意见。我们负责指导、监督和执行集团审计业务，对审计意见承担唯一责任。

（4）评价管理层选用会计政策的恰当性和作出会计估计及相关披露的合理性。

（5）评价财务报表的总体列报、结构和内容（包括披露），并评价财务报表是否公允反映相关交易和事项。

除其他事项外，我们与治理层就计划的审计范围、时间安排和重大审计发现（包括在审计中识别的值得关注的内部控制缺陷）进行沟通。我们还就可能被合理认为影响我们独立性的所有关系和其他事项与治理层进行沟通（仅对上市公司列出本句）。

二、按照相关法律法规的要求报告的事项

［本部分的形式和内容，取决于法律法规对其他报告责任的性质的规定。法律法规规范的事项（其他报告责任）应当在本部分处理，除非其他报告责任与审计准则所要求的报告责任涉及相同的主题。］

负责本审计报告审计结果的项目合伙人是×××。

［以会计师事务所的名义、注册会计师个人的姓名或两者的名义签字，视特定司法管辖区要求而定］
　［审计报告日期］
　［会计师事务所地址］

在设计加强版审计报告举例时，国际审计与鉴证准则理事会使用了价值和障碍模型（见图1—4），以帮助评价可选择的途径和缩小挑选的范围。国际审

计与鉴证准则理事会建议选择的途径是，感受到的价值超过识别出的障碍，而非单纯选取成本最低的或者障碍最小的途径。某些障碍，尽管看起来很高，但也不是不可超越的。

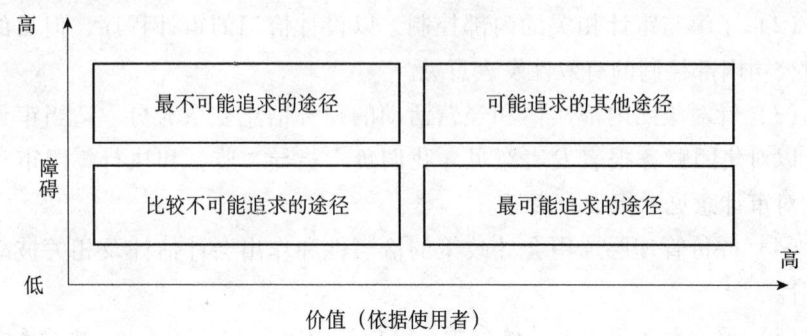

图1-4 价值和障碍模型

在使用价值和障碍模型时，应当考虑以下因素：

1. 什么是价值

（1）将要包括在审计报告中的建议的额外信息（"注册会计师评论"），是否增强沟通价值（例如，解决了信息差距）？

（2）通过更好地解释审计的性质和目标，包括解释审计旨在实现什么，以及如何得到执行，是否增强有关审计的透明度（例如，缩小期望差距）？

（3）根据主题，在多大可行的程度上，可选途径提供了恰当量身定做而非额外的技术和标准化（如模版）的措辞？

2. 什么是障碍

（1）建议的措施是否超出现行的审计范围？如果超出，在多大程度上需要对国际审计准则做出修订以及相应的成本？

（2）可选途径对注册会计师而言是否具有操作性？

（3）可选途径是否会对管理层对财务报表的主要责任和注册会计师的鉴证作用产生疑问？

追求的目标是聚焦于具有较高价值和较低障碍的领域，然而大家也意识到，使用者的需求意味着可能有必要探索高价值的方案，即使这些方案的障碍较高。

在考虑特定方法的价值和障碍时，要留心和审计质量的联系。任何未来的建议不应损害审计质量或对审计质量的看法。当比较难于评价一项方法如何有利地影响审计质量时,有可能使得注册会计师对关键事项提供额外评论,将导致更为关注这些领域以及与管理层和治理层的相关披露,由此反过来加强财务报告流程和审计质量。

三、加强版审计报告要素的顺序

（一）突出审计意见

针对国际审计与鉴证准则理事会 2011 年 5 月的咨询文件,许多反馈者（特别是监管者）支持将审计意见放在更加突出的位置。二元审计意见"合格或不合格"的性质具有价值,并且是审计报告阅读者关注的焦点。审计意见伴之以对财务报表的描述,并直接提及财务报表附注（构成财务报告不可分割的一部分）,比以前泛泛提及"其他解释性信息"更为可取,反映了附注的重要性,并反映了注册会计师对管理层披露责任（作为财务报表整体审计的组成部分）的强调。而且,对避免使用"其他信息"有进一步的好处,有关"其他信息"建议在审计报告中一个新的单独部分提出。

（二）形成审计意见的基础

根据《国际审计准则第 705 号——在审计报告中发表非无保留意见》(2009 年 12 月 15 日生效）的规定,只有当发表修正意见（修正意见包括保留审计意见、否定意见或无法表示意见）时,注册会计师才在审计报告中包括"形成审计意见的基础"段。对于"干净意见",声明注册会计师已经获取充分、适当的审计证据,作为形成审计意见的基础（在注册会计师的责任部分出现）。在改进的审计报告,紧随审计意见之后的是"形成审计意见的基础",因为这种信息与使用者相关。当注册会计师发表修正意见时,相应地对该段落进行调整。

（三）实体的个性化事项与标准化的语言

注册会计师根据工作努力的重点和审计发现,在审计报告中沟通量身定制的个性化信息,对这一做法,一些投资者和其他使用者对此表达了强烈的支持,认为这种信息具有价值和相关性。基于这种情况,将与实体个性化事项相关的新的部分（持续经营、注册会计师评论和其他信息）,放在包括更多标准化语言（例如对管理层和治理层以及和注册会计师各自责任的描述）部分之前,具有明显的优点。

（四）平衡审计报告一致性和相关性的原则

国际审计与鉴证准则理事会在制定《国际审计准则第 700 号——对财务报表形成意见和出具报告》（2009 年 12 月 15 日生效）时，确认追求一致和可比的审计报告。第 700 号准则指出，当按照国际审计准则执行审计，审计报告的一致性推动了在全球市场的可信性。这种一致性，促进了阅读者理解审计报告，以及识别异常情况（当发生时）的能力。在对国际审计与鉴证准则理事会 2011 年 5 月的咨询文件反馈时，许多投资者和其他使用者继续表示，一致性和可比性是审计报告的重要特征，尽管他们也要求增加实体个性化的信息，这将不可避免地影响一致性。

如何能够最大限度地实现审计结果的沟通，以使审计报告在国家背景下具有相关性，各司法管辖区具有不同看法。国家法律、法规和审计准则通常规定了如何沟通审计的结果，并且他们会受到社会经济、文化和其他环境因素的影响。对全球范围内审计报告的一致性和可比性的需求，与提供更相关的信息来满足使用者对审计报告价值的需求，包括容纳国家环境的灵活性（例如那些可能存在于地方法律、法规或国内公司治理领域的审计报告要求），在两者之间寻求恰当的平衡，可能是困难的。

四、重大改革领域的讨论

（一）持续经营

1. 对持续经营重视的背景

2008 年的金融危机凸显了清晰和及时的财务报告对金融市场的重要性。金融危机也导致了更加聚焦于持续经营的评估和相关披露。伴随着金融危机，关于持续经营和实体面临的清算风险问题，包括注册会计师在这方面如何发挥更大的作用，能够汲取的教训以及能够采取的措施，引起许多政策争论。事实是，持续经营仍然是一个特别严重的财务报告和审计问题。2010 年 10 月，欧盟委员会发表题为《审计政策——危机的教训》的绿皮书，并在起草的对公众利益实体法定审计监管的特殊要求中强调，通过在公众利益实体的审计报告中包括一项有关持续经营肯定性的声明来加强审计报告。此外，针对国际审计与鉴证准则理事会 2011 年 5 月的咨询文件，一些反馈者要求澄清管理层和注册会计师有关持续经营的各自的责任，以及要求注册会计师报告针对持续经营实施审计工作的结果。这些进展，为在该领域寻求加强审计报告提供了重要的推动力。

2. 对持续经营的考虑

国际审计与鉴证准则理事会考虑了几种途径，范围从仅描述注册会计师和管理层的责任（低障碍但是低成本），到注册会计师对实体的未来生存能力形成结论（高价值但高障碍，包括超出现在的审计范围）。国际审计与鉴证准则理事会发现的途径［与《国际审计准则第 570 号——持续经营》（2009 年 12 月 15 日生效）要求最适当、一致的审计程序］，是要求所有审计报告（在考虑适用的财务报告框架时）应当包括：

（1）针对管理层运用持续经营会计基础的恰当性形成结论；

（2）依据执行的审计工作，就可能导致对持续经营能力产生重大疑虑事项或情况是否存在重大不确定性提出声明。

国际审计与鉴证准则理事会对有关持续经营改进的建议，在审计报告中直接提及第 570 号准则所要求的注册会计师的工作。针对管理层运用持续经营会计基础是否适当的结论，在国际基础上实施将会呈现出一个相对低水平的障碍，并传递出财务报表不必在清算基础上编制的信息。

国际审计与鉴证准则理事会认为，如果用没有识别出重大不确定性的声明来补充形成的结论，将向使用者提供额外的价值。因为围绕重大不确定性的概念缺乏明晰性，报表编制者和注册会计师在确定这种不确定性是否存在时需要相当大的判断，并且提供这种声明存在障碍。同样，包括一项有关不存在重大不确定性的直接声明，可能导致使用者错误理解，即注册会计师正在提供一项有关实体未来生存能力的结论，潜在地导致扩大期望差距，而非缩小期望差距。为了减少潜在的误解，举例的审计报告明确指出，由于并非所有未来的事项或情况可以预测，有关对不存在重大不确定性的声明，不是对实体持续经营能力的担保。

在改进的审计报告中，因为持续经营会计基础和重大不确定性是不同的概念，他们在持续经营部分不同的标题下有相应的位置。

3. 对重大不确定性的声明

当识别出与持续经营相关的重大不确定性时，注册会计师应当量身定制对重大不确定性的声明。当注册会计师识别出重大不确定性，且已经在财务报表中充分披露，而且在审计报告中不包含没有识别出重大不确定的声明，注册会计师需要提请关注在财务报表中披露的这种重大不确定性，见参考格式1-4。

参考格式1-4　　　　持续经营存在重大不确定性

> **（三）持续经营**
> 对持续经营的运用
> 　　作为财务报表审计的一部分，我们断定管理层在编制财务报表中运用持续经营会计基础是恰当的。
> **可能导致对实体持续经营能力产生重大疑虑的事项和情况相关的重大不确定性**
> 　　在不影响我们的审计意见的前提下，我们提请使用者关注财务报表附注×，附注表明公司在本年度20×1年12月31日发生×元的净损失，截至该日期止，公司的流动负债超过其总资产×元。这些情况，连同在附注×提出的其他事项，表明存在着可能导致对实体持续经营能力产生重大疑虑的事项和情况相关的重大不确定性。因为并非所有的事项和情况能够预测，本声明不是对公司能够或不能够持续经营提供担保。

　　也有一种情形，注册会计师可能确定不存在重大不确定性，尽管如此，但已经识别出某些可能对持续经营能力产生重大疑虑事项或情况。在这种情形下，注册会计师在审计报告中描述作出的重大判断，实施的审计程序，形成不存在重大不确定性的结论，可能是有益的，因为针对注册会计师在该领域工作努力，提供了额外的透明度。

　　然而，针对持续经营提供额外信息，存在一些障碍，因为注册会计师可能发现很难避免披露管理层尚未披露的实体个性化的信息。

　　4. 对管理层有关持续经营的责任的拓展描述

　　除了新增持续经营部分，改进的审计报告还包括描述管理层有关持续经营的责任。这种描述旨在澄清在适用的财务报告框架下管理层的责任，对运用持续经营会计基础的适当性以及不存在重大不确定性提出声明，向使用者提供适当的来龙去脉。

　　（二）"注册会计师评论"

　　对审计报告变革的要求（部分来自与上市公司有关的投资者和分析师），

聚焦于加强审计报告的信息价值,以帮助投资决策。这些使用者认为,在审计报告中,与财务报表和审计更为相关的信息将具有价值。

然而,使用者有各种理由寻求额外信息,并且对什么可能最具有价值有不同的观点:

(1) 注册会计师强调披露其认为在财务报表中最重要的有关领域,将具有相当的价值。这将提供一个"路线图",帮助使用者更好掌握复杂的财务报告,聚焦于对投资者决策最为重要的事项。

(2) 如果注册会计师对强调的事项提供额外的来龙去脉,例如从审计的观点解释,为何注册会计师认为是最为重要的事项,简要描述注册会计师在这些领域实施的程序和形成的结论,这种"路线图"将更为有用。这种信息,涉及管理层重大判断的领域,通常是与治理层讨论的主题,因其被视为特别有用的信息而在审计报告中说明。

(3) 愿意了解有关审计是如何执行的,注册会计师在计划审计时如何作出判断,例如重要性的运用、专家的利用或其他注册会计师(其他会计师事务所)的参与。

(4) 有些使用者走得更远,要求注册会计师对高度主观的事项提供看法。这些看法包括注册会计师对会计实务和政策质量的观点,对管理层的估计和判断是否最有可能落在可能结果区间的低端或高端的看法。这种信息在帮助使用者更好理解管理层在编制财务报表时呈现的激进或稳健的风格富有价值,因此,能够帮助他们更好评估财务报告的质量。

然而,其他人士抱有这样的想法,要求注册会计师依据执行的审计工作,就实体或财务报表的质量提供高度主观的观点,将干扰管理层、治理层和注册会计师的作用,对财务报表整体形成的意见产生怀疑。这种想法认可治理层在监督管理层和注册会计师的作用,特别是涉及实体会计实务重大质量方面,以及审计期间遇到的重大困难。

改进的审计报告设计了5个"注册会计师评论"的例子。一些例子包括描述在某一特定审计领域实施的特定审计程序(例如第3和第4个例子),其中的一个例子包括实施审计程序的结果(第3个例子)。国际审计与鉴证准则理事会确认,一些使用者认为,这种类型的信息将是有用的,在某些司法管辖区,或者要求注册会计师提供这种信息(例如在法国),或者自愿提供。然而,国际审计与鉴证准则理事会也指出,一些使用者和其他相关利益者认为,对审计程序的描述可能是有用的，特别是当没有提及这些程序的结果时。注册会计师也指出，汇总审计程序，特别是在复杂的领域，以简明的方式反映基础工作的努力以及涉及的重大的注册会计师判断，面临着挑战。

（三）其他信息

在《国际审计准则第 720 号——注册会计师对含有已审计财务报表文件中其他信息相关的责任》（2009 年 12 月 15 日生效）中，其他信息被定义为，根据法律法规或惯例，在年度报告等文件中包含的除已审计财务报表和审计报告以外的财务和非财务信息。例如年度报告包括的管理层讨论和分析（MD&A）、经营和财务回顾（OFR），或者指出历史和前景性信息的财务报告中的其他叙述性部分。

国际审计与鉴证准则理事会 2011 年 5 月的咨询文件，特别寻求这样的观点，即声明注册会计师在审计报告中对其他信息的责任是否有益。绝大多数的反馈者表达支持这样做，或者因为这会增加注册会计师在该领域审计工作的透明度，或者因为这已经成为当地惯例。为了实现更大的明晰性，许多反馈者也表达对其他信息形成某些形式结论的支持。

对于如何加强与其他信息相关的审计报告，国际审计与鉴证准则理事会考虑了几种途径。这些途径，从只描述注册会计师的责任（低障碍，但是低价值），到注册会计师对其他信息表达意见（高价值，但是高障碍，包括超出现在的审计范围）。国际审计与鉴证准则理事会发现的最恰当的途径（将会与第 720 号准则规定的审计程序相一致），要求审计报告包括一项声明，即在阅读其他信息的基础上，注册会计师是否识别出其他信息和已审计财务报表的重大不一致。这将适用于所有和具体业务相关的审计（例如，在包含已审计财务报表和审计报告的文件中包括其他信息）。为了对声明提供恰当的背景，将直接指出注册会计师阅读的特定的其他信息。

当注册会计师识别出重大不一致（对其他信息的修改是必要的），并且管理层拒绝作出修改，对该事项的详细解释将取代识别出重大不一致的声明。

第 720 号准则也提出了其他信息存在的重大错报的事实。然而，国际审计与鉴证准则理事会并不建议审计报告也包括对这种事项的声明。这是因为，现行的审计准则规定的与针对事实的重大错报做出的工作努力，将不足以支撑注册会计师针对这些事项的声明或结论。国际审计与鉴证准则理事会认为，此类声明或结论，将会导致对实施工作的范围和性质的错误期望。然而，第 720 号准则建立了具体程序（包括通知治理层），如果注册会计师断定存在对事实的重大错报，并且并不妨碍审计报告包括"注册会计师评论"，注册会计师应当判断是否有必要这样做。随着改进的审计报告继续完善，有可能对其他信息准则进行修订。

（四）提高审计透明度的进一步的建议

1. 披露项目合伙人的姓名

为了实现审计报告和审计程序更加透明的目标，国际审计与鉴证准则理事会认为，应当针对所有实体，在审计报告中披露项目合伙人的姓名。有些使用者认为，这将会要求项目合伙人承担更大的个人责任和问责意识，因为个人最终对审计的执行负责。在许多司法管辖区，已经要求这样做（通常要求个人签字）。许多人指出，这样做符合公众利益。

在国际基础上，在仔细考虑这种披露的优点时，国际审计与鉴证准则理事会意识到这种要求潜在的障碍，而且并未低估这种要求潜在的障碍。特别是有些人指出，在某些司法管辖区，这样做，使人感受到会计师事务所责任的降低，以及项目合伙人法律责任增加的可能性。

2. 声明遵守了相关职业道德要求（为了方便理解，本书将"职业道德要求"和"职业道德守则"互用）

在《国际审计准则第 700 号——对财务报表形成意见和出具报告》（2009 年 12 月 15 日生效）要求在审计报告中描述审计的责任，指明注册会计师应当遵守道德守则。然而，当国家法律法规要求注册会计师对审计报告使用特定措辞时，该审计准则不再要求直接提及道德守则。鉴于遵守道德守则作为审计基础的重要性，并且公众日益关注注册会计师的独立性，国际审计与鉴证准则理事会认为应当在所有审计报告中要求直接声明遵守了相关道德守则。

国际审计与鉴证准则理事会考虑，但是决定不建议在审计报告中具体指明注册会计师的职业道德守则，尽管这么做可能对使用者确定适用于注册会计师职业道德守则的具体限制提供有用的细节。国际审计与鉴证准则理事会认识到，这种披露可能是冗长和复杂的，因为通常相关道德守则包含在一个以上的文件中。例如，国际会计师道德准则理事会（IESBA）或国家准则制定者（NSS）发布的职业道德守则，法律法规或监管者或证券交易所的要求。因此，指出道德守则的名称的好处，可能被这样做带来的障碍所超过。

某些司法管辖区要求注册会计师在审计报告中公开披露违反相关道德守

则的情况。国际会计师道德准则理事会当时有一个规划,研究是否披露违反道德守则的问题。相应地,国际审计与鉴证准则理事会认为,对披露违反相关道德守则提出建议还不成熟,需要等待国际会计师道德准则理事会的工作结果。

3. 其他注册会计师的参与

在涵盖一个以上实体或业务活动的审计中,集团注册会计师(负责集团审计的会计师事务所)可能要求一个以上其他注册会计师(负责组成部分审计的会计师事务所)对集团内某些实体或业务活动(组成部分)的财务信息执行工作。在这种情况下,国际审计准则明确指出,集团注册会计师负责指导、监督和执行集团审计业务。如果集团项目组断定其他注册会计师的工作是不充分的,集团项目组需要确定执行什么样的额外程序,是由其他注册会计师还是集团项目组执行额外程序。因此,当集团注册会计师只对集团财务报表负责出具报告时,《国际审计准则第600号——对集团财务报表审计的特殊考虑(包括组成部分注册会计师的工作)》(2009年12月15日生效)禁止在审计报告中提及其他注册会计师,除非法律法规要求提及。同样的原则适用于非集团审计的情况,如果利用其他注册会计师为该项审计业务实施特定程序。

与国际审计准则不同,在美国,用于上市实体和非上市实体的审计准则,允许集团注册会计师(负责集团审计的会计师事务所)选择与其他注册会计师(负责组成部分审计的会计师事务所)划分集团审计责任,在审计报告中提及这种划分的责任。美国公众公司会计监督委员会要求披露其他注册会计师参与审计的情况,无论集团注册会计师是否选择划分责任。有些人坚持,这种额外披露可能改善透明度,通过向使用者提供信息,使得他们能够以同样评价集团注册会计师的方式评价其他注册会计师。例如,使用者可能确定其他注册会计师是否属于受到审计质量检查的管理体制的约束,并考虑任何公开的质量检查报告。

与国际审计准则相关,允许或要求披露其他注册会计师的作用,被某些人视为违背"唯一责任"原则。然而,国际审计与鉴证准则理事会承认,其他注册会计师的参与,可能被视为审计重大性的事项,适合于包括在"注册会计师评论"中。作为一种选择,国际审计与鉴证准则理事会可能决定要求披露其他注册会计师的参与,因此可能要求单独列示。

国际审计与鉴证准则理事会在改进的审计报告中设计了一个披露其他注册

会计师参与审计业务的例子，作为一个"注册会计师评论"的例子①。这个例子披露包括其他注册会计师执行审计工作的金额，以及是否属于联营。国际审计与鉴证准则理事会也探索了可能的选择，例如，披露其他注册会计师的姓名和地址，但是怀疑价值是否超过障碍，特别是，考虑到可能大大延长审计报告。为了进一步改进集团审计的透明度，国际审计与鉴证准则理事会也设计了一份有关集团审计中对注册会计师的责任标准化的描述。

（五）澄清注册会计师和管理层（治理层）各自的责任

1. 注册会计师的责任

使用者、注册会计师、监管者和报表编制者提出建议：在审计报告中增加额外信息，以进一步描述注册会计师的责任；澄清某些技术词汇，将有益于缩小期望差距和改进审计报告。即使这种材料主要是标准化的，来自提供这种额外信息带来的好处，包括审计程序的更加透明，以及增强理解注册会计师的作用和审计工作的性质。

相应地，国际审计与鉴证准则理事会建议，强化在审计报告中对审计责任的描述，以更全面地解释风险导向审计的概念，从而澄清国际审计准则框架下使用的技术词汇。这种方法促进较为完整地描述注册会计师责任，其中注册会计师的责任涉及的事项包括舞弊，内部控制，会计政策和会计估计，评价财务报表和披露的总体表达、结构和内容，集团审计，与治理层的沟通。

因此，加强版注册会计师的责任部分，要比在《国际审计准则第700号——对财务报表形成意见和出具报告》（2009年12月15日生效）要求的更长。国际审计与鉴证准则理事会认识到，有些人可能将更为详细地描述注册会计师的责任，视为仅仅是更为"模板化"，因此缺乏价值。此外，可能有更好的方法教育使用者了解审计。然而，其他人士提出建议，在审计报告中增加这种内容，对使用者完整理解审计意见，尤其在发展中国家和新兴经济体是必要的。

国际审计与鉴证准则理事会认为，澄清注册会计师责任的价值，超过在审计报告中提供额外材料带来的障碍。然而，在《国际审计准则第700号——对财务报表形成意见和出具报告》（2009年12月15日生效）中并未禁止将在审

---

① 在正式形成关键审计事项概念以及确定和沟通关键审计事项时，将"披露其他注册会计师参与的审计工作"举例排除在外。

计报告中提及注册会计师责任的材料移到另外的地方（例如，国家准则制定者网站）。如果使审计报告更加个性化和更为简短的途径受到相关利益者的重视，在修改审计报告准则时就会允许这样做。

2. 管理层和治理层的责任

反馈者认为国际审计与鉴证准则理事会 2011 年 5 月的咨询文件以及持续开展的审计质量工作，强调了管理层和治理层在财务报告中的重要作用。而且，使用者对注册会计师的责任的理解，是建立在对管理层和治理层责任理解的框架内。国际审计与鉴证准则理事会注意到，对注册会计师的责任改进的描述，将导致既有机会又有必要评价超出现行准则（2009 年 12 月 15 日生效的准则）对管理层和治理层的描述，并且认为应当在审计报告中包括对治理层作用的描述，以补充对管理层责任的描述。

然而，因为管理层和治理层的责任在不同的司法管辖区有显著的不同，国际审计与鉴证准则理事会注意到，试图在审计报告中描述能够在全球适用的责任是困难的。就本身而论，在举例的审计报告中包括对治理层作用的描述，在特定司法行政管辖区的情况下，期望通过进一步量身定制，更详细地描述治理层的作用。

五、"注册会计师评论"的进一步讨论

（一）实现"注册会计师评论"目标的框架

依据使用者所描述的价值，国际审计与鉴证准则理事会认为，注册会计师能够在审计报告的单独和显著的部分，向使用者提供额外的符合实体事实和情况的个性化信息（称之为"注册会计师评论"）。在审计报告中，这种新的"注册会计师评论"部分的首要目标是提供有关事项的透明度，亦即，根据注册会计师的判断，这些事项对使用者理解已审计财务报表或审计可能是最重要的事项。

新概念"注册会计师评论"，与《国际审计准则第 706 号——在审计报告中增加强调事项段和其他事项段》（2009 年 12 月 15 日生效）的概念"强调事项段和其他事项段"是一致的。然而，为了更好满足使用者的信息需求，"注册会计师评论"建立在这些概念基础上：

（1）降低注册会计师提请关注某些事项的门槛，从"对使用者理解财务报表至关重要的事项"（强调事项），转换到"可能对使用者理解财务报表最

重要的事项"("注册会计师评论")。

(2) 将关注点集中于注册会计师提供的有关关键审计事项的信息。

(3) 允许注册会计师具有灵活性，根据注册会计师的判断，包括认为对使用者理解这些重要事项最相关的信息。

因为"注册会计师评论"的首要目标涉及提供既和已审计财务报表相关又和审计本身相关的事项的透明度，国际审计与鉴证准则理事会初步判断可能不再需要保留强调事项段和其他事项段各自的概念①，这些概念应当被更为整体性的概念"注册会计师评论"所代替。

(二) 在"注册会计师评论"中包括的事项

在更高的水平上，使用者建议，包括在"注册会计师评论"中的事项，可能是注册会计师和治理层最具强力对话的事项，并且作为《国际审计准则第 260 号——与治理层沟通》(2009 年 12 月 15 日生效) 要求的双向沟通的一部分。在"注册会计师评论"中包括的那些事项，将提供注册会计师和治理层沟通的某些透明度，使用者认为是有价值的。然而，并非所有与治理层沟通的事项，将会包括在"注册会计师评论"中。

注册会计师识别出的任何作为特别风险的事项，通常是与治理层沟通的主题，因此成为包括在"注册会计师评论"中的事项的重要考虑。然而，国际审计与鉴证准则理事会认为，特别风险不应成为最主要的考虑，因为还有涉及重大注册会计师判断的其他事项，或者注册会计师评估的重大错报风险较高的领域。此外，特别风险的概念，诸如"判断"和"不确定性"，可能不容易为使用者所理解。

在初步考虑的基础上，根据国际审计与鉴证准则理事会 2011 年 5 月咨询文件反馈者的意见，国际审计与鉴证准则理事会认为，注册会计师在确定哪些事项包括在"注册会计师评论"时，应当最低限度考虑下列事项：

(1) 重大的管理层判断的领域（例如，与实体的会计实务相关，包括会计政策、会计估计和财务报表披露）。

(2) 重大或异常的交易（例如，重大的关联方交易，或者财务报表重述）。

(3) 具有审计重大性的事项，包括在执行审计时重大的审计判断，例如：

---

① 在 2016 年 12 月 15 日生效的《国际审计准则第 706 号——在审计报告中增加强调事项段和其他事项段》，保留了强调事项段和其他事项段，但范围明显缩小。

在审计中注意到的困难或诉讼事项；或者与业务质量控制复核人通常讨论的其他审计事项；或者与审计范围或策略相关的其他重大的问题。①

相应地，根据上述考虑的事项，以及使用者可能认为重要的其他领域，国际审计与鉴证准则理事会计划为注册会计师详细说明考虑的原因。在确定需要沟通的可能对使用者理解已审计财务报表或审计最为重要的事项时，强调注册会计师对职业判断的运用，这种方法将允许一定程度的通用性。通过要求注册会计师聚焦于"注册会计师评论"的主要目标，特别是为了满足使用者在某项审计业务环境下的需要，"注册会计师评论"可能是更为定制化的和相关的，而非标准化的。国际审计与鉴证准则理事会确认，需要为注册会计师开发指南，以帮助注册会计师在确定包括在审计报告的信息时作出有见识的判断。

（三）"注册会计师评论"的性质和范围

在"注册会计师评论"中对使用者有价值的信息，取决于注册会计师提供信息详细的程度。此外，可能是对使用者最重要的事项的性质，随着实体不同而不同。相应地，国际审计与鉴证准则理事会认为"注册会计师评论"应当根据实体的事实和情况进行量身定制，以避免成为标签化的模板。在"注册会计师评论"部分，对事项的排列顺序，建立在注册会计师判断的基础上。可能按照相对重要性进行排序，并带有恰当的标题来描述这些事项。

结果，在未来准则制定建议中，有必要解释注册会计师提供"注册会计师评论"所达到的平衡。也就是说，"注册会计师评论"具有相关性和可理解性，因此，其对使用者提供有价值的信息，并且不会导致注册会计师成为有关实体的原始信息的提供者。

对国际审计与鉴证准则理事会来说，在未来制定准则时，有必要清楚地表明这样的观点，"注册会计师评论"不能替代注册会计师根据某一具体审计业务的情况所要发表的保留意见、否定意见或无法表示意见，或者替代适用的财务报告框架要求管理层在财务报表中作出的披露。

（四）公众利益实体所要求的"注册会计师评论"

鉴于"注册会计师评论"的既定目标（例如，对有关事项提供透明度：

---

① 2016年12月15日生效的《国际审计准则第701号——在审计报告中沟通关键审计事项》将考虑关键审计事项的领域限定在：(1) 按照《国际审计准则第315号——通过了解实体及其环境识别和评估重大错报风险（修订）》的规定，评估的重大错报风险较高的领域或识别出的特别风险；(2) 与财务报表中涉及重大管理层判断（包括被认为具有高度估计不确定性的会计估计）的领域相关的重大审计判断；(3) 本期重大交易或事项对审计的影响。

根据注册会计师的判断，该事项对使用者理解已审计财务报表和审计可能是最重要的），需要对"注册会计师评论"适用于所有实体的审计或只是某些实体的审计作出决策。

国际审计与鉴证准则理事会认为，在审计报告中对所有实体包括额外信息（"注册会计师评论"）——如果注册会计师判断在具体业务环境下有必要这样做，为注册会计师保留这样的能力是重要的。然而，国际审计与鉴证准则理事会意识到，对"注册会计师评论"的需要，主要来自评价上市公司财务报表的机构投资者和分析师。在争论"注册会计师评论"的新概念是否适用于所有实体审计或只是某些实体审计时，国际审计与鉴证准则理事会最初断定至少在所有上市公司中要求"注册会计师评论"，并且认为将其拓展到公众利益实体具有很强的优点。[①] 这是因为，鉴于全球性的金融危机，日益将强调的重点放在这类公司上。

如果对公众利益实体要求"注册会计师评论"，为此目的，需要对公众利益实体给出定义。国际职业会计师道德守则包括公众利益实体的定义：

（1）所有上市实体；

（2）被法律法规定义为公众利益实体；

（3）法律法规要求按照适用于上市实体同样的独立性要求执行审计的实体。

国际审计与鉴证准则理事会认为注册会计师确定其他实体是否属于公众利益实体是有益的：鼓励会计师事务所和会员组织确定是否将额外的实体或某类的实体作为公众利益实体，因为他们拥有大量和广泛的利益相关者。考虑的因素包括：业务的性质，例如，以受托人身份为大量相关利益者持有的资产（例子可能包括金融机构如银行、保险公司、养老基金）、规模，或者雇员人数。

然而，在国际审计与鉴证准则理事会的审计报告项目的背景下，达成全球一致的公众利益实体定义，可能引起具体的挑战：

（1）很小的公司，如果在法律法规中被定义为公众利益实体，将要求包括"注册会计师评论"。

---

① 2016年12月15日生效的《国际审计准则第701号——在审计报告中沟通关键审计事项》将关键审计事项适用范围限定于：对上市实体整套财务报表进行审计，以及注册会计师决定或委托方要求注册会计师在审计报告中沟通关键审计事项。

(2) 公共部门组织,如果在一些司法管辖区被定义为公众利益实体,而在其他地方没有,可能会受到不一致的处理。

(3) 拥有大量相关利益者(例如,养老基金)的大型非上市实体,可能不包括在某一国家的公众利益实体的定义中,但是他们的使用者可能受益于"注册会计师评论"。

因此,对于公众利益实体的审计,要求注册会计师列示"注册会计师评论",面临着挑战。

(五)公众利益实体之外的其他实体自愿包括"注册会计师评论"

公众利益实体之外的其他实体的注册会计师(负责其他实体财务报表审计的会计师事务所),可能希望提供"注册会计师评论",以强调在具体业务环境下的某些事项。然而,国际审计与鉴证准则理事会并未意识到来自较小型实体使用者对有关已审计财务报表和审计的额外信息的需要,特别是因为,通过直接与管理层或治理层沟通,这些使用者能接触到这种类型的信息。

相应地,对于公众利益实体之外的其他实体的审计,注册会计师自行决定是否将"注册会计师评论"包括在审计报告中,国际审计与鉴证准则理事会将进一步考虑是否鼓励注册会计师这样做。在确定自愿提供的"注册会计师评论"的性质和范围时,对公众利益实体注册会计师要求的考虑和指南,可能对非公众利益实体的注册会计师是相关的。

(六)"注册会计师评论"的数量

在改进的审计报告举例中提供了 5 个例子,说明"注册会计师评论"的概念如何应用于实践。这些例子只是为了举例,注册会计师报告的事项和相关内容,将会随着某一业务的事实和情况不同而不同。相应地,国际审计与鉴证准则理事会旨在以某种方式起草这些例子,举例说明在注册会计师判断什么可能是对使用者最重要的基础上,"注册会计师评论"将会按照数量和选择的主题以及可能被描述的性质而发生变化。

国际审计与鉴证准则理事会并不打算详细说明要提及事项的最低数量,也并不打算限制注册会计师通过"注册会计师评论"提及事项的数量。考虑到将提供透明度的门槛转换到有关已审计财务报表或审计"最重要的"事项,在举例的审计报告中使用 5 个例子,国际审计与鉴证准则理事会暗示这样的观点,在"注册会计师评论"中,范围从 2 个到 10 个事项,对公众利益实体通常认为是恰当的，这取决于实体的性质、规模和复杂性。大体上讲，在"注册会计师评论"中列示一长串事项，可能会降低注册会计师沟通这些事项的效力。

如果公众利益实体的注册会计师确定没有需要包括在"注册会计师评论"中的事项，这将是非常罕见的。这等同于，对于增强使用者理解已审计财务报表或审计，注册会计师认定没有值得向使用者强调的事项。国际审计与鉴证准则理事会将探索是否要求公众利益实体的注册会计师直接表明，注册会计师没有在"注册会计师评论"中报告的事项。在这方面，对形成工作底稿提出要求可能是适当的。

（七）提供"注册会计师评论"的障碍

尽管一些使用者认为，注册会计师在审计报告中提供有关财务报表和审计的额外信息会有价值，但在提供"注册会计师评论"方面还是有不能忽视的障碍。报表编制者、治理层和某些监管者，同注册会计师、国家准则制定者一样，抱有这样的观点，注册会计师不应成为有关实体原始信息的提供者，因为这样做等同于管理层和治理层的作用，这一点至关重要。此外，这样做也有法律和道德的障碍。这些反馈者也担忧注册会计师在"注册会计师评论"中提供高度主观的观点，因为这样做会被某些使用者视为稀释审计意见。对国际审计与鉴证准则理事会2011年5月咨询文件的反馈也指出，提供额外"注册会计师评论"的进一步障碍，和这样做导致的潜在成本有关，既涉及注册会计师，又涉及报表编制者，是由于下列原因导致：

（1）围绕"注册会计师评论"的形成和复核所实施的额外质量控制过程，招致项目组大多数高级人员的额外时间安排。

（2）在出具审计报告前，对"注册会计师评论"形式和内容的讨论。由此，报表编制者在对话（管理层、治理层与注册会计师对话）方面可能直接产生额外的成本，并且随着"注册会计师评论"增加，可能增加"注册会计师评论"的主观性和详细程度。

了解提供"注册会计师评论"的成本和时间安排的影响，是非常重要的。但是，所有成本的影响，可能直到提出准则制定建议时才能知道。

尽管不一定是障碍，但是国际审计与鉴证准则理事会在提出准则制定建议的方向时已经考虑与提供额外评论相关的风险：

（1）即使在同一行业的实体之间，注册会计师的报告将可能缺乏可比性，因为在"注册会计师评论"中没有要求提出具体的事项。

（2）存在增加"期望差距"的风险，在某种程度上，阅读者将包括在审计报告中的"注册会计师评论"视为对某些账户或披露提供的保证。

（3）如果"注册会计师评论"提及包含在已审计财务报表文件中的其他信息，可能有预想不到的后果。

（4）一些使用者可能不恰当依赖"注册会计师评论"，作为对阅读财务报表的替代。

（5）随着时间的推移，"注册会计师评论"可能被标准化。

（6）对某些信息的提供，可能与管理层的披露产生竞争，从而导致"竞争性信息"（dueling information）。

（7）由于提供"注册会计师评论"，可能对注册会计师产生保密或责任的影响，例如"注册会计师评论"包括提及未被管理层披露的事项。

不同的相关利益者，可能对注册会计师提供的"注册会计师评论"的价值和障碍有不同的观点，特别是关系到在此类评论内提供内容的详细程度。

第四节　加强版审计报告准则的建议

注册会计师对财务报表发表的意见是有价值的，然而，许多使用者要求审计报告提供更多的信息，尤其是，要求注册会计师依据实施的审计，提供对使用者更为相关的信息。国际审计与鉴证准则理事会于2012年6月邀请评论《改进审计报告》，就注册会计师如何通过改进的审计报告向使用者沟通和沟通什么，征求指示性方向意见。此后，在《改进审计报告》的框架下，召开三个全球圆桌会议和开展外展活动，组织并讨论征求意见。同时，持续跟踪审计报告倡议活动，并就此与政策制定者和国家准则制定者保持互动。通过这些活动，国际审计与鉴证准则理事会得到非常明确的信号：审计报告的变革是必要的。因此，在明确审计报告改革思路后，国际审计与鉴证准则理事会围绕加强版审计报告提出了新的和修订的国际审计准则。

一、建议的新的和修订的国际审计准则

国际审计与鉴证准则理事会建议制定一项新的审计准则，以及修订系列审

计准则，来落实对审计报告的改革，并于 2013 年 7 月不记名地批准征求意见稿（见表 1-1），征求意见截止日期为 2013 年 11 月 22 日。①

表 1-1　　　　　　建议的新的和修订的国际审计准则项目

建议修订《国际审计准则第 700 号——对财务报表形成意见和出具报告》	通过修订，建立新要求的报告要素，包括对注册会计师的要求，直接声明注册会计师的独立性和披露相关道德守则的来源，在举例的审计报告中列举这些新的报告要素
建议制定《国际审计准则第 701 号——在审计报告中沟通关键审计事项》	通过新准则，为注册会计师确定和沟通关键审计事项制定要求和指南。关键审计事项，是指对上市公司财务报表审计时，被要求在审计报告中沟通的事项。关键审计事项选自与治理层沟通过的事项。执行上市公司以外的其他实体审计的注册会计师，可能被要求，或者自主决定在审计报告中沟通关键审计事项
建议修订《国际审计准则第 260 号——与治理层的沟通》	根据建议修订的第 701 号准则，通过修订第 260 号准则，提出注册会计师与治理层的沟通要求，例如，包括沟通注册会计师识别出的有关特别风险
建议修订《国际审计准则第 570 号——持续经营》	通过修订，确立注册会计师针对持续经营报告的要求，并举例说明在不同的情况下，在审计报告内如何进行报告
建议修订《国际审计准则第 705 号——在审计报告中发表非无保留意见》	通过修订，当注册会计师发表非无保留意见时，澄清建议修订的第 700 号准则要求的报告要素如何受到影响，相应地更新非无保留意见审计报告示例
建议修订《国际审计准则第 706 号——在审计报告中增加强调事项段和其他事项段》	通过修订，澄清强调事项段、其他事项段和关键审计事项之间的关系
对其他国际审计准则的符合性修正	与沟通关键审计事项有关的符合性修正

国际审计与鉴证准则理事会继续探究注册会计师对其他信息的报告义务。对国际审计与鉴证准则理事会以前的咨询，反馈者广泛支持以这种方式对其他信息的报告，并且国际审计与鉴证准则理事会一直在修改《国际审计准则第

---

① IAASB: Reporting on Audited Financial Statements: Proposed New and Revised International Standards on Auditing (ISAs), June 2013.

720号——注册会计师对含有已审计财务报表文件中其他信息相关的责任》（2009年12月15日生效），但尚未定稿。建议修订的第700号准则要求注册会计师按照第720号准则（修订）报告其他信息，并且在举例的审计报告中为"其他信息"部分保留一席之地。

改进审计报告工作的主要受益人，将是投资者、分析师和审计报告的其他使用者。一项审计工作增强了财务报表的可信性，能够直接或间接改进财务报告的质量。因为审计报告是为已审计财务报表使用者提供的关键交付成果，国际审计与鉴证准则理事会认为审计报告的变革，可能对审计质量或使用者对审计质量的感受起到积极的作用。这反过来可能增加使用者对审计和财务报表在维护公众利益方面的信心。此外，国际审计与鉴证准则理事会认为，建议的新的和修订的审计准则能够实现以下好处：

（1）增强审计报告的沟通价值，提供有关实施审计工作的更多透明度。

（2）增加管理层和治理层对财务报表披露的关注度，在审计报告中提及这些披露（如持续经营、关键审计事项、其他信息等），可能进一步改进财务报告的质量。

（3）关注注册会计师将要报告的事项，能够直接导致增加职业怀疑以提高审计质量。

（4）增强注册会计师与治理层之间的沟通，例如，针对在审计报告中沟通的关键审计事项进行更为强力的对话。

建议的新的和修订的审计准则代表了在实务中的重大变化，但是加强版审计报告对使用者感受财务报表的审计价值至关重要，因此，也视为增加了审计职业的持续相关性。

二、加强版审计报告举例

国际审计与鉴证准则理事会在2012年6月加强版审计报告思路的基础上，建议在审计报告准则中采用以下加强版审计报告模式，见参考格式1-5。审计报告的通用场景是，对按照国际财务报告准则编制的上市公司合并财务报表进行审计并发表"干净意见"（亦即无保留意见），不存在按照修订的第570号准则识别出的与持续经营存在重大疑虑相关的事项或情况的重大不确定性。同时也意识到，国家法律法规规定的其他报告责任可能包括在审计报告中（例如，对董事薪酬的报告），尽管在审计报告中并未说明这些其他责任。

参考格式 1-5　　　　　建议的加强版审计报告模式

审计报告

ABC 股份有限公司全体股东：

一、对合并财务报表出具的审计报告

（一）审计意见

我们认为，后附的合并财务报表在所有重大方面按照国际财务报告准则的规定编制，公允反映了 ABC 股份有限公司及其子公司（以下简称 ABC 集团）20×1 年 12 月 31 日的财务状况以及 20×1 年度的经营成果和现金流量。

我们审计了 ABC 集团合并财务报表，包括 20×1 年 12 月 31 日的合并资产负债表、20×1 年度的合并利润表、合并现金流量表、合并股东权益变动表以及合并财务报表附注（包括重大会计政策和会计估计）。

（二）形成审计意见的基础

我们按照国际审计准则的规定执行了审计工作。审计报告的"注册会计师对合并财务报表审计的责任"部分进一步阐述了我们在这些审计准则下的责任。按照相关职业道德要求，我们独立于 ABC 集团，并履行了职业道德方面的其他责任。我们相信，我们获取的审计证据是充分、适当的，为发表审计意见提供了基础。

（三）关键审计事项

关键审计事项是根据我们的职业判断，认为对本期合并财务报表审计最为重要的事项。关键审计事项来自与治理层沟通过的事项，但并非旨在列示和治理层沟通过的所有事项。我们实施的与这些事项相关的审计程序在对合并财务报表整体进行审计背景下设计的。针对下列描述的任何关键审计事项，不对合并财务报表的审计意见构成修正，我们不对这些事项发表单独的意见。

（下面列示的四个具体主题和内容，只是出于举例目的。本部分按照某项审计业务和实体的事实和情况予以量身定制。相应地，国际审计与鉴证准则理事会有意以这样的方式起草这些例子，说明关键审计事项将提出主题的数量和选择，以及被描述的性质不同而发生变化，并且试图与在实体合并财务报表中的披露相一致。）

商誉

在国际财务报告准则下，集团应当在每个年度测试商誉减值的金额。本年度减值测试对我们审计影响重大，因为评估过程复杂和高度判断，并且基于的假设受到预期的未来市场或经济状况的影响，特别是在［国家 X 和 Y］的这些因素。结果，我们的审计程序，包括（但不限于）在评价集团使用的假设和方法论时使用估值专家协助我们的工作，特别是对某业务线而言与预测的收入增长和利润边际相关的部分。我们也关注了集团对这些假设披露的恰当性，这些假设对测试的结果非常敏感，亦即，对确定商誉的可收回金额具有重大影响。集团对商誉的披露包括在附注 3，特别解释了使用的关键假设的微小变化，可能导致未来商誉余额的减值。

金融工具估值

集团对有关结构化金融工具的披露包括在附注 5 中。集团在结构化金融工具的投资占其金融工具总金额的 ×%。因为集团结构化金融工具估值不是基于活跃市场的报价，在估值时涉及重大计量的不确定性。结果，这些金融工具估值，对我们审计是重大的。由于这些结构化金融工具独特的结构和条款，集团确定有必要使用实体开发的模型，以对这些工具进行估值。我们质疑了管理层使用实体开发的模型的合理性，并与治理层进行了讨论，我们断定这种模型的使用是恰当的。我们的审计程序还包括（但不限于）测试有关模型开发和矫正相关的管理层的控制，我们认可，管理层认为没有必要对模型的产出作出任何调整，以反映市场参与者在类似情况下使用的假设。

并购 XYZ 业务

正如附注 2 所描述的，20×1 年 12 月，集团公司完成了 XYZ 业务的并购。XYZ 业务是一家大型私营公司的分部。截至 20×1 年 12 月 31 日，集团在初步的基础上完成了初始的并购会计核算。集团将在 20×1 年期间最终完成初始并购会计核算，截至 20×1 年 12 月 31 日记录的金额可能会发生变化。

我们关注该项交易，因为对合并报表整体和以前尚未分配到作为独立运行分部的价值的事实非常重大。此外，确定成为初始并购会计基础的假设和与购买的无形资产相联系的使用寿命，涉及重大管理层判断。

与长期合同相关的收入确认

集团长期合同的条款和条件影响集团在一个期间确认的收入，来自这些合同的收入占集团总收入金额重大。计量收入确认的金额的过程，包括对确认恰当的时间安排的确定，涉及重大管理层判断。我们将识别出的长期合同收入确认作为需要特别考虑的特别风险。这是因为，可能存在有效修改原始合同的补充协议，此类补充协议可能非故意地未予记录，或者故意地隐瞒，因此构成了由于舞弊导致的重大错报风险。除了测试（针对签订和记录长期合同实施的程序）控制和其他审计程序，我们认为有必要直接和客户证实这些合同的条款，测试管理层做出的与收入确认相关的会计分录。基于实施的审计程序，我们没有发现补充协议存在的证据。集团对有关收入确认的披露，包括在重大会计政策概要附注1以及附注4中。

（四）持续经营

集团合并财务报表一直是在运用持续经营会计基础上编制的。对该会计基础的使用是适当的，除非管理层或者有意清算集团，或者停止经营，或者没有其他选择只能这样做。作为财务报表审计的一部分，我们断定集团在编制合并财务报表时运用持续经营会计基础是恰当的。

管理层没有识别出可能对集团持续经营能力产生重大疑虑的重大不确定性，相应地，没有在集团财务报表中作出任何披露。依据我们对集团财务报表的审计，我们也没有识别出这种重大不确定性。然而，无论是管理层或注册会计师，都不能担保集团的持续经营能力。

（五）其他信息

［对本部分举例的措辞，取决于国际审计与鉴证准则理事会对建议修订的第720号准则的最终定稿。本部分的内容可能包括（但不限于）：（1）描述注册会计师有关其他信息的责任；（2）指出在审计报告日可以得到的含有适用于注册会计师责任的其他信息的文件；（3）声明注册会计师对其他信息工作的结果；（4）声明注册会计师没有审计或审阅其他信息，相应地不对其他信息发表审计或审阅结论。］

（六）管理层（治理层）对合并财务报表的责任

管理层负责按照国际财务报告准则的规定编制合并财务报表，使其实现公允反映，并设计、执行和维护必要的内部控制，以使合并财务报表不存在由于舞弊或错误导致的重大错报。

［治理层负责监督 ABC 集团的财务报告过程。］

（七）注册会计师对合并财务报表审计的责任

我们的目标是对合并财务报表整体是否不存在由于舞弊或错误导致的重大错报获取合理保证，并出具包含审计意见的审计报告。合理保证是高水平的保证，但并不能保证按照国际审计准则执行的审计在某一重大错报存在时总能发现。错报可能由于舞弊或错误导致，如果合理预期错报单独或汇总起来可能影响使用者依据合并财务报表作出的经济决策，则通常认为错报是重大的。

［在本部分剩余的材料中，可以位于审计报告的附录。如果法律法规或国家审计准则明确地允许，可在含有描述注册会计师责任的恰当权威机构的网站上提及，而非包括在审计报告中。］

作为按照国际审计准则执行审计工作的一部分，在计划和实施审计的整个过程中，我们运用了职业判断，保持了职业怀疑。我们同时：

（1）识别和评估由于舞弊或错误导致的合并财务报表重大错报风险；对这些风险有针对性地设计和实施审计程序；获取充分、适当的审计证据，作为发表审计意见的基础。由于舞弊可能涉及串通、伪造、故意遗漏、虚假陈述或凌驾于内部控制之上，未能发现由于舞弊导致的重大错报的风险高于未能发现由于错误导致的重大错报的风险。

（2）了解与审计相关的内部控制，以设计恰当的审计程序，但目的并非对内部控制的有效性发表意见＊。

（3）评价管理层选用会计政策的恰当性和作出会计估计及相关披露的合理性。

（4）评价合并财务报表的总体列报、结构和内容（包括披露），并评价合并财务报表是否公允反映相关交易和事项。

（5）就 ABC 集团中实体或业务活动的财务信息获取充分、适当的审计证据，以对合并财务报表发表意见。我们负责指导、监督和执行集团审计。我们对审计意见承担全部责任。

除其他事项外，我们与治理层就计划的审计范围、时间安排和重大审计发现（包括我们在审计中识别的值得关注的内部控制缺陷）进行沟通。

我们还就遵守关于独立性的相关职业道德要求向治理层提供声明，并就可能被合理认为影响我们独立性的所有关系和其他事项，以及相关的防范措施（如适用）与治理层进行沟通。

二、按照相关法律法规的要求报告的事项

[本部分的形式和内容，取决于法律法规对其他报告责任的性质的规定。法律法规规范的事项（其他报告责任）应当在本部分处理，除非其他报告责任与审计准则所要求的报告责任涉及相同的主题。如果涉及相同的主题，其他报告责任可以在审计准则所要求的同一报告要素部分中列示。当其他报告责任和审计准则规定的报告责任涉及同一主题，并且审计报告中的措辞能够将其他报告责任与审计准则规定的责任予以清楚地区分（如差异存在）时，允许将两者合并列示（即包含在对合并财务报表审计的报告部分中，并使用适当的副标题）。]

负责本审计报告审计结果的项目合伙人是×××。

[以会计师事务所的名称、注册会计师个人的姓名或两者的名义签字，视特定司法管辖区的规定而定。]

[审计报告日期]

[会计师事务所地址]

＊当注册会计师也有责任对内部控制有效性连同合并财务报表的审计发表审计意见时，在此情况下，本句将作出适当修正。

表1－2列示了建议的新的和修订的审计准则与2012年6月的《改进审计报告》的异同。

表1－2 建议的新的和修订的审计准则与《改进审计报告》的比较

加强关键领域的措施与《改进审计报告》的建议不一致之处
（1）对上市实体财务报表的审计，要求注册会计师报告"关键审计事项"。这代替在《改进审计报告》中"注册会计师评论"概念，"注册会计师评论"概念建议对公众利益实体提出要求。

续表

(2) 直接声明注册会计师独立于实体，履行了其他相关的道德责任，并对这些道德守则的来源进行披露。这对《改进审计报告》中有关注册会计师遵守相关道德守则（包括与独立性相关的这些要求）的声明进行了改进。

(3) 对上市实体财务报表的审计，要求披露项目合伙人的姓名，并辅以"伤害豁免"方式。这对《改进审计报告》中建议对所有实体的审计披露项目合伙人姓名进行了改进。

(4) 通过举例的审计报告，强调要求的审计报告要素的优先顺序和位置。具体顺序并非强制执行。

加强关键领域的措施与《改进审计报告》的建议相一致之处
(1) 审计意见的突出位置以及在审计报告中的实体个性化的信息。
(2) 注册会计师对持续经营的报告，包括对管理层在编制财务报表时运用持续经营会计基础的适当性形成的结论，以及声明是否是识别出对持续经营能力产生疑虑的重大不确定性。
(3) 注册会计师对其他信息的报告责任（作为单独项目的一部分，修订第720号准则，将要定稿）。
(4) 对注册会计师责任和审计关键特征改进的描述。建议的第700号准则（修订）允许将描述注册会计师责任和审计关键特征的部分内容，迁移至审计报告的附录，或者提及在权威性网站作出的这种描述。

三、关键审计事项：建议的新国际审计准则第701号

（一）目标

概括地讲，反馈者对《改进审计报告》中建议的"注册会计师评论"概念给予支持，认为需要注册会计师提供更多信息以增强审计报告的价值。许多人认为，加强版审计报告，将会进一步增加二元审计意见的价值，有助于重振公众对审计报告的信任和信心，增加审计的相关性。

建议的"注册会计师评论"目标是："对审计报告而言，强调的事项是，根据注册会计师的判断，对使用者理解已审计财务报表和审计可能是最为重要的事项。"然而，如何描述"注册会计师评论"概念，以及如何清楚表达建议的目标，许多人表达了担忧。

特别是，反馈者解释，建议的目标暗含着，确定什么事项是对使用者理解财务报表最重要的事项，是注册会计师的责任。许多反馈者强烈反对注册会计师这样做，因为他们认为，提供信息以帮助使用者解读财务报表，明白无误的是管理层和治理层的责任，而非注册会计师的责任。反馈者对这种可能性表达

了忧虑，即注册会计师在审计报告中提供有关实体的原始信息，进一步混淆了管理层、治理层和注册会计师的角色。

国际审计与鉴证准则理事会同意，避免混淆注册会计师、管理层和治理层披露有关实体的信息的责任是重要的。但还是认为，通过提供有关审计方面的信息，使审计报告能够提供使用者感兴趣的信息。

相应地，国际审计与鉴证准则理事会建议在新的第701号准则中确定下列目标（见表1-3）。

表1-3　　　　　注册会计师对关键审计事项的目标

> 注册会计师的目标是，在对财务报表形成意见的同时，确定关键审计事项，并通过在审计报告中进行描述，沟通这些事项。
>
> 关键审计事项，被定义为那些事项，根据注册会计师的职业判断，在本期财务报表审计中最为重要的事项。关键审计事项选自与治理层沟通过的事项。

在形成上述建议时，国际审计与鉴证准则理事会着眼于使用者感兴趣的那些事项，对这些事项，注册会计师和治理层有着最强力的对话——为了理解注册会计师在执行审计时注意到的重要领域——对这些沟通需要额外的透明。这种途径大致上和对《改进审计报告》反馈者的观点相一致，对注册会计师而言，在审计报告中指出审计中关注领域的信号或"关键审计事项"，将会是恰当的。

国际审计与鉴证准则理事会认为，建议注册会计师沟通这些关键审计事项，将不仅有助于使用者理解那些在财务报表审计中最为重要的事项，而且还将有助于使用者理解实体和在已审计财务报表中重大管理层判断的领域（在执行审计中关注的领域）；向使用者提供基础，与管理层和治理层进一步互动有关实体和已审计财务报表的某些事项。

（二）确定关键审计事项

重要的是，对《改进审计报告》的反馈者支持国际审计与鉴证准则理事会的观点，在审计报告中沟通实体个性化的事项，应当是一项职业判断，而非指定的将在所有情况下要求沟通的某些事项作为关键审计事项。然而，在审计中有一些与重大事项相关的领域，被监管者、投资者和其他相关利益者一致性地提及，预期注册会计师将其与治理层进行沟通，并作为额外信息（关键审计事项）在审计报告中提供。

国际审计与鉴证准则理事会在制定建议的第701号准则时已经考虑了这些

观点,见表1-4。

表1-4　　　　　　　确定关键审计事项时考虑的领域

注册会计师应当确定与治理层沟通的哪些事项是关键审计事项。在作出这种决策时,注册会计师应当考虑在执行审计时关注的重大领域: 　　(1)根据《国际审计准则第315号准则——通过了解实体及其环境识别和评估重大错报风险》(修订)识别出的重大风险的领域,或者涉及重大注册会计师的判断; 　　(2)注册会计师在审计期间遇到的重大困难的领域,包括有关获取充分、适当的审计证据遇到的重大困难; 　　(3)要求对计划的审计方案进行重大修改的情况,包括由于识别出内部控制重大缺陷而作出的修改。

在制定本要求时,首要聚焦于"注册会计师关注的重大领域",旨在帮助注册会计师从与治理层沟通的事项,缩小到与治理层沟通过的关键审计事项。国际审计与鉴证准则理事会将有代表性地研究构成此类关注的领域,亦即,符合对本期财务报表"最重要的"门槛(判断标准)的那些事项。

(三)沟通关键审计事项

针对包括在审计报告中的每一关键审计事项详细程度,充分行使以原则为导向,允许注册会计师行使判断。

国际审计与鉴证准则理事会认为,与包括在《改进审计报告》的例子相一致,对于描述的关键审计事项,包括提及财务报表中的披露(如有),将是非常有用的。这样做,使得使用者能够了解管理层和注册会计师对这些事项各自的看法。然而,对《改进审计报告》的反馈者指出,描述关键审计事项,不能仅仅重复在财务报表中披露的内容,或者简单指向这些披露,而不提来自注册会计师的额外内容。

相应地,国际审计与鉴证准则理事会同意,为了使关键审计事项的沟通对使用者具有价值,注册会计师非常有必要更多地解释为何将该事项视为审计中最为重要的事项之一(亦即,针对为何将该事项确定为一项关键审计事项提供有见地的看法)。

国际审计与鉴证准则理事会曾经有一个激烈的争论,在所有情况下包括讨论审计程序或此类审计程序的结果(例如,审计发现或结论),要求注册会计师描述关键审计事项,是否必要或恰当。对《改进审计报告》的反馈者担忧这种可能性,关键事项视为单独的保证或零碎意见,这和他们所认为的事实不一致,即审计程序是在财务报表整体背景下审计的。在复杂的领域,以清晰和简明的方式概括审计程序时，可能存在着挑战——注册会计师表达了担忧，使用者可能不正确地低估注册会计师实际执行的工作，并且投资者已经发表这样的看法，此类信息可能随着时间的推移变成模板。作为平衡，国际审计与鉴证准则理事会认为，对建议制定的第 701 号准则，有必要允许注册会计师在解释为何一项事项确定为关键审计事项，以及描述该事项对审计的影响时，具有一定的弹性，而非强令在所有情况下讨论审计程序或结论。

国际审计与鉴证准则理事会给出了详细的应用材料，以支持注册会计师对某一关键审计事项描述的性质和范围的职业判断，包括描述的充分性和恰当性，以及是否有必要描述关键审计事项对审计的影响。除此之外，应用材料还处理：

（1）注册会计师可能包括使得关键审计事项的描述更具个性化的方面，例如解释可能影响风险评估程序或方法的因素，或者强调与治理层的关键沟通。

（2）与确定关键审计事项相关的因素和指南，以及以此为基础形成的工作底稿，如何帮助注册会计师编制对关键审计事项的描述。

（3）在沟通关键审计事项时遇到的挑战，例如，有关被视为更为敏感的关键审计事项，包括与舞弊风险或内部控制重大缺陷有关的关键审计事项，或者当注册会计师可能发现有必要提供有关实体的额外信息时。

（4）描述关键审计事项对审计影响的可能方法，可能包括简要概括实施的审计程序、对事项的审计方法，或者指出审计程序的结果。

（5）对关键审计事项的描述，如何受到实体财务报表披露的性质和范围的影响。

（四）关键审计事项举例

审计报告列举了 4 个关键审计事项的例子。国际审计与鉴证准则理事会在开发每一关键审计事项的例子时，有意采用了不同的方法。这样做表明，注册会计师在解释关键审计事项时，对描述的性质和范围以及包括的信息的判断，如何随着环境的不同而发生变化。

第一个例子旨在解释与所处国家和业务线相关的某些实体个性化的因素如何影响商誉减值测试。它描述了某些审计程序、关键领域和对估值专家的利用，但是并没有包括结论或审计发现。部分提及了管理层披露的重要方面。

第二个例子包括在对实体金融工具估值时使用的模型的类型，包括提及在财务报表附注中预期披露的实体个性化的信息。它提及了与治理层的关键沟通，以及描述了某些审计程序。该例子也包括有关使用实体开发的模型的恰当性。

第三个例子旨在强调，根据解释的情况，重大并购在审计中是一项困难领域。没有包括直接提及程序或审计发现；然而，提及了在资产负债表日记录的金额可能在未来发生变化这项事实，并举例说明注册会计师如何提请关注管理层披露的关键方面。

第四个例子包括提及与收入确认有关的舞弊导致的重大错报风险。这可能是一个敏感的领域，因为提及此类舞弊风险，不可能在财务报表中进行披露。在该例中包括结论，举例说明针对这种风险实施特定审计程序的结果（例如函证合同的条款）。

为了使关键审计事项具有使用者寻求的价值，国际审计与鉴证准则理事会认为，对注册会计师而言，在本期审计背景下以尽可能个性化的方式描述关键审计事项，这在实务中是必要的。此外，注册会计师还应当采取措施尽力避免随着时间的推移，对关键审计事项的描述变成模板。

包括在关键审计事项中有关实体的信息，可能强调或概括了实体对该事项披露的关键方面。进一步讲，为了回应针对注册会计师提供有关实体原始信息的担忧，正在制定的第701号准则建议，注册会计师尽力避免这样做（因为这是实体管理层和治理层的责任），除非根据注册会计师的判断，注册会计师提供的额外信息可能对描述关键审计事项至关重要，并且提供此类信息不被法律法规所禁止。

（五）建议的第701号准则的适用性

《改进审计报告》建议，在审计报告中的"注册会计师评论"概念，能够适用于公众利益实体的审计。尽管注意到这样做潜在的好处，对《改进审计报告》的反馈者认识到，建立一个全球认可的公众利益实体的概念面临着挑战，建议国际审计与鉴证准则理事会在制定的准则中将其限制在上市实体审计更为合适。进一步讲，在国际审计准则中使用的公众利益实体概念，是国际会计师道德准则理事会为了独立性目的所设计，而非用于区分审计报告要求的目的。国际审计与鉴证准则理事会同意并且认为，计划在实施后评估了解是否将第701号准则的应用扩大到所有实体，而非仅仅上市实体，包括适用于非上市中小实体，可能在将来是适当的。

而且，国际审计与鉴证准则理事会认识到，法律、法规或国家审计准则可能要求除上市实体外，其他所有实体（例如公众利益实体、公共部门实体或者所有实体）在特定司法管辖区内沟通关键审计事项。对《改进审计报告》的反馈者也认识到，除了上市公司外，其他所有实体的注册会计师可能希望在自愿基础上使用新的关键审计事项沟通机制。因此，国际审计与鉴证准则理事会认为这是非常重要的，如果除了上市实体外，在其他所有实体的审计中沟通关键审计事项（自愿或法律法规要求），此类事项应当以与上市实体相同的方式进行确定和沟通。

鉴于非上市实体的注册会计师在审计报告中沟通关键审计事项的可能性，或者应管理层或治理层的要求这样做，国际审计与鉴证准则理事会建议对《国际审计准则第210号——审计业务约定条款》（2009年12月15日生效）做出有限的修改。特别是，如果非上市实体的注册会计师并未要求沟通关键审计事项，但试图沟通，应当为注册会计师建立这样一个新的要求，包括在致客户的业务约定书中进行声明。此外，在某些司法管辖区，审计业务约定书中存在提及沟通关键审计事项的可能性，保留应用材料澄清这样做的能力，对注册会计师可能是必要的（例如，由于法律法规要求，包括与保密相关的要求）。

（六）建议的第701号准则在特定情况下的应用

建议修订的国际审计准则也提及了与第701号准则应用相关的其他情况，包括：

（1）当注册会计师按照建议修订的《国际审计准则第705号——在审计报告中发表非无保留意见》发表保留意见或否定意见时。国际审计与鉴证准则理事会确定，可能引起修正审计意见的事项，就其本质而言，是关键审计事项，但是将其在审计报告中"形成保留（或否定）意见的基础"中单独报告。国际审计与鉴证准则理事会同意，对任何其他关键审计事项的讨论，将会与增强使用者理解审计相关，因此，应当要求注册会计师沟通关键审计事项。

（2）当注册会计师按照建议修订的第705号准则发表无法表示意见时。建议修订的第705号准则明确地禁止注册会计师在此类情况下沟通关键审计事项。国际审计与鉴证准则理事会认为，除了讨论导致无法表示意见事项外，讨论其他任何关键审计事项可能暗示着与此类关键审计事项相关的财务报表可能更为可靠，将会与对财务报表的无法表示意见不相一致。

（3）当法律法规要求注册会计师提供与关键审计事项相似的信息，或者要求治理层出具包括此类信息的报告时，建议修订的第700号准则提及了此类情况，并对关键审计事项部分如何应用提供了指南。国际审计与鉴证准则理事会认为，这将包容不同国家沟通此类信息的方法，例如，英国财务报告理事会要求的方法是，上市实体审计委员会的报告将包括描述与注册会计师讨论的主要问题。国际审计与鉴证准则理事会将继续跟踪来自美国公众公司会计监督委员会和欧盟委员会提出的影响审计报告的建议，并进一步考虑是否在建议的国际审计准则中认可不同司法管辖区的方法。

（七）注册会计师确定不存在关键审计事项的情形

关键审计事项是在本期财务报表审计中"最重要的"事项，但这是一个相对的概念，因为在本期审计中总有可能存在一项或多项"最重要的"事项。

然而，实体可能存在某些有限的情况（例如，一家上市实体，具有有限的经营或资产），在这种情况下，根据注册会计师的职业判断，在审计报告中没有沟通的关键审计事项，国际审计与鉴证准则理事会认为这种情况是存在的。

如果注册会计师断定没有沟通的关键审计事项，建议的第701号准则要求注册会计师和项目质量控制合伙人讨论这个结论，并与治理层沟通。国际审计与鉴证准则理事会认为，这些行动可能为在本审计期间产生的与那些重大事项最为相似的事项提供重新评估的机会，使得注册会计师重新评估是否不存在关键审计事项的决定。

进一步讲，建议的第701号准则将要求在审计报告中声明，没有关键审计事项需要报告。这种要求和来自反馈者对《改进审计报告》的反馈是一致的，即需要注册会计师表明，按照建议的第701号准则作出这种决定。然而，国际审计与鉴证准则理事会认识到，这样一种声明，可能使使用者产生混乱，因为一些人认为它与"最重要的事项"的相对概念是不符的。

（八）当比较财务信息被列报时对关键审计事项的确定

关键审计事项被定义为是在本期财务报表审计中最重要的那些事项。使用者感兴趣的是尽可能近的信息，以便作出理智的决策。因此，更有可能重视来自注册会计师有关本期审计的信息。当然，注册会计师考虑在上期财务报表审计中的关键审计事项，是否继续成为本期的关键审计事项，国际审计与鉴证准则理事会认为这是有益的。

国际审计与鉴证准则理事会进一步认为，确定关键审计事项，应当限于在本期财务报表审计中最重要的那些事项，即使当比较财务报表被列报时（例如，即使当审计意见提及每一期被列报的财务报表）。

国际审计与鉴证准则理事会注意到这样的观点，在审计报告中描述所有列示期间的关键审计事项可能有好处。然而，这样做可能有实务上的挑战，导致冗长的审计报告，以及导致使用者产生困惑的列示。例如：

（1）使用者可能期望注册会计师更新与上期相关的关键审计事项，例如，解释该事项对本期审计的影响——即使该事项在本期没有被确定为关键审计事项。

（2）某个事项，在之前期间未被作为关键审计事项，如果在之后期间被确定为关键审计事项，可能导致使用者对注册会计师判断的有效性产生质疑。

（3）上期财务报表由前任注册会计师（predecessor auditor）审计时可能产生的后果，因为上期审计的关键审计事项是由前任注册会计师确定的。

（九）审计工作记录

根据《国际审计准则第 230 号——审计工作底稿》，建议的第 701 号准则要求注册会计师在审计工作底稿中记录将作为关键审计事项进行沟通的事项，以及在得出该项决定时作出的重大职业判断。国际审计与鉴证准则理事会解释，与治理层的书面沟通，以及形成的审计工作底稿，将有助于注册会计师在描述关键审计事项时解释事项的重大性。

国际审计与鉴证准则理事会在起草建议的国际审计准则时也注意到，记录注册会计师在确定关键审计事项时作出的重大职业判断将依赖于审计工作底稿；这可能表明，与治理层沟通的其他事项并非都是关键审计事项。然而，对审计工作底稿的这一规定，并不是为了要求注册会计师在审计工作底稿中解释为何与治理层沟通的其他事项没有被确定为关键审计事项。

建议的第 701 号准则规定的审计工作底稿也包括，注册会计师确定没有在审计报告中需要沟通的关键审计事项的理由。

（十）实地测试

在某些司法管辖区，对注册会计师而言，建议的国际审计准则将导致注册会计师对整套财务报表出具的审计报告发生变化。变化的性质和范围将取决于该项审计的情形，按照建议的第 701 号准则沟通关键审计事项，是实务中的特别重大的变化。

在建议的第 701 号准则征求意见期间，国际审计与鉴证准则理事会强烈鼓励会计师事务所实地测试对该准则的运用，由此获得该审计准则如何在实务中应用的经验。

应用建议的第 701 号准则对一些最近完成的审计业务（有一系列审计业务场景）在追溯的基础上实施实地测试，并与治理层和参与财务报告过程的其他人士进行讨论。通过实地测试，会计师事务所可能识别出由于该建议实施面临的挑战，并获得对建议效果的反馈。

实地测试也向会计师事务所提供了了解实际问题的机会，包括可能需要对内部政策、程序和培训作出变动，以支持建议的准则最后的有效实施。

四、关键审计事项和与治理层沟通之间的关系：由建议的第 701 号准则而修订第 260 号准则

关键审计事项选自与治理层沟通的事项。相应地，国际审计与鉴证准则理事会确定，根据第 701 号准则对注册会计师与治理层沟通的要求进行有限的修订是必要的。

《国际审计准则第 260 号——与治理层沟通》（2009 年 12 月 15 日生效）要求注册会计师与治理层沟通审计的范围和时间安排的概况，国际审计与鉴证准则理事会建议将此要求拓展到包括沟通注册会计师识别出的特别风险，这是最重要的变动。

在许多审计中，与治理层沟通特别风险可能早已发生，因为按照国际审计准则执行的审计，是建立在风险导向基础上的，因此，特别风险对审计范围至关重要。国际审计与鉴证准则理事会认为，要求这种沟通可能增强审计质量。在这方面，建议的审计准则将会进一步支持有效的双向沟通，通过向治理层提供注册会计师对这些领域（确认需要特别考虑的领域）的见解，从而有助于治理层履行监督财务报告过程的职责。

国际审计与鉴证准则理事会认为，对所有实体（而不仅仅是上市实体）财务报表审计而言，对注册会计师提出这种要求符合公众利益。但是并不希望给注册会计师带来过重的负担，例如非上市实体并不要求在审计报告中沟通关键审计事项。

此外，国际审计与鉴证准则理事会建议要求注册会计师对计划的审计方法作出重大修改的情况进行沟通（作为沟通来自审计重大发现的一部分）。

表 1-5 列示了建议的第 260 号准则（修订）和建议的第 701 号准则之间的关系，特别是要求与治理层沟通的事项和要求注册会计师在确定关键审计事项需要考虑的因素之间的关系。

表 1-5　建议的第 701 号准则与第 260 号准则（修订）之间的关系

建议的第 701 号准则	在建议的第 260 号准则（修订）和其他准则中提及要求与治理层特别沟通的依据
根据第 315 号准则（修订），识别出特别风险的领域	第 260 号准则（修订），对作为来自审计重大发现的部分内容进行讨论
涉及重大的注册会计师判断的领域	第 260 号准则（修订），涉及与治理层沟通过的、有关其监督职责的事项
注册会计师在审计期间遇到重大困难的领域，包括有关获取充分、适当的审计证据遇到的困难	建议的第 260 号准则（修订）
要求对注册会计师计划的审计方法进行重大修改的情况进行沟通，包括由于识别出内部控制重大缺陷而作出的修改	建议的第 260 号准则（修订），向治理层和管理层通报内部控制缺陷

五、关键审计事项与强调事项段和其他事项段之间的关系：由建议的第 701 号准则而对第 706 号准则作出修改

对《改进审计报告》的反馈者认为，从广义上讲，应当保留强调事项段的机制，即使当增加"注册会计师评论"时，为了提请使用者关注没有被视为关键审计事项的事项，如果注册会计师判断有必要这样做，也可以使用这一机制。进一步讲，国际审计与鉴证准则理事会认为有必要为没有被要求沟通关键审计事项的实体财务报表审计保留这种机制。同样的考虑适用于其他事项段。

在考虑和定义关键审计事项后，鉴于对上市实体财务报表审计要求沟通关键审计事项，国际审计与鉴证准则理事会特别评价如何将强调事项段和其他事项段更好地予以保留，以及如何将这种沟通的相互关系在建议的国际审计准则

中进行描述。

国际审计与鉴证准则理事会并没有建议对《国际审计准则第 760 号——在审计报告中增加强调事项段和其他事项段》(2009 年 12 月 15 日生效）的基础概念进行变动，包括强调事项段和其他事项段的概念。

然而，国际审计与鉴证准则理事会认为，在建议的第 760 号准则（修订）中进行某些澄清：

(1) 解释建议的第 701 号准则和建议的第 706 号准则（修订）之间的关系。

(2) 向注册会计师澄清，根据建议的第 701 号准则，对于确定为关键审计事项的事项，不应使用强调事项段和其他事项段。

(3) 当在审计报告中沟通关键审计事项，注册会计师判断是否有必要也包括一项强调事项段（该事项没有被确定为关键审计事项）时，可通过下列方法促进使用者理解强调事项段和关键审计事项之间的差异：要求在强调事项段中声明，解释所强调的事项和关键审计事项分别是独立的部分；鼓励使用标题"财务报表中的强调事项"。

(4) 对关键审计事项部分和任何强调事项段的位置提供进一步指南。

国际审计与鉴证准则理事会理解，目前使用最普遍的强调事项段是强调有关持续经营的重大不确定性，将被一个类似段落作为"持续经营"单独部分所代替，并且对其他事项使用强调事项段是少见的。当审计报告包括关键审计事项部分时，国际审计与鉴证准则理事会认为强调事项段将是非常罕见的，除非其他的国际审计准则或法律法规有要求。来自国家准则制定者的反馈支持这个观点。

国际审计与鉴证准则理事会并不认为与审计的计划制定和范围确定相关的某些事项（例如描述运用于审计业务的重要性）符合关键审计事项的定义。鉴于对《改进审计报告》的反馈，国际审计与鉴证准则理事会并不认为在审计报告中要求注册会计师披露这种事项是适当的。然而，如果法律法规有要求，注册会计师认为这样做可能是适当的。

六、持续经营

国际审计与鉴证准则理事会继续坚持这样的观点，有关持续经营的审计报告是适当的和符合公众利益的。相应地，建议的《国际审计准则第570号——持续经营》（修订）包括下列要求（见表1-6）。

表1-6　　　　　　　　没有识别出重大不确定性的情况

> 如果注册会计师认为，管理层运用持续经营会计基础在具体情况下是适当的，没有识别出重大不确定性（可能对实体持续经营产生重大疑虑的事项或情况，在下文中称之为"重大不确定性"），审计报告的持续经营部分应当包括：
> （1）解释在适用的财务报告框架下持续经营的会计基础；
> （2）作为财务报表审计的一部分，声明注册会计师断定管理层在编制财务报表时运用持续经营会计基础是适当的；
> （3）依据财务报表审计，声明注册会计师没有识别出可能对实体持续经营产生重大疑虑的重大不确定性；
> （4）声明，无论是管理层还是注册会计师，都不能担保持续经营能力。
> （如果识别出重大不确定性事项，包括这种不确定性没有在已审计财务报表中得到充分披露的情况，这些声明和他们如何在审计报告中进行表达将会变动。）

鉴于全球金融危机和欧盟对审计改革的建议，《改进审计报告》的反馈者对持续经营日益关注。然而，也有一些混合的观点，在《改进审计报告》中有关建议的声明，将对使用者具有充分的价值，或者在第570号准则下，从注册会计师的工作努力角度看是恰当的。许多人也承认和强调在财务报告中使用整体解决方案（从财务报告和审计报告两个方面强化对持续经营责任的披露）提出持续经营的必要性和重要性。但也有人担心，如果使用者不理解这种声明不是对主体未来生存能力的担保，或者如果"重大不确定性"的含义及其披露要求没有在不同财务报告框架得到清晰的定义，注册会计师对持续经营的声明，可能会扩大期望差距。

在修改持续经营准则过程中，国际审计与鉴证准则理事会，一直是和会计准则制定者进行联系。有一些基础的会计问题，包括对某些概念缺乏一致性的理解，需要会计准则制定者给予澄清或提供额外指引，以便注册会计师在审计报告中对持续经营的声明不会被错误理解或错误解释。国际会计准则理事会（IASB）和美国会计准则理事会（FASB）都有积极的规划来处理持续经营问题，然而最终完成和实施修改后的会计准则的时间节点尚未明确。

尽管存在这些进展，但仍然有可能国际财务报告准则（IFRS）和美国公认会计原则（US GAAP）对重大不确定性的定义或对这种披露的门槛最终不同。这会影响何时要求在财务报表附注中披露这些重大不确定性，因为不同的财务框架会采取不同的方法。最终，随着会计准则持续发展，国际审计与鉴证准则理事会可能有必要重新审核修改中的第 570 号准则的基础概念。

国际审计与鉴证准则理事会认识到，需要仔细考虑会计准则制定者的状况和计划的行动，当最终完成审计报告修订时，以确定最好的行动措施，这可能涉及有关持续经营的审计报告的最终形成。

国际审计与鉴证准则理事会利用第 570 号准则（2009 年 12 月 15 日生效）制定了审计报告建议稿。

在考虑建议的第 570 号准则（修订）变动的性质和范围时，国际审计与鉴证准则理事会认识到有许多可以改进的领域，但是鉴于会计准则未来的发展，在新的审计报告要求中限制这种变动，只是将"持续经营假设"术语替换为国际财务报告准则中的概念"持续经营会计基础"。

国际审计与鉴证准则理事会认识到，识别出的有关持续经营重大不确定性，本质上是一项关键审计事项。然而，识别出的有关持续经营重大不确定性的信息，应当在审计报告中"持续经营"部分列示，给予恰当的强调。相应地，识别出的有关持续经营重大不确定性，将不再是一个所要求的强调事项段。

建议的第 570 号准则（修订）提供了举例的审计报告，包括有关持续经营问题被列示的情况、所要求的声明，以及如何在审计报告中对该声明作出修改。值得指出的是，当识别出重大不确定性时，采取以下措施：

（1）要求增加副标题"对识别出的有关重大不确定性的披露"或其他合适的副标题，以警示使用者关注这些情况，并且国际审计与鉴证准则理事会认为，在"持续经营"部分声明有关重大不确定性，比声明有关运用持续经营会计基础的适当性，更为有用。

（2）当因为重大不确定性没有得到充分披露而修正审计意见时（即发表保留意见、否定意见或无法表示意见），将要求注册会计师在"形成保留（或否定）意见的基础"部分进行讨论，并交叉索引到持续经营部分，而非包括在所要求声明的重大不确定性中。

（3）尽管在审计报告中并不要求管理层或注册会计师都声明不对实体的持续经营能力作出担保，但注册会计师应作出这种声明。国际审计与鉴证准则理事会持有混合的观点，这种声明是否有益，要考虑提及的识别出的重大不确定性的事实。

七、遵守独立性和其他相关职业道德要求（职业道德守则）

鉴于遵守职业道德守则作为审计基础的重要性，以及对注册会计师独立性的日益关注，《改进审计报告》建议，注册会计师在审计报告中应直接声明遵守了相关道德守则。尽管广泛支持这种对声明的强化处理，反馈者和其他人士认为需要进一步澄清这种与声明相关的含义和范围。

基于这种观点，国际审计与鉴证准则理事会重新考虑了这种声明的措辞，建议在审计报告中改为如下的声明，即注册会计师在相关道德守则或适用的法律法规的意义上独立于该实体，并且在这些要求下，履行了注册会计师其他的道德责任。

作为声明的一部分，也要求注册会计师披露具体的独立性和其他相关道德守则的来源。要求的来源可能是不一样的，在这种情况下，要求指明所有相关来源。这样做，针对已经执行审计的基础提供了额外的透明度，并以同样的方式披露审计是按照国际审计准则执行的，或者财务报表是按照国际财务报告准则编制的。

然而，国际审计与鉴证准则理事会认识到，这种披露可能具有实际影响。例如，列出各种来源，可能变得非常广泛，由此导致对报告使用人缺乏价值，或者在集团审计情况下，使得区分所有来源变得过度复杂，或者造成混乱，或者在使用人之间造成误解。

在审计报告中是否披露注册会计师没有遵守国际职业会计师道德守则的情况，《改进审计报告》没有提及。当时，国际审计与鉴证准则理事会认为，在审计报告中提出披露违反相关道德守则的建议尚不成熟。随着国际会计师道德准则理事会（IESBA）项目工作结果的公布，这样做的价值和障碍已经完全进行了考虑。国际会计师道德准则理事会已经完成修订，公布了该项目的变动。这些变动将在2014年生效，并没有规定公开披露注册会计师违反独立性要求。

然而，国际审计与鉴证准则理事会认识到，有些报告使用人，包括监管者，可能希望了解更多有关违反独立性要求的情况。针对公开披露违反情况，国际审计与鉴证准则理事会和国际会计师道德准则理事会持有同样的观点，同意不在审计报告中要求此类披露。国际审计与鉴证准则理事会认为这样做的障碍，可能会超过价值，特别是因为：

（1）报告所有违反行为将是不现实的，特别是在跨国公司和全球审计背景下，国际职业会计师道德守则并不设立门槛（判断标准），什么可能构成微小或重大的违反独立性要求，以及微小不利的违反独立性要求可能已经发生，但早已得到恰当的处理。

（2）尽管感受到增加违反独立性透明度带来的价值，如果要求公开沟通所有的违反行为，甚至当治理层和注册会计师的违反行为已经得到处理时，那么投资者有可能对注册会计师出具审计报告能力得出不正确的结论。

国际审计与鉴证准则理事会认为，建议声明在相关道德守则的内涵下注册会计师独立于实体，这是一个处理有关独立性透明度的恰当方法，因为注册会计师作出这种声明的能力，考虑了注册会计师和治理层之间的互动关系（如果违反行为得到识别）。国际审计与鉴证准则理事会认识到：

（1）在某些司法管辖区，监管者或国家准则制定者要求注册会计师公开披露违反独立性要求，在国家层面可能更为合适，因为这种要求考虑了特定地方情况和报告环境。

（2）在建议的准则和举例的审计报告中有这样一种机会，进一步强化与治理层沟通有关独立性的重要性。

八、披露项目合伙人的姓名

《改进审计报告》的反馈者对在针对上市公司财务报表出具的审计报告中强制披露项目合伙人的姓名，存在不同的观点。在某些司法管辖区，法律法规已经要求披露项目合伙人的姓名，这些地区大部分对此持赞成态度；有少数地区持反对态度，认为这种披露将签名者个人暴露于法律诉讼地步。

投资者和分析师、监管者和监督机构，以及其他人士赞成在审计报告中披露项目合伙人的姓名，这样做，对审计报告使用人来说，改进了透明度，使项目合伙人承担更大的个人责任和问责意识，这会转化为改进的审计质量。

尽管在某些司法管辖区已经实施，但反馈者还是告诫小心建立国际层面的要求。在一些司法管辖区，对注册会计师个人尚未建立安全港制度，无法处理潜在的审计责任的影响。

国际审计与鉴证准则理事会认为，回应公众利益的要求增加透明度非常重要。相应地，在第700号准则（修订）中建议，在审计报告中披露项目合伙人的姓名。然而，这样做有一定的限制：

（1）不是对所有类型的实体都要求披露项目合伙人的姓名。国际审计与鉴证准则理事会断定，将第700号准则（修订）限定在上市实体使用者财务报表审计是恰当的。这是因为，对这种透明度的需求，主要来自机构投资者；对于非上市实体，包括中小企业，使用者可以通过其他方法得到或知悉（在许多情况下是非正式得到的）。

（2）国际审计与鉴证准则理事会建议包括"处境危险"豁免，这与某些国家做法一致。

九、对建议的第700号准则（修订）的其他改进

除了上述变动之外，建议的第700号准则（修订）作出如下改进：

（1）对注册会计师责任和审计关键特征的描述进行了改进。

（2）对注册会计师责任和关键特征的描述，在附录举例的审计报告中重新确定位置，或者提及在官方网站中描述。

（3）提及在实体中谁负责监督公司财务报告过程（在审计报告中提及监督主体，确认其在财务报告中的必要性）。

（4）其他报告责任——在《国际审计准则第700号准则——对财务报表形成审计意见和出具审计报告》（2009年12月15日生效）下，禁止注册会计师在审计报告中合并讨论其他报告责任（例如，要求在"按照相关法律的要求报告的事项"部分列报这种信息）。因为审计报告中建议的新部分（例如，持续经营、关键审计事项、其他信息）可能是额外报告责任，所以国际审计与鉴证准则理事会认为对国家准则制定者允许有额外的弹性，确定如何在审计报告中最好地放置注册会计师对这些事项的沟通。然而，即使按照国际审计准则的报告要求在同一部分列示，也要求将这些其他报告责任与国际审计准则要求的报告清晰地区分开。

《改进审计报告》建议规定审计报告要素的顺序和位置。这种反馈包括这种观点，在一些国家，为什么某些要素的位置优先，例如，审计意见放在审计报告的末尾，有其文化方面的原因。国际审计与鉴证准则理事会断定，建议的第700号准则（修订）不应规定审计报告要素的位置。

建议的第700号准则（修改）也澄清了注册会计师的报告责任，当注册

会计师对财务报表发表无法表示意见时：

（1）禁止注册会计师沟通有关持续经营、关键审计事项和其他信息等额外信息。国际审计与鉴证准则理事会认为，提供有关审计的详细信息，或者深度描述对财务报表审计的责任，可能掩盖对财务报表整体发表的无法表示意见。

（2）修改在审计报告中有关描述注册会计师的责任所要求的措辞。

（3）将有关独立性的声明放在"注册会计师对财务报表审计的责任"部分，而非"形成无法表示意见的基础"部分。

十、生效日期

在对新的和修订的国际审计准则确定生效日期时，要考虑准则对注册会计师执行审计时工作方向的影响。在准则发布后，国际审计与鉴证准则理事会通常提供至少 12~15 个月的时间，用于翻译、国内采用和实施准备（包括培训和对事务所审计方法的变动）。在新的和修订的准则生效后（亦即财务报表审计开始或之后的日期），实施准备工作结束。

然而，建议的国际审计准则主要考虑出具审计报告的情况，涉及注册会计师在审计过程结束时作出的决策，建议的其他国际审计准则（特别是根据建议的第 701 号准则对第 260 号准则的修订，以及对第 210 号准则的符合性修订），可能对注册会计师在开始或接近开始审计业务时的措施产生影响。例如，在运用建议的第 701 号准则时，国际审计与鉴证准则理事会认为，在制定审计计划时，注册会计师将考虑可能确定为关键审计事项的事项，以及将如何沟通这些事项。

相应地，假定建议的国际审计准则在 2014 年第 4 季度作为最终稿发布，准则生效的日期，对财务报表审计而言，可能是 2015 年 12 月 15 日或之后日期。亦即，截至 2016 年 12 月 31 日的报告期间。如果是这个生效日期，加强版审计报告将在 2017 年初生效。重要的是，加强版审计报告准则应当尽可能早地生效。

十一、实施后评估（post-implementation review）

在注册会计师、监管者、国家准则制定者和审计报告使用者对建议的国际审计准则和新审计报告有一段时期的经验后,国际审计与鉴证准则理事会计划执行实施后评估。评估的目的是,将使国际审计与鉴证准则理事会了解,建议的国际审计准则是否取得预定的效果,是否在下列方面有助于国际审计与鉴证准则理事会:

(1) 确定将当初限于上市公司财务报表审计的应用范围进行扩大,是否符合公众利益;

(2) 识别实施遇到的挑战,以及对审计准则可能改进的领域;

(3) 了解不同司法管辖区如何在各自的框架内,对建议的国际审计准则采纳和实施的途径;

(4) 考虑是否有必要进一步加强审计报告,例如,当国家层面发生变化时。

国际审计与鉴证准则理事会计划在准则实施满两年后开始评估。

第二章
加强版审计报告有关问题的决策过程

第一节 新的和修订的国际审计准则

审计报告主题作为国际审计与鉴证准则理事会的议题已有一段时间。使用者表示注册会计师就财务报表发表的审计意见是有价值的，然而许多人呼吁审计报告应当包含更多信息——特别是注册会计师基于已执行的审计为使用者提供更多相关信息。因此，国际审计与鉴证准则理事会着手制定和修订审计准则，以增加审计报告的信息价值。

2013 年 7 月，国际审计与鉴证准则理事会发布征求意见稿（ED）"对已审计财务报表出具审计报告：建议的新的和修订的国际审计准则（ISAs）"。征求意见的截止日为 2013 年 11 月 22 日，共收到来自 139 位反馈者的意见函，包括投资者和分析师、治理层（TCWG）、监管者和审计监督机构、国家审计准则制定者、会计师事务所、公共部门实体、国际会计师联合会成员组织和其他专业组织、学者和个人，还包括来自于监督小组（MG）五家成员的反馈。[1]

国际审计与鉴证准则理事会对反馈意见进行了认真梳理、论证和决策，形成新的和修订的审计准则最终稿。新的和修订的国际审计准则以及同步修订的

---

[1] 2005 年 2 月，为了提高国际准则的质量，更好地服务于公众利益，经与利益相关者协商，由巴塞尔银行监管委员会（BCBS）、欧盟委员会（EU Commission）、金融稳定委员会（FSB）、国际保险监管官联合会（IAIS）、国际独立审计监管者论坛（IFIAR）、国际证监会组织（IOSCO）和世界银行（WB）成立监督小组，其主要职责之一是监控和评估国际会计师联合会在维护公众利益方面运营的有效性。为了帮助监督小组履行这一职责，上述国际金融组织和监管机构还成立了公众利益监督委员会（PIOB），负责监督国际准则的制定过程，以提高准则制定的透明度并确保其维护公众利益。监督小组负责公众利益监督委员会成员的任命，并向其提供指导和监督。

相关准则由出席 2014 年 9 月的国际审计与鉴证准则理事会会议的 17 名理事全票通过，并于 2015 年正式发布。同时，国际审计与鉴证准则理事会的员工于 2015 年 1 月编制了《形成结论的基础》①，解释征求意见稿的反馈者提出的重要问题，以及国际审计与鉴证准则理事会的决策过程。本章根据该份文件，对重要的反馈意见以及决策过程给予介绍。

一、加强版审计报告准则概要

围绕加强版审计报告，国际审计与鉴证准则理事会新制定和修订了以下国际审计准则，并对相关准则同步修订：

（1）国际审计准则第 700 号——对财务报表形成审计意见和出具审计报告（修订）；

（2）新国际审计准则第 701 号——在审计报告中沟通关键审计事项；

（3）国际审计准则第 705 号——在审计报告中发表非无保留意见（修订）；

（4）国际审计准则第 706 号——在审计报告中增加强调事项段和其他事项段（修订）；

（5）国际审计准则第 570 号——持续经营（修订）；

（6）国际审计准则第 260 号——与治理层的沟通（修订）。②

在 2014 年 4 月，国际审计与鉴证准则理事会发布了对建议的《国际审计准则第 720 号——注册会计师对其他信息的责任》（修订）的第二轮征求意见稿，并对第 700 号准则（修订）以及其他准则作出必要的同步修订。国际审计准则第 720 号（修订）于 2015 年 4 月发布，与新的和修订的国际审计准则同时生效。并且，国际审计与鉴证准则理事会对以下国际审计准则作出符合性修订。

（1）国际审计准则第 210 号——就审计业务约定条款达成一致意见（修订）；

（2）国际审计准则第 220 号——对财务报表审计实施的质量控制（修订）；

（3）国际审计准则第 230 号——审计工作底稿（修订）；

（4）国际审计准则第 510 号——首次审计业务涉及的期初余额（修订）；

（5）国际审计准则第 540 号——审计会计估计（包括公允价值会计估计）和相关披露（修订）；

（6）国际审计准则第 580 号——书面声明（修订）；

（7）国际审计准则第 600 号——对集团财务报表审计的特殊考虑（包括

---

① IAASB: Basis for Conclusions Prepared by Staff of the IAASB, January 2015.
② http://www.iaasb.org/new-auditors-report

组成部分注册会计师的工作)(修订);

(8) 国际审计准则第 710 号——比较信息:对应数据和比较财务报表(修订)。

表 2-1 将 2013 年 7 月的准则征求意见稿和国际审计与鉴证准则理事会批准的准则最终稿进行了比较。

表 2-1　　　　　　　　征求意见稿和最终稿的比较

2013 年 7 月准则征求意见稿	2014 年 9 月准则最终稿
针对上市实体整套通用目的财务报表审计(以下简称上市实体财务报表审计),在审计报告中包括描述关键审计事项的新增部分	• 仍适用于上市实体的财务报表。第 701 号准则也适用于法律法规要求其他实体沟通关键审计事项或注册会计师自愿沟通关键审计事项的情形 • 保留征求意见稿第 701 号准则中所述关键审计事项的定义 • 改进第 701 号准则中关于确定和沟通关键审计事项的规定以及为回应对征求意见稿提出的意见而编制的新应用材料 • 关于不在审计报告中沟通某项关键审计事项的新规定以及相关应用材料
在所有审计报告中包括描述持续经营(GC)的新增部分,包括对管理层在编制财务报表时运用持续经营会计基础的适当性得出的结论,以及关于是否识别出可能导致对实体持续经营能力产生重大疑虑的重大不确定性的声明	• 鉴于所有利益相关集团对持续经营采用整体解决方案的持续关注,不再要求在所有审计报告中提及持续经营的新增部分(在没有识别出重大不确定性的情况下,不再要求对运用持续经营会计基础的适当性的声明) • 相反,仅当存在重大不确定性时在审计报告中增加以"与持续经营相关的重大不确定性"为标题的单独部分(类似于 2009 年 12 月 15 日生效的第 570 号准则基于于不符事项的报告模式,并根据业务具体情况在必要时发表非无保留意见) • 关于在审计报告中描述管理层和注册会计师各自与持续经营相关的责任的新要求 • 如果已识别出可能导致对实体持续经营能力产生重大疑虑的事项或情况,但注册会计师认为不存在重大不确定性,根据适用的财务报告框架,评估财务报表是否对这些事项或情况作出充分披露 • 在第 701 号准则和第 570 号准则(修订)中确认与持续经营相关的事项可以被确定为关键审计事项,这对持续经营"勉强过关"(close calls)[①] 的披露提高了透明度

---

① 如果已识别出可能导致对实体持续经营能力产生重大疑虑的事项或情况,但根据获取的证据,注册会计师认为不存在重大不确定性,则注册会计师应当根据适用的财务报告框架,评价财务报表是否对这些事项或情况作出充分披露。在这种情况下,实体的持续经营称为"勉强过关"。

续表

2013 年 7 月准则征求意见稿	2014 年 9 月准则最终稿
在所有审计报告中明确声明注册会计师独立于实体，履行了职业道德方面的其他责任，以及披露这些要求的来源	• 继续要求在所有审计报告中直接声明，注册会计师独立于实体，履行了职业道德方面的其他责任 • 要求识别相关职业道德守则所属的司法管辖区或索引至国际会计师道德准则理事会制定的《国际职业会计师道德守则》（IESBA Code），而不再规定识别这些守则的特定来源，上述规定体现在新应用材料中
对于上市实体财务报表审计，在审计报告中披露项目合伙人（EP）的姓名，除了"处境危险"豁免披露外	• 对于上市实体财务报表审计，仍要求注明项目合伙人的姓名 • 改进的第 700 号准则（修订）中的相关要求，并编制新应用材料，进一步解释"处境危险"豁免的概念，并制定针对使用此豁免的适当防范措施
将审计意见置于审计报告的显著位置	"审计意见"部分应当列示在第一部分，之后紧接"形成审计意见的基础"部分，除非法律法规有其他规定
改进对注册会计师责任和审计关键特征的描述（以及说明这些描述的某些内容可能包含在审计报告的附录中，或者在审计报告中提供适当权威机构的网站索引）	• 仍适用于所有审计报告 • 仍允许此类信息列示在审计报告的附录中，或者如果法律法规或国家审计准则明确允许，在审计报告中提供适当权威机构的网站索引，包含第 700 号准则（修订）要求提供的描述，或者与其保持一致的描述

二、生效日期

国际审计与鉴证准则理事会同意新的和修订的审计准则适用于截至 2016 年 12 月 15 日或之后会计期间的财务报表审计。此生效日期在最终版审计准则发布之后提供约 12 个月的时间，在开始制订计划前用于翻译、国内采用和实施准备（包括培训和对会计师事务所的审计方法的变动）。尽管国际审计与鉴证准则理事会未在准则中明确说明，但允许提前采用这些准则。

第二节　对关键审计事项有关问题的决策

一、关键审计事项概念

(一) 对关键审计事项概念的总体反馈

征求意见稿第 701 号准则关键审计事项概念，是建立在 2012 年 6 月《改进审计报告》"注册会计师评论"概念的基础上。"注册会计师评论"概念在很大程度上受到大部分利益相关集团的支持（除报表编制者外）。尽管注册会计师普遍支持在审计报告中包括额外信息（"注册会计师评论"），但许多反馈者表示，提供与审计相关的信息是注册会计师的责任，而不是实体或财务报表的责任。

因此，征求意见稿第 701 号准则对关键审计事项定义如下："关键审计事项是指注册会计师根据职业判断，认为在当期财务报表审计过程中最为重要的事项。关键审计事项是从与治理层沟通的事项中筛选出来的。"

支持沟通关键审计事项的投资者提出在审计报告中沟通关键审计事项具有以下优点，并得到其他反馈者的响应，如监管者和审计监督机构、会计师事务所以及国家审计准则制定者：

（1）使用者将能够更好地了解在审计意见中所反映的审计结论；有助于提高审计和财务报告的质量，因为它要求注册会计师提高审计流程的透明度，并强调这些事项是已与治理层沟通过的重要事项。

（2）有助于向使用者提供信息，以便帮助他们了解实体和涉及管理层重大判断的财务报表领域，并提请投资者关注财务报表中包含的关键问题。

（3）增进机构股东与其所投资公司的管理层和治理层之间的对话。

（4）有助于恢复和增进使用者对审计报告和已审计财务报表的信心，进而有助于形成强健和有弹性的资本市场。

监督小组成员普遍支持国际审计与鉴证准则理事会不断改进审计报告，回应使用者提高审计透明度的要求，并指出加强版审计报告应当缩小与审计相关的信息差距和期望差距，将有助于恢复市场信心。需特别指出的是，增加透明度将会提高审计质量，因为格外注意拟报告的事项会间接提高注册会计师对特别风险的职业怀疑和额外关注。

监督小组一些成员建议国际审计与鉴证准则理事会应当探讨是否对关键审计事项定义进行变动，或者是否应当对第701号准则的目标作出修改，包括提及沟通的可能与使用者相关的事项。尽管其他反馈者也认可，考虑使用者的需求对确定拟在审计报告中提供的信息的相关性至关重要，但一些人特别指出，鉴于被认定为"财务报告使用者"的人群需求的多样性，注册会计师通常很难获悉使用者的各自需求。

另外，与《改进审计报告》提及的相一致，报表编制者和一小部分其他反馈者不支持注册会计师沟通关键审计事项，并质疑注册会计师这样做的有用性和适当性，指出：

（1）有一个极大的忧虑在于注册会计师在审计报告中沟通与实体相关的"原始信息"的可能性。沟通关键审计事项的做法，模糊了管理层、治理层和注册会计师的责任，并会削弱对财务报表整体发表的审计意见。对于投资者和市场将如何解读这些信息，特别是沟通关键审计事项可能引起市场的负面反应，一些人也表达了忧虑。

（2）符合关键审计事项标准的事项已在财务报表中作出适当披露，特别是与重大会计政策和会计估计相关的事项。因此，关键审计事项对于已作出的披露而言是多余的，很可能导致已存在的"披露过剩"（disclosure overload），并将发展成为模板披露，这与会计准则制定者"去除冗杂"的工作是相违背的。

（3）关键审计事项应当特别排除行业特定事项，因为投资者已熟悉此类事项。此外，通过审计报告以外的其他方式教育小型私有投资者和公众什么是审计以及已实施哪些审计程序更为适当。

（二）国际审计与鉴证准则理事会的决策

鉴于大部分利益相关集团（特别是投资者）大力支持关键审计事项概念，国际审计与鉴证准则理事会同意保留征求意见稿第701号准则提出的关键审计事项的定义和目标。在对第701号准则做出进一步修改的过程中，国际审计与鉴证准则理事会尽可能地解决不支持关键审计事项概念的那些人的疑虑，特别是解决对注册会计师沟通与实体相关的"原始信息"以及是否需要尽可能根据实体的具体情况来描述关键审计事项的质疑。

此外，国际审计与鉴证准则理事会认可在审计报告中提供关于关键审计事项的信息以回应使用者需求的重要性,但也认为存在一些反馈者识别出的现实挑战,即要求注册会计师明确确定关键审计事项对使用者的相关性,抑或通过一项直接要求去这样做,或者通过在第 701 号准则的目标中提及使用者需求。国际审计与鉴证准则理事会继续认为关键审计事项的确定应当集中于注册会计师对该事项在审计中的重要性的看法,但也认为在第 701 号准则应用材料中提及使用者需求将会是一种有效的方式,为注册会计师在确定和沟通关键审计事项的过程中作出的判断提供重要背景(例如,在确定事项的相对重要性时,也因为它与描述关键审计事项包含的信息相关)。

二、确定关键审计事项

(一)注册会计师需要在确定关键审计事项时作出的判断与向使用者提供相关信息之间的一致性方面保持平衡

征求意见稿第 701 号准则提出下列确定关键审计事项的方法:注册会计师应当从与治理层沟通过的事项中确定关键审计事项。在确定时,注册会计师应当考虑在执行审计工作中重点关注过的领域,包括以下方面:

(1)根据《国际审计准则第 315 号——通过了解实体及其环境识别和评估重大错报风险》(修订)识别为特别风险的领域或涉及重大注册会计师判断的领域;

(2)注册会计师在审计期间遇到重大困难的领域,包括获取充分、适当审计证据;

(3)要求对拟采取的审计方法作出重大修改的情况,包括由于识别出内部控制重大缺陷的情况。

与回复《改进审计报告》所表达的观点一致,对征求意见稿的反馈者(包括投资者、会计师事务所、国家审计准则制定者以及咨询顾问组)支持要求注册会计师根据与治理层沟通事项相对重要程度的判断、重点关注的领域来确定关键审计事项。大家普遍认为基于注册会计师的职业判断来确定关键审计事项,可以使得注册会计师尽可能根据具体情况以及所执行审计的具体事实和情况来描述关键审计事项。反馈者通常不认为指定要求报告的关键审计事项是有用的——即在任何情况下报告的事项——因为这将导致模板,并被看作为使用者提供了较不相关的信息。

国际审计与鉴证准则理事会鼓励会计师事务所根据建议的第 701 号准则执行实地测试。对所选审计项目采用追溯调整法，并将实地测试获得的高层次审计发现和观察包括在对征求意见稿的回复中。总体上说，这些反馈表明关键审计事项的确定大体是一个直观流程，并取决于项目合伙人以及项目组其他更高级成员的知识和经验。这些会计师事务所认为有必要对征求意见稿第 701 号准则中的要求和指南进行某些改进，以便确保准则的应用将可以从直观上确定某事项为关键审计事项。总体而言，这些会计师事务所还表明支持"决策框架"，并对如何进一步改进该框架提出一些建议，以推动注册会计师思考其重点关注的领域以及被认定为审计过程中"最为重要"的事项，进而使确认关键审计事项的方式趋于一致。

尽管大部分人支持根据注册会计师的判断确定关键审计事项，但其他反馈者（包括监督小组四家成员）明确指出，需要制定更多的指导意见来形成注册会计师的判断以及提高在确定关键审计事项时的一致性。这些反馈者认为需要进一步考虑制定更详细的提示，该提示不仅有助于出具对使用者来说包含丰富内容的审计报告，而且对注册会计师采用该准则以及监管者强制执行来说也是切实可行的。例如，有人建议通过改进征求意见稿第 701 号准则中的某些应用材料，更具体说明可能构成关键审计事项的类型（即"关键审计事项的指标"），将有助于实现更高的一致性，特别是存在类似事实和情况时。

建议对征求意见稿第 701 号准则和应用材料进行改进的具体领域包括以下方面：

（1）进一步澄清和举例说明"最为重要的事项"和"注册会计师重点关注过的事项"的概念——一些人质疑"注册会计师重点关注过的事项"的概念过于宽泛，并会使得注册会计师沟通涉及与审计承接、审计范围和审计方法相关的重要判断的事项，而可能未沟通审计报告中提供的决策有用的信息。

（2）在审计过程中遇到的重大困难，可能导致审计范围受限进而发表非无保留意见，而非在审计报告中沟通关键审计事项，反馈者（包括监督小组两家成员）认为这可能更为恰当。一些反馈者还支持不将关键审计事项具体链接至内部控制重大缺陷，因为《国际审计准则第 265 号——向治理层和管理层通报内部控制缺陷》（2009 年 12 月 15 日生效）不要求注册会计师在审计报告中沟通此类事项。

（二）国际审计与鉴证准则理事会的决策

国际审计与鉴证准则理事会同意保留以原则为导向的方法来确定关键审计事项，但建议修订征求意见稿第701号准则，且应当添加一项新规定，更好地描述和阐明确定关键审计事项时拟采用的决策框架。

在审议过程中，国际审计与鉴证准则理事会认可实现以下事项之间的适当平衡的重要性，即遵守准则中的规定与确定和沟通关键审计事项的一致性，以及允许注册会计师运用判断以确保在审计报告中尽可能根据具体情况和相关性来沟通该关键审计事项——投资者不断强调这一点对于本项目的成功至关重要。

然而，国际审计与鉴证准则理事会也认可沟通关键审计事项并未改变国际审计准则中规定的注册会计师相关责任，注册会计师仍有责任执行全面的风险评估，设计和实施应对这些风险的适当程序，并基于获得的审计证据形成审计意见——即执行一项高质量的审计。在按照国际审计准则执行审计的项目中采用以风险为导向的方法意味着即使实体本身存在类似的事实和情况，也可能不会按照同一方式对类似的实体执行审计。因此，关键审计事项可能基于注册会计师采用的方法而不同，因为某些实体的具体情况或审计的具体因素会影响注册会计师关于哪些事项是当期审计中"最为重要"的事项的判断。

第701号准则要求注册会计师将确定哪些事项是注册会计师重点关注过的事项，作为修订的确定关键审计事项的决策框架的第一步。在满足这一规定时，注册会计师通常应当考虑（即明确考虑）以下方面：

（1）按照《国际审计准则第315号——通过了解实体及其环境识别和评估重大错报风险（修订）》的规定，评估的重大错报风险较高的领域或识别出的特别风险。

（2）与财务报表中涉及重大管理层判断（包括被认为具有高度估计不确定性的会计估计）的领域相关的重大注册会计师判断。

（3）本期重大事项或交易对审计的影响。

国际审计与鉴证准则理事会认为规定更好地阐述了注册会计师在审计过程中对重点关注领域的"驱动因素"的深入思考过程，同时明确指出，从定义上看，关键审计事项通常是从与治理层沟通的事项中筛选出来的。修订的因素旨在提请注册会计师将对其重点关注领域的考虑集中在使用者特别感兴趣的领域，这回复了反馈者提出的关于更加明确确认关键审计事项对使用者的相关性会有所帮助的建议。国际审计与鉴证准则理事会认为采用这些修订的因素往往不会导致已在财务报表中披露的事项被确认为关键审计事项。重要的是,国际审计与鉴证准则理事会认为这些因素有助于注册会计师确定关键审计事项的考虑,但其本身不是关键审计事项的"指标",任何因素或所有这三个因素也不一定都适用于拟被确认为关键审计事项的事项。此外,第701号准则未规定注册会计师不可以将其他事项确定为关键审计事项。

国际审计与鉴证准则理事会也同意在准则中添加一项新规定,进一步帮助注册会计师确定拟在审计报告中沟通的关键审计事项。此项新规定作为决策框架的第二次"筛选"或第二步,强调关键审计事项是从注册会计师重点关注过的事项中选出来的最为重要的事项。

三、工作底稿

(一)反馈意见

根据《国际审计准则第230号——审计工作底稿》,征求意见稿第701号准则规定注册会计师记录拟作为关键审计事项进行沟通的事项以及在确定关键审计事项过程中作出的重大职业判断。征求意见稿第701号准则应用材料解释确定关键审计事项作出的职业判断很可能由与治理层的书面沟通文件和其他审计工作底稿支持,而且此类沟通文件和工作底稿还有助于注册会计师编写对关键审计事项的描述,即解释该事项的重要程度。

征求意见稿第701号准则还指出记录在确定关键审计事项过程中作出的重大职业判断依赖于审计工作底稿,并指出与治理层沟通的其他事项不属于关键审计事项。然而,建议的编制工作底稿目的不是要求注册会计师在工作底稿中解释为何与治理层沟通的其他事项未确定为关键审计事项,尽管监督小组一家成员认为委员会可以考虑针对以上影响添加一项规定。

征求意见稿第701号准则规定的工作底稿还包括注册会计师确定不存在需要在审计报告中沟通的关键审计事项的理由。

(二)国际审计与鉴证准则理事会的决策

反馈者普遍支持征求意见稿第701号准则关于工作底稿的建议规定。此外,国际审计与鉴证准则理事会认为,第230号准则有关记录的总体规定,恰当地解决了关于确定关键审计事项作出的重大判断的工作底稿要求。然而,国际审计与鉴证准则理事会认可注册会计师对关键审计事项作出的职业判断的重要程度，进而决定重新考虑第701号准则关于工作底稿的规定。

国际审计与鉴证准则理事会认为更具体的关于工作底稿的规定，可以有效回应监管者和审计监督机构对恰当质量检查或强制执行准则能力重要性的看法。国际审计与鉴证准则理事会还认为可以通过要求注册会计师在工作底稿中记录在确定重点关注过的事项过程中作出的判断以及确定为关键审计事项的理由来实现。

国际审计与鉴证准则理事会还同意保留以下规定，要求注册会计师在适用的情况下记录其确定不存在需要在审计报告中沟通的关键审计事项的理由，这包括在关键审计事项仅与注册会计师对财务报表发表非无保留意见的情形或注意到可能导致对实体的持续经营能力存在重大疑虑的重大不确定性（"与持续经营相关的重大不确定性"）的情形相关时。最后，一项关于工作底稿的新规定提出了注册会计师确定不在审计报告中沟通某项关键审计事项的极少数情形。

四、对在审计报告中沟通原始信息（包括与"敏感事项"相关的信息）的疑虑

正如以上所述，对《改进审计报告》的反馈者提出了对注册会计师提供与实体相关的原始信息的疑虑。为了回应这些疑虑，征求意见稿第701号准则指出，提供与实体相关的信息是管理层和治理层的责任，并建议注册会计师尽量避免这样做，除非根据注册会计师的判断，额外信息对其描述关键审计事项至关重要，且没有法律法规禁止提供此类信息。尽管国际审计与鉴证准则理事会在征求意见稿第701号准则中重点关注的是审计中最为重要的事项，并且应用材料提醒注册会计师不要提供与实体相关的原始信息，但对征求意见稿的反馈，表示所有利益相关集团（特别是准则制定者和会计师事务所）仍对确认为关键审计事项的、实体未公开披露任何信息的事项存在疑虑。

（一）"敏感事项"

在国际审计与鉴证准则理事会的审议过程中，针对未公开披露任何信息的关键审计事项，鉴于反馈者对在审计报告沟通此类事项可能导致的意外后果的疑虑，将此类关键审计事项称为"敏感事项"。

反馈者提出了各种"敏感事项",例如:当不存在重大不确定性时与持续经营相关的"勉强过关"情形、潜在的非法行为或潜在的舞弊、内部控制重大缺陷、违反独立性的行为、复杂税务策略或争议、与管理层或治理层的矛盾(包括对公司治理和风险管理架构的质量和有效性的看法)、监管者的调查、在适用的财务报告框架下不满足披露要求的或有负债、其他诉讼或商业纠纷、对识别出的或未更正错报的评价。

国际会计师道德准则理事会规划委员会提出国际职业会计师道德守则不会禁止沟通关键审计事项,因为国际职业会计师道德守则中的保密义务不会凌驾于根据相关技术准则(如国际审计准则)披露客户信息的职业义务之上。反馈者指出准则中应当提供关于是否沟通此类事项的指南以及在确定沟通此类事项的情况下沟通何种内容的指南。从一些会计师事务所实施的实地测试获得的反馈也表达了以上疑虑。

反馈者对最佳做法意见不一,包括将特定主题完全排除在外,将关键审计事项限于已在财务报表中披露的事项,或者在准则中具体指出在极少数情况下,未在财务报表中披露的事项会被确定为关键审计事项。无论如何,反馈者要求第701号准则明确说明如何处理注册会计师有可能对未在财务报表中披露的事项提出意见的现实挑战。特别是,一些反馈者建议国际审计与鉴证准则理事会需要做更多工作来处理征求意见稿第701号准则与禁止注册会计师沟通保密信息的职业道德守则之间的潜在冲突。

(二)国际审计与鉴证准则理事会的决策

1. 原始信息

为了减少对注册会计师在审计报告中包括原始信息的疑虑,国际审计与鉴证准则理事会经过大量讨论之后,认为有必要在第701号准则中阐明"原始信息"的概念,具体如下:

(1)解释原始信息是指与实体相关、尚未由实体公布的信息(例如,未包含在财务报表中的信息,或者在审计报告日未获取的其他公开信息,或者未包含在管理层或治理层的其他口头或书面沟通中的信息,如财务信息的初步公告或投资者简报)。

(2)重申在描述关键审计事项时,注册会计师需要避免不恰当地提供与实体相关的原始信息,对关键审计事项的描述本身不构成有关实体的原始信息,这是由于对关键审计事项的描述是在对财务报表审计的背景下进行的。

（3）指出注册会计师可能鼓励管理层或治理层在财务报表或年度报告的其他位置增加或加强对某一关键审计事项的披露，以便注册会计师可以在编制对该事项的描述时索引至这些披露。

2. 敏感事项

国际审计与鉴证准则理事会认为需要解决反馈者提出的对沟通实体未公开披露的信息（包括敏感信息）的具体疑虑。因此，国际审计与鉴证准则理事会同意在第 701 号准则中新增一项规定，允许注册会计师在某些情况下确定不在审计报告中沟通某项关键审计事项的可能性。同时，国际审计与鉴证准则理事会认为此项规定在这方面不能过于宽松或应当明确禁止在审计报告中沟通某些类型的敏感事项。

咨询顾问组也支持在准则中包括此项规定，但认为应当严格限制注册会计师确定不沟通某项关键审计事项的情形。因此，国际审计与鉴证准则理事会尽可能在注册会计师提供最为重要事项的有用信息以及对在某些情况下不沟通关键审计事项的疑虑之间达到适当平衡。

此外，国际审计与鉴证准则理事会认为第 701 号准则关于以原则为导向的规定需要清楚地阐明，除非法律法规禁止公开披露某项关键审计事项，注册会计师不在审计报告中沟通该事项属于极少数情形，要根据合理预期此类沟通造成的负面后果是否超过在公众利益方面产生的好处来确定不沟通该事项。国际审计与鉴证准则理事会还认为如果实体已公开披露与该事项有关的信息，则不适用此项新规定。

应用材料集中在注册会计师确定不在审计报告沟通某项关键审计事项时应考虑的原则，并确认由于不同司法管辖区适用的法律法规框架以及相关职业道德守则不同，提供第 701 号准则的详细指南面临着现实挑战。要注意以下方面：

（1）第 701 号准则指出为预期使用者提高审计的透明度通常被认为符合公众利益。

（2）确定不沟通某项关键审计事项，需要考虑与该事项相关的事实和情况，前提是需要与管理层和治理层进行沟通，以了解管理层认定有关公开披露该事项为何是不适当的原因，以及需要与适当的监管者、执法或监督机构进行沟通。

（3）第 701 号准则还指出注册会计师鼓励管理层或治理层公开披露与该事项相关的信息的可能性，如果不能公开披露，注册会计师应当考虑是否有必要获取关于公开披露该事项为何不适当的书面声明,包括管理层对沟通该事项可能带来的负面后果的严重程度的看法。

(4)第701号准则认可注册会计师决定不沟通某一事项所需要的考虑是复杂的,包含重大职业判断,因此,注册会计师可能认为获得法律意见是适当的。

(5)防范措施,例如,审计工作底稿规定记录确定不沟通某一事项的理由,项目质量控制复核人对选取的与项目组作出重大判断以及得出的结论相关的审计工作底稿进行必要复核,上述措施很可能在实务中有助于将该规定的应用仅限于极少数情形。

总的来说,国际审计与鉴证准则理事会认为第701号准则中的此项新规定以及相关应用材料恰当地回应了相关各方和咨询顾问组表达的疑虑,亦即充分限制对此项规定的应用(即仅适用于极少数情形),以及确定不在审计报告中沟通某一事项时,要经过完整流程并作出充分记录。

五、沟通关键审计事项

(一)反馈意见

征求意见稿第701号准则指出了对单一关键审计事项的沟通,具体如下:

注册会计师应当在"关键审计事项"部分使用恰当的子标题逐项描述关键审计事项。对每一关键审计事项的描述包括以下方面:

(1)解释注册会计师为何将该事项视为审计中最为重要的事项之一,以及注册会计师在多大程度上认为有必要将其对审计的影响作为该解释的一部分;

(2)索引财务报表中相关披露(如有)。

要求在所有实体审计报告中对关键审计事项描述的一致性,与这种描述方法快速发展成为模板之间的平衡所面临的挑战,反馈者在对征求意见稿回应时已经提出。所有反馈者的共同主题是,对某项关键审计事项的描述应当比较清晰、简明、易于理解以及具有实体个性化,而不应视为与管理层的披露相竞争或提供有关实体的原始信息。许多反馈者(包括监督小组两家成员以及投资者和会计师事务所)提出建议,强调国际审计与鉴证准则理事会制定恰当沟通关键审计事项的规定以及提供详细指南的重要性(即应当尽可能根据具体情况描述关键审计事项以便向使用者提供相关信息)。一些反馈者建议国际审计与鉴证准则理事会不要明确规定,以鼓励在不断发展的领域进行创新。监督小组 家成员建议采取有效的措施使得第701号准则得到执行,以降低关键审计事项变成模板的风险，并推动关键审计事项的持续相关性。

反馈者普遍支持征求意见稿第 701 号准则关于根据注册会计师的判断描述关键审计事项的规定。特别是，反馈者希望平衡关于解释为什么注册会计师认为每一关键审计事项为审计中最重要的事项的规定与描述"对审计的影响"的灵活性。然而，许多反馈者认为描述某一事项"对审计的影响"的概念与国际审计与鉴证准则理事会对此的相关目的不清晰。反馈者建议此规定中使用不同的措辞，如"该事项在审计中是如何应对的"、"注册会计师的方法"或"对注册会计师的应对措施的描述"，将更好地表示期望披露哪些内容。

尽管反馈者普遍支持注册会计师在描述关键审计事项时基于判断并有一定的灵活性，但一些反馈者（包括监督小组三家成员以及其他监管者和审计监督机构）特别强调描述关键审计事项的必要因素可能未向使用者提供充分的有用信息。

就这一点而言，投资者指出对某项关键审计事项的描述应当集中在以下方面：

（1）为什么描述的事项对审计至关重要；

（2）注册会计师在审计中如何应对这些事项（即指出注册会计师的应对措施）；

（3）审计流程的结果，以及一些投资者建议应当包含与管理层判断和估计的敏感性有关的信息。

咨询顾问组代表鼓励国际审计与鉴证准则理事会考虑什么才能满足投资者的需求，以及确定最近的英国审计报告中如何最好地描述单一关键审计事项，然而同时也认识到，反馈者指出的以简洁和有意义的方式汇总或描述审计程序所面临的挑战，并指出描述结果或结论可能被误解为"对单一事项发表意见"的风险。

（二）国际审计与鉴证准则理事会的决策

国际审计与鉴证准则理事会考虑了对征求意见稿的反馈和来自咨询顾问组的建议，特别考虑了对关键审计事项的描述中包含注册会计师如何应对该事项的重要性，以便向投资者和其他人士提供有意义的信息。相应地，国际审计与鉴证准则理事会改变了在第 701 号准则中的立场，要求注册会计师在所有情况下描述如何在审计中应对所确定的关键审计事项，并对为什么该事项被认为是审计中最为重要的事项之一保留必要的解释。然而，通过更宽泛地要求描述

"在审计中如何应对该事项",而不是具体要求描述注册会计师的应对措施、审计发现或程序,保留了征求意见稿第701号准则中所述的灵活性。应用材料支持上述灵活性,指出描述的详细程度取决于职业判断,并在高层次上说明描述中可能包含的内容。

第701号准则指出,为了解释在审计中如何应对某一事项,注册会计师可以描述下列要素:

(1) 审计应对措施或审计方案中,与该事项最为相关或对评估的重大错报风险最有针对性的方面;

(2) 对已实施审计程序的简要概述;

(3) 实施审计程序的结果;

(4) 对该事项的主要看法;

或者这些要素的某种组合。

法律法规或国家审计准则可能就关键审计事项的描述规定特定的形式或内容,或者可能明确规定对关键审计事项的描述应当包含上述一项或多项要素。

国际审计与鉴证准则理事会也认为有必要在国际审计准则中保留应用材料,以回应准则制定者和其他人士对在审计报告中沟通关键审计事项可能产生的意外后果(特别是误解此类沟通的风险)的疑虑。第701号准则指出,为使预期使用者能够理解在财务报表整体审计背景下关键审计事项的重要程度,以及关键审计事项和审计报告其他要素(包括审计意见)之间的关系,注册会计师可能需要注意用于描述关键审计事项的语言,使之:

(1) 不暗示注册会计师在对财务报表形成审计意见时尚未恰当解决该事项;

(2) 将该事项直接联系到实体的具体情况,避免使用一般化或标准化的语言;

(3) 考虑该事项是如何在财务报表相关披露(如有)中进行应对的;

(4) 不包含或暗示对财务报表单一要素单独发表意见。

六、国际审计准则第701号的适用范围

(一) 包括上市实体之内的国际审计准则第701号的适用范围

1. 反馈意见

征求意见稿解释性备忘录表达了国际审计与鉴证准则理事会的决定,先将

第 701 号准则的适用范围限于上市实体财务报表审计，并指出国际审计准则中缺少对"公众利益实体"（PIEs）普遍接受的定义。《改进审计报告》的反馈者普遍支持这一决定。然而，征求意见稿中指出法律法规或国家审计准则可能要求在特定司法管辖区内除上市实体以外的实体（例如公众利益实体、公共部门实体或所有实体）的注册会计师在审计报告中沟通关键审计事项。

《改进审计报告》的反馈者同时也认可除上市实体以外的实体财务报表审计的注册会计师可以自愿沟通关键审计事项。为了推行这一看法，建议对《国际审计准则第 210 号——就审计业务约定条款达成一致意见》（2009 年 12 月 15 日）进行同步修订，要求注册会计师就此在审计业务约定条款中包括一项声明。此外，相关应用材料说明，在某些司法管辖区，注册会计师有必要在审计业务约定条款中提及确定和沟通关键审计事项的可能性，以保留在审计报告中沟通关键审计事项的能力（例如，由于法律法规要求，包括与保密有关的要求）。

有关国际审计与鉴证准则理事会将征求意见稿第 701 号准则的适用范围限于上市实体的方法，征求意见稿没有提出具体征询的问题。然而，在准则实施后评估的背景下，有必要进一步考虑该事项。反馈者表达了如下看法：

（1）第 701 号准则应当适用于公众利益实体（特别是将银行和保险公司纳入适用范围，无论他们是否是上市实体）；

（2）鉴于不同规模实体的审计报告可比性的重要性，第 701 号准则应当适用于所有实体。如果国际审计与鉴证准则理事会仍认为要求所有实体强制执行第 701 号准则是不适当的，则至少应当鼓励除上市实体以外的其他实体自愿采用新准则。

反馈者普遍支持这样的观点，除非另有要求，可以自愿沟通关键审计事项。如果自愿沟通关键审计事项，就应当遵循第 701 号准则的要求。反馈者指出，在沟通关键审计事项的所有情况下均采用第 701 号准则，将促进审计报告的一致性和可比性，以及有助于避免使用者产生误解。

然而，有些人表达了对第 210 号准则中建议的新规定所面临的现实挑战的疑虑。

2. 国际审计与鉴证准则理事会的决策

国际审计与鉴证准则理事会认为，仍应将沟通关键审计事项的要求限于上市实体财务报表审计，但允许其他实体财务报表审计的注册会计师自愿采用新规定。如果他们这样做，国际审计与鉴证准则理事会认为他们应当遵循第701号准则。

国际审计与鉴证准则理事会还认为，有必要进一步解释注册会计师认为有必要或应当采用第701号准则的情形，以回应来自公众利益实体的使用者可能对关键审计事项产生的兴趣以及感受到的重要性所提出的意见。因此，第700号准则（修订）中包括了额外的应用材料，根据第260号准则（修订）中关于如何应对公众利益实体的规定和国际职业会计师道德守则制定，并保留了关于公共部门实体的应用材料。

为了回应关于要求注册会计师在业务约定书中表明其自愿采用第701号准则是否可行的疑虑，国际审计与鉴证准则理事会重新审视是否需要在第210号准则关于就审计业务条款达成一致意见的要求中明确说明提及注册会计师拟出具报告的预期形式和内容。国际审计与鉴证准则理事会还认为可能无法列示出现的所有实务考虑，且需要在提供有用的指南与任由各种实务做法出现之间达到平衡。

国际审计准则第210号应用材料现在指出，当注册会计师未被要求沟通关键审计事项时，在审计业务约定条款中提及在审计报告中沟通关键审计事项的可能性是有帮助的。在某些司法管辖地区，注册会计师认为有必要提及该可能性，以保留在审计报告中沟通关键审计事项的能力。

（二）在发表否定意见或无法表示意见时，国际审计准则第701号的适用范围

1. 反馈意见

征求意见稿第705号准则禁止注册会计师在对财务报表发表无法表示意见时沟通关键审计事项、相关应用材料解释、对与无法表示意见不相关的关键审计事项的任何讨论，可能暗示财务报表整体在这些事项方面比实际情况更为可靠，并将掩盖对财务报表整体发表的无法表示意见。

征求意见稿第701号准则要求注册会计师在发表否定意见时沟通关键审计事项，因为对任何其他关键审计事项的讨论仍有助于增强使用者对审计工作的了解。一些反馈者认为在发表否定意见时沟通关键审计事项可能暗示财务报表比实际情况更为可靠，还会掩盖否定意见。

2. 国际审计与鉴证准则理事会的决策

在第701号准则定稿过程中，国际审计与鉴证准则理事会考虑了在注册会

计师发表无法表示意见或否定意见时应当如何处理关键审计事项。国际审计与鉴证准则理事会认为，仍应在注册会计师对财务报表发表无法表示意见时禁止沟通关键审计事项，但决定保持与征求意见稿一致的观点，要求注册会计师在发表否定意见时沟通关键审计事项，尽管一些证券监管者不允许对上市实体财务报表审计发表否定意见。国际审计与鉴证准则理事会一致认为，因为注册会计师在此类情况下可以完成审计工作，因此，存在与预期使用者了解审计工作相关的额外事项。然而，在考虑导致否定意见的事项的重要程度时，此类事项可能不是"最为重要"的事项（即注册会计师可能确定不存在其他关键审计事项）。新应用材料添加的相关内容认为，如果注册会计师对财务报表发表否定意见，并沟通其他关键审计事项，对这些其他关键审计事项的描述不要暗示财务报表整体在这些事项方面比实际情况更为可靠，这一点非常重要。

七、自征求意见以来对国际审计准则第 701 号和第 700 号与关键审计事项相关的其他重要变化

反馈者对如何改进征求意见稿第 701 号准则中的要求和应用材料提出了各种建议。国际审计与鉴证准则理事会认为这些建议旨在澄清最终版准则，因此作出了以下修订：

（1）鉴于对冗长的标准化措辞的疑虑，简化了审计报告中关键审计事项部分的引言段的必要措辞。征求意见稿第 701 号拟将描述的一些内容列示在审计报告中描述注册会计师责任的部分。监督小组两家成员认为可以在关键审计事项部分的引言段中更多提及关键审计事项的确定有助于形成整体审计意见。以上建议未予采纳，主要因为引言段的措辞是为了回应对单一关键审计事项的描述可能被不正确地误解为"零碎意见"的疑虑。

（2）增加新规定，明确说明关键审计事项不能代替非无保留意见，之前已在征求意见稿第 701 号准则中阐述了上述概念，并在第 706 号准则（修订）中作出类似表述。此项变化也回应了反馈者对注册会计师将关键审计事项视为发表非无保留意见的另一种方式的疑虑。

（3）国际审计与鉴证准则理事会保留了注册会计师确定不存在沟通的关键审计事项的可能性。然而，已新增应用材料，说明对上市实体整套通用目的财务报表审计的注册会计师，确定与治理层沟通的事项中不存在任何一项在审

计报告中沟通的关键审计事项，可能是极为少见的情况。征求意见稿第 701 号准则增加了一项要求，与项目质量控制复核人讨论关于不存在任何一项审计报告中沟通的关键审计事项的结论。尽管这不再是第 701 号准则中的具体规定，但已通过对《国际审计准则第 220 号——对财务报表审计实施的质量控制》同步修订强调以上概念，以回应反馈者提出的意见，即这被视为项目质量控制复核人对项目组在形成审计报告过程中得出的结论进行必要评估的一部分。

绝大多数反馈者（包括监督小组两家成员）认为，如果列示比较信息，注册会计师对关键审计事项的沟通应当限于最近一期财务期间的审计。监督小组一家成员指出，如果当期审计工作与以前期间财务报表的重述相关，但对当期财务报表没有影响的情况下，注册会计师在确定关键审计事项时如何考虑当期审计工作是不明确的。尽管关键审计事项的确定和沟通基于当期财务报表审计，但第 701 号准则并未规定：如果与前期财务报表重述相关的事项被确定为当期审计中最为重要的事项之一，注册会计师不得将对前期金额的重述确定为拟在审计报告中沟通的关键审计事项（即国际审计则并不禁止将与前期会计差错更正相关的事项作为本期的关键审计事项）。

八、国际审计准则第 701 号与国际审计准则第 706 号（修订版）之间的相互影响

（一）反馈意见

反馈者普遍支持国际审计与鉴证准则理事会的决策，即使在要求注册会计师沟通关键审计事项的情况下，也保留强调事项段和其他事项段的概念。反馈者赞成国际审计与鉴证准则理事会的提议，保留强调事项段和其他事项段使得注册会计师可以在审计报告中包括不满足关键审计事项定义，但根据判断仍对使用者了解财务报表至关重要的强调事项（即可以考虑在强调事项段中描述的事项）或与使用者了解审计工作相关的其他事项（即可以考虑在其他事项段中描述的事项）。还需指出的是，保留强调事项段和其他事项段可以满足非上市实体财务报表审计的需求，因为非上市实体不要求沟通关键审计事项。咨询顾问组也因为以上理由支持保留强调事项段和其他事项段的概念，但一些其他反馈者建议需对国际审计准则做出更多工作以便区分这些单独的概念。

少数反馈者强烈认为包含关键审计事项以及强调事项段或其他事项段的审计报告很可能会让使用者感到困惑，他们很难理解为什么一些事项作为关键审

计事项进行沟通,而另外的一些事项在强调事项段或其他事项段中进行沟通。然而,投资者认为注册会计师可以通过其在审计报告中的列示来区分这些概念,也指出相较于信息的"标签",这些信息本身对于使用者来说更为重要。

监督小组一家成员(得到一小部分反馈者的支持)认为,如果某一财务报表事项对使用者了解财务报表至关重要,并作为关键审计事项在审计报告中进行沟通,则可能仍需将其包括在强调事项中。例如,诉讼准备可以基于其结果的不确定性在强调事项段中进行沟通,但也可以因为其涉及注册会计师重大判断而被认定为关键审计事项。监督小组另一家成员认为应当说明强调事项段与被认为对使用者了解财务报表至关重要的财务报表项目相关。

(二) 国际审计与鉴证准则理事会的决策

鉴于对保留强调事项段和其他事项段不同概念的支持,国际审计与鉴证准则理事会审议的重点在于区分第 706 号准则(修订)中的概念最适当的方式。国际审计与鉴证准则理事会指出,在许多情况下,确定为关键审计事项的事项将与财务报表中列报或披露的事项相关。在此类情况下,国际审计与鉴证准则理事会认为根据第 701 号准则的规定沟通该关键审计事项是强调该事项重要程度最有用和最有意义的方式。因为在沟通关键审计事项时,不仅要沟通确定为关键审计事项的原因(即不仅仅索引至所强调的事项以及财务报表相关披露),而且还要沟通其他信息(该事项在审计中是如何应对的)。因此,国际审计与鉴证准则理事会认为第 706 号准则(修订)应当:

(1) 在该事项已被确定为关键审计事项时禁止注册会计师使用强调事项段或其他事项段,并说明当第 701 号准则适用时,则强调事项段的使用不能代替对某项关键审计事项的描述。

(2) 对关键审计事项的定义和目的以及与强调事项段的关系提供进一步指南,指出在沟通关键审计事项时,某一事项可能未被确定为关键审计事项但被认为有必要视为强调事项段,或者被确定为可能对使用者理解财务报表至关重要的关键审计事项。

(3) 提供举例,清楚区分在同一审计报告中包含关键审计事项、强调事项段和其他事项段的情况下的不同概念,并提供关于在此情况下各要素可能的位置的指南。

(4) 如果在审计报告中包含强调事项段,应当在标题中使用"强调事项"术语,且允许注册会计师根据该事项量身定做标题时具有一定的灵活性。

国际审计与鉴证准则理事会考虑是否需要在事项段强调中包括额外措辞，以说明在审计报告中进行此项沟通的目的。然而，国际审计与鉴证准则理事会决定不这样做。作为投资者，已经很熟悉强调事项段，相较于在审计报告中的列示，他们看重的是有关该事项的信息的重要程度，因为审计报告中额外的标准化措辞被视为无用的。

九、由于国际审计准则第 701 号而对国际审计准则第 260 号（修订）作出的修改

（一）反馈意见

在批准征求意见稿第 260 号准则的过程中，国际审计与鉴证准则理事会决定根据征求意见稿第 701 号准则（修订），对注册会计师与治理层之间的必要沟通只需要作出有限修订。对第 260 号准则（修订）拟作出最重要的修改，涉及注册会计师与治理层就计划的审计范围和时间安排的总体情况进行沟通的现有规定。国际审计与鉴证准则理事会计划将本规定的适用范围扩大至注册会计师对识别出的特别风险的沟通。对第 260 号准则（修订）提出的修改意见，反馈者普遍支持此项修改。

监督小组两家成员仍建议，根据第 260 号准则（修订），鉴于与治理层沟通所有重大审计发现对谨慎的监管者的重要性，应当进行书面沟通。

（二）国际审计与鉴证准则理事会的决策

鉴于自征求意见以来，对征求意见稿第 260 号准则（修订）的反馈以及对第 701 号准则作出的修订，国际审计与鉴证准则理事会认为需要对第 260 号准则做一步修改，且对第 260 号准则的修改是有限的。

此外，国际审计与鉴证准则理事会认为，在第 260 号准则以及相关应用材料中，针对与治理层就影响审计报告的形式和内容进行的所有必要沟通，制定一项单独的要求将是有用的。这包括注册会计师应当或认为有必要根据国际审计准则在审计报告中包括额外信息，并应就此与治理层进行必要沟通的情况。

鉴于应当与治理层就影响审计报告的形式和内容进行沟通的各种情况，国际审计与鉴证准则理事会同意在第 260 号准则和应用材料中新增一项附限定条件的规定，更清楚地提及国际审计报告准则所要求的沟通。

在审计报告项目的范围内重新审视是否应当书面沟通重大审计发现，尽管

国际审计与鉴证准则理事会不认为是适当的，但同意在第 260 号准则（修订）中添加应用材料，说明在审计报告中沟通关键审计事项时，注册会计师可能认为有必要就确定为关键审计事项的事项进行书面沟通。

第三节 对持续经营有关问题的决策

一、对有关持续经营（GC）的审计报告的总体反馈

（一）具体反馈意见

正如征求意见稿解释性备忘录（EM）所述，对《改进审计报告》的反馈者认为需要高度重视持续经营，尤其是考虑到全球金融危机和欧盟委员会的审计改革。然而，对于《改进审计报告》中建议的持续经营声明对使用者是否有足够的价值或根据现行的《国际审计准则第 570 号——持续经营》（2009 年 12 月 15 日生效）执行的审计工作是否适当，来自各利益相关集团的反馈者有不同的看法。

财务报告框架缺乏对某些概念，尤其是对"重大不确定性"、"持续经营能力"、"持续经营会计基础"以及披露"与持续经营相关的重大不确定性"的判断标准，缺乏一致性的理解，反馈者对此表达了疑虑。反馈者认为，会计准则制定者有必要制定清晰指南或额外指南，以便减少建议在审计报告中包括的持续经营声明可能扩大使用者的期望差距，并可能被使用者误读或曲解的可能性。

因此，各方鼓励国际审计与鉴证准则理事会与会计准则制定者合作，作为披露持续经营的整体解决方案。国际审计与鉴证准则理事会也在积极地与国际会计准则理事会（IASB）联系，在编制征求意见稿第 570 号准则过程中，认为在最终确定审计报告建议稿时需认真考虑会计准则制定者的态度和行动计划，以确定最佳的行动方案。

然而，国际审计与鉴证准则理事会仍然认为，与持续经营相关的审计报告是适当的，且符合公众利益，并应根据第 570 号准则规定的相关工作编制。相应地，征求意见稿第 570 号准则新增一项要求，即注册会计师应当在每一份审计报告中包括与持续经营相关的部分，以提供关于在编制实体财务报表时运用

持续经营会计基础的适当性的结论以及注册会计师对是否识别出与持续经营相关的重大不确定性作出的声明。也有人提议认为此部分还应包含一份声明，即无论是公司还是注册会计师都不能保证实体的持续经营的能力（"保证声明"）。

对征求意见稿第 570 号准则的反馈与《改进审计报告》的反馈基本一致。从反馈中可以看出，来自不同利益相关集团的反馈者（包括监督小组四家成员）仍强调采用整体解决方案的重要性，以改进对持续经营的披露和报告，这也涉及财务报告框架的变动。尤其是，监管者和审计监督机构强烈表示，对现行第 570 号准则（2009 年 12 月 15 日）的修订应当与会计准则的更新保持一致，或者在会计准则更新后再进行修订。反馈者普遍认为，沟通持续经营事项是管理层和治理层的首要责任，且适用的财务报告框架也要求必须进行此类沟通。所以许多支持整体解决方案的反馈者都认为，对审计准则的任何修订都应该递延至会计准则制定者解决持续经营议题之后。因此，国际审计与鉴证准则理事会在修订第 570 号准则并制定在审计报告中提及持续经营规定的过程中，考虑国际会计准则理事会和其他相关机构作出的修订仍然十分重要。

（二）与会计准则制定者和其他政策制定者保持联系

国际审计与鉴证准则理事会在第 570 号准则（修订）获得批准之前，一直与会计准则制定者和其他政策制定者保持联系，包括积极联系国际会计准则理事会和国际财务报告准则解释委员会（解释委员会）的委员和员工，并密切关注欧盟委员会和美国财务会计准则理事会（FASB）的相关进展。

在发布征求意见稿之前，国际审计与鉴证准则理事会致函国际会计准则理事会，督促其尽快在提案上取得进展，说明与持续经营相关的重大不确定性和实体持续经营能力的披露并提供相关指南，以完善国际审计与鉴证准则理事会关于在审计报告中披露持续经营建议的规定。然而，国际会计准则理事会在 2013 年 11 月举行的会议上表示，不会在说明与持续经营相关的概念和必要披露方面继续修订《国际会计准则第 1 号——财务报表列报》。

但是，解释委员会进一步考虑了与持续经营相关的说明的必要性，并最终导致一项"议程决定"（Agenda Decision）的发布。该"议程决定"于 2014 年 7 月定稿[1]，注意到这样的情况，即管理层考虑了所有相关信息（包括计划

---

[1] http://media.ifrs.org/2014/IFRIC/July/IFRIC-Update-July-2014.pdf

采取的任何缓解措施的可行性和有效性），认为不存在与持续经营相关的重大不确定性。在此情况下，"议程决定"强调，国际会计准则第 1 号第 122 条①将适用于以下持续经营情况，即披露管理层在确定和评估与重大不确定性相关的事项或情况时作出的重大判断以及得出不存在与持续经营相关的重大不确定性这一结论的缓解因素（即"勉强过关"）。虽然国际审计与鉴证准则理事会把"议程决定"视为迈出了积极的一步，但同时认为，如果"议程决定"提供关于相关持续经营概念以及如何应用"议程决定"的指南或说明，那将更加有益。

国际审计与鉴证准则理事会还跟踪了如下涉及持续经营的其他相关进展：

（1）欧盟最终有关持续经营的审计改革立法，要求在审计报告中声明，与可能导致对实体持续经营能力产生重大疑虑的事项或情况相关的所有重大不确定性。与最初建议不同的是，最终法律并未要求对编制财务报表时运用持续经营会计基础的适当性作出声明。然而，欧盟成员国可以针对审计报告中与持续经营相关的内容或其他事项制定额外要求。

（2）2014 年 8 月，美国财务会计准则理事会发布了在实体持续经营能力存在重大疑虑的情况下（包括此类重大疑虑已得到缓解的情况）在财务报表中披露持续经营的新增要求和指南，其中还包括重大疑虑的定义。美国公众公司会计监督委员会指出，作为未来项目的一部分，它计划更新关于持续经营的审计准则，以便与美国财务会计准则理事会的持续经营项目保持一致。

二、对要求在所有审计报告中包含两份有关持续经营声明的反馈

（一）具体反馈意见

征求意见稿的反馈者（包括监督小组三家成员）支持在审计报告中包括关于持续经营的明确声明，然而很多反馈者（包括一些投资者）认为这仅应作为持续经营整体解决方案的一部分来完成。鉴于对持续经营采取整体解决方案的疑虑，以及在许多审计中持续经营很可能不会被视为一个问题，更多的反馈者（包括监督小组一家成员）倾向于仅在识别出与持续经营相关的事项时采用某种形式的报告（即基于例外事项的报告），可在审计报告中包括强调事

---

① 第 1 号第 122 条规定："主体应在重要会计政策或其他附注中披露管理层在选用会计政策过程中所作出的，并且对于在财务报表中确认的金额具有重大影响的判断，但涉及估计的判断除外。"

项段、关键审计事项或持续经营单独部分。这些反馈者认为，相较于征求意见稿中提议包括两份声明，基于例外事项的报告更为可取，因为如果此类声明成为每一份审计报告的组成部分，则可能会导致与持续经营事项相关的标识无法被识别，并影响使用者对持续经营事项的判断。

少数反馈者也表达了对同时增加这两份声明以单独列示持续经营的疑虑，这可能：

（1）暗示对持续经营提供与财务报表其他部分相比不同层次的保证；

（2）暗示对使用者在实体未来前景方面提供更多信心；

（3）过多强调财务报表审计中考虑的其他认定；

（4）代表"零碎意见"。

反馈者（包括监督小组一家成员）认为，有关管理层运用持续经营会计基础的适当性声明的价值是有限的，因为在财务报表的编制中已经明确表明了这一点，并且此项声明在本质上都是模板措辞。

除了认为建议的持续经营声明具有模板的性质外，反馈者还对关于管理层是否识别出与持续经营有关的重大不确定性的声明表达了以下看法：

（1）注册会计师不应该，或者看上去代表管理层发言。几个对此表示疑虑的反馈者表示，此项声明也模糊了管理层和注册会计师各自的责任，因为管理层负责根据适用的财务报告框架评估实体的持续经营能力，并披露所有重大不确定性。

（2）仅在管理层在财务报表披露中包含类似声明时，注册会计师才能包括关于不存在与持续经营相关的重大不确定性的声明。

（3）鉴于对相关术语的含义缺少进一步的说明或指南，此项声明可能被使用者曲解，进而加大现有的期望差。反馈者认为此项声明很可能会与管理层定期识别和管理的业务风险相混淆。

关于保证声明，一些反馈者表达了如下意见：

（1）此项声明过于消极或保守，并降低了关于持续经营的明确声明的价值；

（2）对此项声明建议采用的措辞的持有疑虑，特别指出了使用"保证"一词的问题；

（3）与关于持续经营的两份明确声明的观点类似，使用者会认为保证声明容易混淆，并产生误导。

咨询顾问组也表达了类似的疑虑,并建议,如果包含此项声明,则采用的措辞应当尽可能平衡并贴近事实。

(二) 国际审计与鉴证准则理事会的决策

鉴于以上意见和绝大部分人支持持续经营整体解决方案,国际审计与鉴证准则理事会认为有必要调整在审计报告中如何描述持续经营,对包括两份关于持续经营的明确声明做法制定了替代方案。此外,为了进一步回应公众利益要求注册会计师对持续经营的关注,国际审计与鉴证准则理事会强化了注册会计师对持续经营披露的责任。

鉴于全球经济危机,关于持续经营的审计报告是咨询顾问组最感兴趣的话题。咨询顾问组最初表达了一些疑虑,尽管咨询顾问组已经认识到在会计准则没有任何变化的情况下,审计准则的变化将必然是有限的,但重新考虑基于不符事项的报告可能被视为一种退让。因此,咨询顾问组督促国际审计与鉴证准则理事会考虑国际审计报告准则方面还能做哪些工作,以回应要求注册会计师对持续经营的关注,并为以下所述的替代方案提供意见。总的来说,鉴于审计与鉴证准则理事会决定不要求在所有审计报告中包括持续经营部分,咨询顾问组大体上认为,采用提请注册会计师关注持续经营的替代方案是适当的。

(三) 基于不符事项的报告使用规定的标题

首先,对与持续经营相关的重大不确定性的明确声明增加了审计报告中的标准化语言,并在持续经营事项实际存在的情况下影响使用者的判断。为了解决上述忧虑,国际审计与鉴证准则理事会决定,重新恢复到现有的基于不符事项的报告模式是适当的,即仅当确定存在与导致对实体持续经营能力产生重大疑虑的事项或情况相关的重大不确定性时,报告与持续经营相关的重大不确定性。

然而,国际审计与鉴证准则理事会已经意识到使用者对在审计报告中更多关注持续经营事项(如存在)的要求。因此,国际审计与鉴证准则理事会决定,如果存在与持续经营相关的重大不确定性,且财务报表对重大不确定性已作出充分披露,注册会计师应当在审计报告中增加以"与持续经营相关的重大不确定性"为标题的单独部分。在之前的审计报告中,这些内容包含在以"强调事项段"为标题或其他适当标题的部分中。国际审计与鉴证准则理事会认为,与现有第570号准则(2009年12月15日生效)要求包括强调事项段相比,在审计报告中要求增加特定标题的单独部分将更加凸显与持续经营相关的重大不确定性。

国际审计与鉴证准则理事会也考虑，如果存在与持续经营相关的重大不确定性且注册会计师因财务报表披露不充分而发表保留意见或否定意见，强制要求在审计报告中包括持续经营部分（即除在"形成保留意见或否定意见的基础"中对此事项的必要描述外）。然而，国际审计与鉴证准则理事会认为，在此类情况下，在审计报告的两个不同部分中描述同一事项属于不必要的重复描述，并会导致审计报告篇幅变长，而且无实际意义。

尽管如此，国际审计与鉴证准则理事会认为，"形成审计意见的基础"部分明确表明因财务报表对与持续经营相关的重大不确定性未作出充分披露而导致注册会计师发表保留意见或否定意见更有价值。因此，国际审计与鉴证准则理事会认为，"形成审计意见的基础"部分应当就此作出必要说明。

（四）关于管理层和注册会计师对持续经营各自责任的描述

咨询顾问组对在审计报告中描述管理层和注册会计师对持续经营的各自责任表示强烈支持，说明了这些描述的教育价值。

国际审计与鉴证准则理事会认为，在所有审计报告中"管理层的责任"和"注册会计师的责任"部分包括对持续经营责任的描述，是提请使用者关注注册会计师对持续经营执行审计工作以及管理层承担基础责任的有效方式，可以解决期望差距，并给予持续经营更多的关注。

在"管理层的责任"和"注册会计师的责任"部分包含此类描述，旨在保留征求意见稿中两份声明最初建议的关键措辞，尤其是：

（1）强调管理层的责任：评估实体的持续经营能力；评估运用持续经营会计基础的适当性，包括描述在何种情况下运用持续经营会计基础是适当的；披露与持续经营相关的事项（如适用）。

（2）根据第570号准则（修订）强调注册会计师的责任：对管理层运用持续经营会计基础的适当性得出结论，同时，根据获取的审计证据，就是否存在与持续经营相关的不确定性得出结论。如果注册会计师断定存在与持续经营相关的重大不确定性，还应当包括对注册会计师责任的描述。

在起草各自责任的说明性措辞时，国际审计与鉴证准则理事会参考了现有第570号准则（2009年12月15日生效）和国际财务报告准则，以确保这些描述不涉及已不存在的责任。第700号准则（修订）指出，审计报告举例中包含的措辞旨在说明在以国际财务报告准则作为适用的财务报告框架的情况下，如何应用第 700 号准则（修订）的规定。如果采用国际财务报告准则以外适用的财务报告框架，则第 700 号准则（修订）附录中列示的声明举例需要作出相应调整，以反映在此情况下其他财务报告框架的应用。

就保证声明而言，国际审计与鉴证准则理事会仍认为，此项声明在适当的部分涵盖了管理层和注册会计师的责任，为使用者提供了相关信息。然而，国际审计与鉴证准则理事会认可使用"保证"一词带来的感受问题，并根据反馈者和咨询顾问组的意见，为此项声明寻求平衡且在性质上符合实际的替代措辞。因此，第 700 号准则（修订）要求增加的声明实际上确认了未来事项或情况可能导致实体无法持续经营。在对管理层责任的描述中无须增加此项声明。

国际审计与鉴证准则理事会也考虑了一些咨询顾问组代表的疑虑，即将对注册会计师责任的描述移至审计报告附录中，或者在审计报告中索引至包含对注册会计师责任描述的网站时，可能会出现各部分之间没有联系的情况，因为在审计报告中始终会包括管理层责任部分。总的来说，国际审计与鉴证准则理事会认为仍允许将对注册会计师责任（包括注册会计师对持续经营的责任）的描述移至报告其他部分是至关重要的，以此回应反馈者对注册会计师可以在某些情况下减少审计报告中的标准化措辞的要求。

三、强化对持续经营事项相关披露执行的审计工作

（一）具体反馈意见

作为要求更加关注持续经营事项的一部分，投资者和其他人士要求提前警示与实体持续经营能力相关的潜在的问题。这与以下情况尤为相关，即已识别出可能导致对实体持续经营能力产生重大疑虑的事项或情况，但在考虑管理层应对这些事项或情况的计划后，管理层和注册会计师认为不存在重大不确定性（如前所述，这种情形称为"勉强过关"）。同时，监督小组一家成员建议，本准则应当强调对金融机构的流动性和偿付能力的披露规定的必要性，并明确受监管实体约束的注册会计师与适当的权威机构沟通持续经营事项的义务。

然而，此类披露是基于适用的财务报告框架的要求，亦即注册会计师不能要求管理层披露财务报告框架未要求披露的信息。进一步讲，正如在关键审计事项部分所讨论的，反馈者存在以下忧虑，在财务报表未作出相关披露的情况下，注册会计师在审计报告中提供与持续经营"勉强过关"情况有关的原始信

息。因此，国际审计与鉴证准则理事会在征求意见稿中并未建议注册会计师报告"勉强过关"情况。

(二) 国际审计与鉴证准则理事会的决策

在回应对征求意见稿的意见时，作为重新评估适当方案的一部分，国际审计与鉴证准则理事会还考虑，强化持续经营审计工作在回应公众利益要求注册会计师关注持续经营时是否有用。虽然国际审计与鉴证准则理事会认为与持续经营相关的披露首先应该是管理层的责任，并取决于适用的财务报告框架的相关要求，但仍认为，注册会计师有责任根据财务报告框架的基础要求考虑管理层的披露是否充分。因此，国际审计与鉴证准则理事会考虑了如何强化征求意见稿第 570 号准则（修订）中的规定，当存在重大不确定性时，以及当已识别出事项或情况但确定不存在重大不确定性时，要求注册会计师对此类披露给予额外的考虑。

具体来说，国际审计与鉴证准则理事会支持改进第 570 号准则（修订）的现有规定，要求注册会计师在持续经营重大不确定性情况下对相关披露进行评价。因此，第 570 号准则（修订）就注册会计师在存在重大不确定性时对披露的考虑提供了应用指南。重要的是，以上考虑基于重大不确定性的定义和国际审计准则第 570 号（修订）披露要求，也是对注册会计师按照适用的财务报告框架确定重大不确定性披露是否充分的补充。

此外，更实质性的改进是新增了一项规定，要求注册会计师在识别出相关事项或情况但得出结论认为不存在重大不确定性时，评价披露的充分性。新增此项规定得到了咨询顾问组的大力支持。因为此项规定被视为说明（而非增加）注册会计师对持续经营披露的责任，咨询顾问组认为，新增规定在进一步提高注册会计师对持续经营领域的关注方面迈出了重要的一步。

然而，部分理事会成员担心此项规定将被视为制定会计准则，因此，国际审计与鉴证准则理事会认可在新增规定中明确说明注册会计师按照适用的财务报告框架的要求进行评价。

国际审计准则第 570 号（修订）提供了关于在"勉强过关"情况下适用的财务报告框架可能要求的披露类型的指南。此项指南考虑了第 700 号准则（修订）规定，即要求注册会计师根据适用的财务报告框架的要求，评价财务报表是否作出了充分披露，以使预期使用者了解重大交易和事项对财务报表中传达的信息的影响。此项指南还包括了解释委员会"议程决定"中涉及的概念，以及美国财务会计准则理事会发布的关于持续经营的新会计准则。此外，在以下准则中加包括新的应用材料：

（1）第570号准则（修订）提供了关于在公允列报框架下的指南，考虑了第700号准则（修订）关于注册会计师评价财务报表是否实现公允列报的规定。

（2）第570号准则（修订）鼓励注册会计师重视金融机构流动性和偿付能力的要求，并提醒注册会计师与适当的监管者沟通持续经营事项的义务。

国际审计与鉴证准则理事会认为，对第570号准则（修订）的这些改进提请注册会计师关注已经存在于会计准则和现有第700号准则中的规定，但现在尤其强调了他们与持续经营披露的相关性。注册会计师的重点关注也可能增加管理层对持续经营的披露，这也符合公众利益。

四、确认与持续经营相关的事项可能被确定为关键审计事项

（一）具体反馈意见

对征求意见稿第570号准则（修订）的意见反馈以及与咨询顾问组的讨论表明，国际审计与鉴证准则理事会应当说明，在与持续经营相关的事项得到注册会计师的重点关注，但注册会计师最终确定不存在重大不确定性时，与持续经营相关的事项在"勉强过关"的情况下是否可以被确定为关键审计事项。

反馈者（包括监督小组一家成员）表达了对包含与持续经营相关的关键审计事项的可能性的疑虑，即：

（1）如果未要求管理层披露相关事项或情况，或者管理层处理这些事项或情况的计划，则会认为注册会计师提供了关于实体的原始信息。

（2）将此类事项包括在持续经营部分还是关键审计事项部分是不清晰的，反馈者认为，在审计报告的关键审计事项部分中讨论持续经营事项可能会影响在审计报告中持续经营单独部分。

（二）国际审计与鉴证准则理事会的决策

第701号准则指出，与持续经营相关的重大不确定性从性质上说属于关键审计事项。然而，不应当在关键审计事项部分中报告不确定性。国际审计与鉴证准则理事会认为，对上市实体而言，仅当此类事项被确定为审计中最为重要的事项时，任何有关"勉强过关"的沟通才会被包括在审计报告的关键审计

事项部分中。为了回应关于在审计报告中如何描述"勉强过关"的疑虑,国际审计与鉴证准则理事会同意在第 701 号准则中新增应用材料,以解释注册会计师在描述关键审计事项时可能会提及的信息,包括注册会计师对年度报告中可能包含的信息的考虑。

第四节 对其他改进建议的决策

一、有关独立性和其他职业道德要求(职业道德守则)的声明(包括列示这些要求的来源)

(一)具体反馈意见

鉴于对注册会计师独立性的日渐重视,征求意见稿建议所有审计报告包含以下内容:

(1)明确声明对注册会计师独立性和职业道德守则其他方面的遵守情况;

(2)披露这些要求的来源。

各利益相关方的反馈者(包括投资者和监督小组成员)总体上支持国际审计与鉴证准则理事会提出的在审计报告中包括对独立性和职业道德守则其他方面遵守情况的声明。支持者认为,在审计报告中包括关于独立性的声明,可增强使用者对注册会计师在遵守独立性和职业道德守则其他方面应承担义务的理解,从而提高使用者对财务报表审计质量的信心。他们还认为,增加这样的声明可以更好地促进注册会计师对独立性事项的关注,从而整体上加强注册会计师在遵守独立性和职业道德守则其他方面的责任。另外,有少数反馈者不支持这种明确声明的提议,他们认为"独立审计师报告"标题下足以传达注册会计师是独立的。

然而,对在审计报告中列出独立性和职业道德守则的来源这一建议,支持者的数量则明显减少。反对者担忧此项建议在实际应用中会出现问题,特别是在应对多个司法管辖区或集团审计的情况时。此外,反对者还担心使用者可能对如何在某一司法管辖区的财务报表审计中采用独立性和职业道德守则不够熟悉,从而无法充分了解或理解需作出的更为复杂的披露内容(例如,某些职业道德守则在多个法律法规或职业道德守则中均有提及)。

作为替代规定，建议要求注册会计师在适用时提及国际会计师道德准则理事会制定的国际职业会计师道德守则。一些反馈者和咨询顾问组代表提出，有相当数量的会计师事务所是会计师事务所论坛（Forum of Firms）①的会员，因此已经被要求遵守国际职业会计师道德守则的规定。

征求意见稿解释性备忘录解释，国际审计与鉴证准则理事会并未要求在审计报告中披露违反独立性规定的情况，这与国际会计师道德准则理事会在修订国际职业会计师道德守则中对违反相关职业道德守则采取的立场是一致的。但是仍有少数反馈者（包括监督小组一家成员）认为披露违反独立性规定的情况（包括可能作为关键审计事项披露）是恰当的，只要这种披露方式不会造成使用者对注册会计师的客观性产生误解。

（二）国际审计与鉴证准则理事会的决策

国际审计与鉴证准则理事会同意保留在审计报告中包括直接声明的要求，指出注册会计师独立于实体并已履行职业道德其他方面的责任。国际审计与鉴证准则理事会也同意要求注册会计师在审计报告中提供关于关键职业道德守则来源的额外信息。然而，鉴于反馈者对在某些情况下列举所有相关来源存在实际挑战的忧虑，包括征求意见稿第700号准则（修订）建议的要求可能导致来源表述不明晰的情况，国际审计与鉴证准则理事会同意修改建议的要求，以允许在提及来源的方式上有一些灵活度。国际审计与鉴证准则理事会征求了国际会计师道德准则理事会对修订后要求的意见，并得到了该理事会的支持。

相应地，第700号准则（修订）要求注册会计师根据业务的具体情况在审计报告中包括以下内容：

（1）指明相关职业道德守则所属的司法管辖区；

（2）提及国际会计师道德理事会制定的国际职业会计师道德守则；

（3）或者提及上述两项内容。

与此修订相对应，第700号准则（修订）应用材料：

（1）解释，指出相关职业道德守则所属的司法管辖区，能够增加与特定审计业务相关的要求的透明度；

（2）重申，《国际审计准则第200号——注册会计师的总体目标和按照国

---

① 事务所论坛（Forum of Firms）是由执行跨国审计的会计师事务所的国际网络组成的独立协会，目标是推动世界范围内财务报告准则和审计实务的一致性和高质量。

际审计准则执行审计》(2009 年 12 月 15 日生效)解释了相关职业道德守则通常由国际职业会计师道德守则的 A 部分和 B 部分中与财务报表审计相关的规定和更为严格的本国规定组成;

(3) 指出,当相关职业道德守则包括国际职业会计师道德守则的要求时,声明也可以提及国际职业会计师道德守则;

(4) 解释,国际职业会计师道德守则构成与审计相关的所有职业道德守则,声明中无须指出所属的司法管辖区;

(5) 当有多个相关职业道德守则的来源时,提出解决方法(如集团审计)。

第 700 号准则(修订)指出,当相关职业道德守则来源数目有限时,注册会计师可以选择列出这些来源,或者可以提及被普遍理解并且恰当概括这些来源的术语。应用材料还指出,法律法规或国家审计准则或审计业务约定条款可能要求注册会计师在审计报告中就独立性和其他职业道德守则的来源提供更具体的信息。

对于在审计报告中公开披露违反独立性规定的情况,国际审计与鉴证准则理事会再次肯定其在征求意见稿中的立场,即不要求在审计报告中披露违反独立性规定的情况,但是国际审计准则也不禁止作此披露。

二、在审计报告中注明项目合伙人的姓名

(一) 具体反馈意见

反馈者,特别是投资者、监管者和审计监督机构支持在审计报告中注明项目合伙人姓名的要求。他们表示,在审计报告中注明项目合伙人的姓名有助于增强对财务报告使用者的透明度并促使项目合伙人更加重视个人对项目的责任感和问责意识,从而改善审计质量,这与《改进审计报告》的观点是一致的。

一些反馈者,特别是来自尚未要求在审计报告中注明项目合伙人姓名的司法管辖区的反馈者,仍不支持国际审计与鉴证准则理事会的此项提议。这些反馈者从多个方面提出意见:

(1) 指出由于各个司法管辖区的法律框架、文化传统和安全法律有所差异,要求在审计报告中注明项目合伙人的姓名很可能导致注册会计师实际和感受到的责任有所增加,应在司法管辖区层面制定必要的防范措施以应对不恰当增加的此种注册会计师风险。

（2）征求意见稿指出在审计报告中注明项目合伙人的姓名会影响项目合伙人的责任或审计的执行，反馈者对这一观点提出质疑。

（二）"处境危险"豁免

征求意见稿第 700 号准则（修订）提供了"处境危险"豁免条件，即允许在极少数情况下豁免在审计报告中披露项目合伙人的姓名，这与某些司法管辖区的规定是一致的。反馈者，尤其是会计师事务所和审计准则制定者对此豁免表示强烈支持。除此之外，反馈者也向国际审计与鉴证准则理事会提出以下建议：

（1）通过提供更多指南或举例来说明被国际审计与鉴证准则理事会确定为对注册会计师造成"重大安全威胁"的情形，以阐明"重大安全威胁"的含义；

（2）通过改进建议的准则要求和相关应用材料，以求避免对"处境危险"豁免的滥用或不恰当使用。

（三）国际审计与鉴证准则理事会的决策

国际审计与鉴证准则理事会同意保留在上市实体的审计报告中注明项目合伙人姓名的建议要求。国际审计与鉴证准则理事会也同意保留"处境危险"豁免，但对要求作出修改，以说明注册会计师豁免披露项目合伙人姓名的情形极为罕见，仅当合理预期信息披露会导致对个人安全产生重大风险时才使用。为使此要求更为有效和防止"处境危险"豁免可能的滥用，国际审计与鉴证准则理事会还同意要求注册会计师就使用此豁免条件的意图与治理层进行讨论。

国际审计与鉴证准则理事会制定相应的新应用材料来说明：

（1）与治理层就可能导致对项目合伙人、项目组其他成员或其他关系密切的人士造成人身伤害的情形进行讨论，可以为注册会计师提供更多信息以评估出现个人重大安全威胁的可能性或严重程度。

（2）注册会计师还可能需要按照相关法律法规或本国审计准则的要求，或者可能决定在审计报告中还包含项目合伙人姓名之外的信息，以进一步识别项目合伙人（例如，与注册会计师执业所在司法管辖区相关的项目合伙人的职业执照号码）。

（3）不注明项目合伙人姓名的情形通常极为罕见，并且国际审计准则中所述的"威胁"不是指法律责任或法律、监管或专业惩戒的威胁。

三、将审计意见置于审计报告的突出位置

（一）具体反馈意见

《改进审计报告》建议，国际审计与鉴证准则理事会将强制规定审计报告所要求要素的排列顺序和位置。在得到反馈者的意见后，国际审计与鉴证准则理事会重新考虑了其立场，不再建议对审计报告中要素的排列顺序进行强制规定。国际审计与鉴证准则理事会在征求意见稿中指出，司法管辖区可以在遵循国家报告要求的基础上结合特定使用者的需求对审计报告作出修改，具有这种灵活度是十分重要的（例如，某些司法管辖区建议首先描述注册会计师的责任从而为使用者理解审计意见提供必要的背景）。

征求意见稿的反馈者（包括监督小组两家成员）建议国际审计与鉴证准则理事会采用一种推荐的列示方式，此建议也获得了咨询顾问组的支持。有一种观点认为，征求意见稿中提出的灵活度可能会无意中造成按照国际审计准则编制的各个审计报告之间彻底失去一致性，且鉴于审计意见对使用者的重要性，应至少要求在审计报告的第一部分放置审计意见。

（二）国际审计与鉴证准则理事会的决策

国际审计与鉴证准则理事会重新考虑了在征求意见稿中不对审计报告中任何要素的排列顺序作出强制规定的立场，并同意制定一项新的规定，即要求在审计报告中首先列示审计意见部分。由于"形成审计意见的基础"部分提供关于审计意见的重要背景，国际审计与鉴证准则理事会认为有必要要求"形成审计意见的基础"部分紧接在审计意见部分之后。

除了强制要求审计意见部分和"形成审计意见的基础"部分在审计报告中的位置外，国际审计与鉴证准则理事会同意对审计报告中的其余部分和要素的顺序不作严格要求，从而允许审计报告在列示上的灵活度。然而，为使国际审计准则的审计报告在一定程度上更加统一和更易识别，国际审计与鉴证准则理事会同意继续要求在审计报告中使用特定的标题。此外，第 700 号准则（修订）和第 705 号准则（修订）的附录中举例的报告表明了国际审计与鉴证准则理事会为何认为明确审计报告结构是有用的。

国际审计与鉴证准则理事会还确认第 700 号准则（修订）将继续规定，如果法律法规规定了审计报告的结构或措辞，只要审计报告至少包括某些要

素，注册会计师可以在其审计报告中提及国际审计准则。

四、改进对注册会计师责任和审计关键特征的描述（包括描述的位置）

（一）具体反馈意见

对征求意见稿的反馈者大体上支持改进审计报告中对注册会计师责任和审计关键特征的描述（改进的描述），这与对《改进审计报告》的反馈意见一致。反馈者基本同意改进的描述内容，对某些事项（如内部控制、重要性水平、舞弊、集团审计以及注册会计师的其他责任）的改进或扩展提出了较少的建议。

然而，对于是否应当允许将改进的描述从审计报告的正文移至审计报告的附录，或者如果法律法规或国家审计准则允许，通过索引指出适当机构的网站而由该网站提供不与第700号准则（修订）规定相悖的描述，反馈者则继续表达了不同的观点。一些反馈者支持灵活选择改进的描述的位置，认为这种方式能够很好地解决审计报告过长和语言过于标准带来的担忧。而另外一些反馈者（包括监督小组一家成员）认为，改进的描述为审计意见提供了重要背景，应永久包含在审计报告的正文中。他们担心使用者不会阅读放在审计报告以外（特别是网站上）的改进的描述。

（二）国际审计与鉴证准则理事会的决策

国际审计与鉴证准则理事会肯定其在征求意见稿第700号准则（修订）中的决策，即审计报告中注册会计师对财务报表审计的责任部分应至少包括以下内容：

"我们的目标是对财务报表整体是否不存在由于舞弊或错误导致的重大错报获取合理保证，并出具包含审计意见的审计报告。合理保证是高水平的保证，但并不能保证按照国际审计准则执行的审计在某一重大错报存在时总能发现。错报可能由于舞弊或错误导致，如果合理预期错报单独或汇总起来可能影响使用者依据财务报表作出的经济决策，则通常认为错报是重大的。"

国际审计与鉴证准则理事会还同意继续为剩余的注册会计师责任的描述提供以下几种位置的选择：

（1）审计报告的正文；

（2）审计报告的附录；

（3）当法律法规或国家审计准则明确允许时，在审计报告中索引至放置该描述的适当机构的网站。

国际审计与鉴证准则理事会确认某些司法管辖区（如英国）已经为注册会计师提供了选择，即提及在某网站放置责任的描述的做法。国际审计与鉴证准则理事会仍然认为，提及网站的做法必须是相关法律法规或国家审计准则明确允许时才可以，这是一项防止注册会计师滥用规定的有力保障，这一观点与征求意见稿第 700 号准则（修订）是一致的。针对认为"不与……相悖的……"的表述不明确的问题，国际审计与鉴证准则理事会在第 700 号准则（修订）提供了新的应用材料，说明在网站上的描述可以更加详细或可以指出与财务报表审计相关的其他事项，只要措辞能够反映第 700 号准则（修订）要求中提出的事项且不与这些事项相冲突。此外，已在第 260 号准则（修订）中包括进一步的指南，以表明当注册会计师按照第 700 号准则（修订）允许的方式未将注册会计师的责任描述置于审计报告的正文时，注册会计师可以与治理层进行沟通。

（三）对注册会计师责任的描述作出的其他修改

在最终确定第 700 号准则（修订）时，国际审计与鉴证准则理事会还同意对注册会计师责任的描述作出以下修改：

（1）修改审计报告中有关在注册会计师责任部分对重要性作出描述的相关要求，以允许注册会计师根据适用的财务报告框架修改此描述。

（2）当第 701 号准则适用时，包括与关键审计事项相关的注册会计师责任的描述。

（3）包括与持续经营相关的注册会计师责任的描述。

五、对国际审计准则第 705 号（修订）作出的修改

第 705 号准则（修订）规定了当注册会计师按照第 700 号准则（修订）的规定形成审计意见并认为有必要发表非无保留意见时，应当对根据具体情况出具恰当的报告承担责任。第 705 号（修订）继续对注册会计师发表非无保留意见时如何对审计报告的形式和内容进行相应调整作出规定。

例如，征求意见稿第 705 号准则（修订）规定，在注册会计师对财务报表发表无法表示意见的情况下，禁止注册会计师在审计报告中包含持续经营和

关键审计事项部分，也不得包含对注册会计师财务报表审计责任加强版的描述。与此规定相关的应用材料解释了国际审计与鉴证准则理事会的观点，即包括此等信息可能会降低对财务报表整体发表无法表示意见的重要性。征求意见稿的反馈者对此禁止规定是否适当表达了不同的观点。一方面，一些反馈者（尤其是公共部门实体）质疑此禁令的适当性（特别是当已识别出与持续经营相关的重大不确定性时），而其他反馈者则提出是否应将此禁令（特别是与关键审计事项相关的禁令）延伸至注册会计师发表否定意见的情形中。

当注册会计师对财务报表发表否定意见或无法发表意见时，与关键审计事项适用性相关的决定，国际审计与鉴证准则理事会已在上文作了进一步阐述。对于持续经营而言，当注册会计师对财务报表发表无法表示意见时，如果注册会计师根据获取的审计证据认定存在重大不确定性，国际审计与鉴证准则理事会认为没有必要明确禁止对与持续经营相关的重大不确定性进行报告。国际审计与鉴证准则理事会指出，在注册会计师对财务报表发表无法表示意见时，现行第570号准则和现行第705号准则（两个准则生效日期为2009年12月15日）均未明确规定是否对与持续经营相关的重大不确定性予以强调。

六、对其他国际审计准则作出的符合性修订

鉴于对第700号准则（修订）和第706号准则（修订）作出的修改建议以及第701号准则提出的关键审计事项的概念，征求意见稿包含了对若干国际审计准则的修改建议。

七、实施后的评估

国际审计与鉴证准则理事会计划自新的和修订的国际审计准则生效日起两年之后对实施的情况进行评估。评估的目的在于对这些准则是否已实现其预期效果进行评价并协助国际审计与鉴证准则理事会：

（1）确定将最初仅限于上市实体财务报表审计的应用范围进行扩大，是否符合公众利益；

（2）了解各司法管辖区如何在各自的框架下采用和实施准则中的各项要求；

（3）考虑是否有必要进一步加强审计报告，如当国家层面情况发生变化时。

此外，对准则实施后的情况进行评估还可以了解注册会计师、管理层和审计委员会在实务中解决实际问题的方法，确定是否需要对准则作出进一步修改和完善，或者是否需要在准则的实施方面提供更多支持。

第三章
加强版审计报告准则的运用

第一节 加强版审计报告准则的核心要求

一、新的和修订的审计报告准则项目

国际审计与鉴证准则理事会于 2014 年 9 月批准，并于 2015 年 1 月发布了新的和修订的国际审计准则（本书中也称新国际审计报告准则、加强版审计报告准则），生效日期为 2016 年 12 月 15 日或之后的报告期间[①]。新的和修改的审计准则规定了加强版审计报告模式，核心要求是提高审计报告的信息含量，增强审计工作的透明度，强化注册会计师与审计相关的责任。主要体现在：在上市实体审计报告中沟通关键事项和注明项目合伙人的姓名，单独披露与持续经营相关的重大不确定性和注册会计师对其他信息的责任及工作结果，澄清管理层（治理层）和注册会计师的责任，声明注册会计师独立于被审计单位并履行了职业道德方面的其他责任，优化审计报告要素顺序。这些变化构成了加强版审计报告模式的主要方面，对于提高审计报告的相关性和决策有用性，提高审计工作的透明度，强化审计的价值具有至关重要的作用。同时，也为全球审计报告的发展和改进注册会计师的沟通奠定了重要基础。结合国际审计准则和应用材料，现将加强版审计报告准则的运用原理介绍如下（由于中

---

① International Auditing and Assuraance Standards Board: Handbook of International Quality Control, Auditing, Review, Other Assrance, and related Service pronouncements (2016 – 2017. 6 Edition).

国审计准则和国际审计准则趋同，本部分介绍的内容和中国审计准则的运用保持了一致）。

新的和修订的国际审计准则项目如下：

（1）《国际审计准则第700号——对财务报表形成审计意见和出具审计报告》（修订）（ISA700，Revised，Forming an Opinion and Reporting on Financial Statements）。

（2）《新国际审计准则第701号——在审计报告中沟通关键审计事项》（New ISA701，Communicating Key Audit Matters in the Independent Auditor's Report）。

（3）《国际审计准则第705号——在审计报告中发表非无保留意见》（修订）（ISA705，Revised，Modification to the Opinion in the Independent Auditor's Report）。

（4）《国际审计准则第706号——在审计报告中增加强调事项段和其他事项段》（修订）（ISA706，Revised，Emphasis of Matter Paragraphs and Other Matter Paragraphs in the Independent Auditor's Report）。

（5）《国际审计准则第570号——持续经营》（修订）（ISA570，Revised，Going Concern）。

（6）《国际审计准则第260号——与治理层的沟通》（修订）（ISA260，Revised，Communication with Those Charged with Governance）。

同时，对其他国际审计准则进行了修订（Amendments to Other ISAs）。

《国际审计准则第720号——注册会计师对其他信息的责任》（修订）（ISA720，Revised，The Auditor' Responsibility Relating to Other Information）在2015年4月发布，并与新审计报告准则同一时间生效。

上述审计报告准则之间的关系见图3-1。

加强版审计报告的模式预期带来的好处如下：

（1）增强审计报告对使用者的沟通价值；

（2）增强与使用者、注册会计师和治理层之间更为强劲的互动；

（3）增强管理层和治理层对审计报告中关键审计事项提及披露的关注；

（4）增加注册会计师对识别出的关键审计事项领域的职业怀疑；

（5）提高审计质量，增强使用者对审计质量的感受。

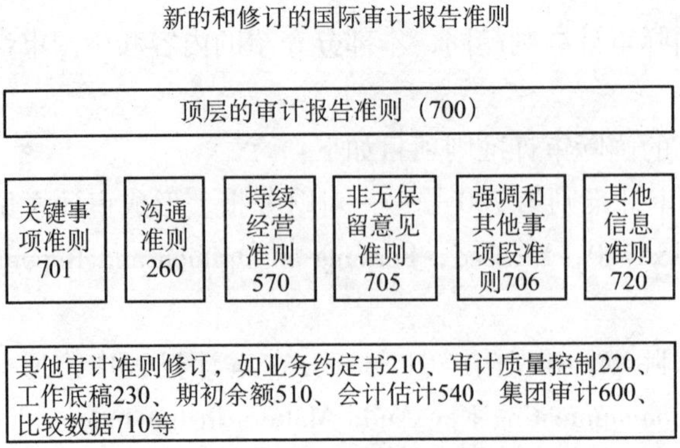

新的和修订的国际审计报告准则

```
┌─────────────────────────────────┐
│    顶层的审计报告准则（700）    │
└─────────────────────────────────┘
┌──────┬──────┬──────┬──────┬──────┬──────┐
│关键事│沟通  │持续  │非无保│强调和│其他  │
│项准则│准则  │经营  │留意见│其他事│信息  │
│ 701  │ 260  │准则  │准则  │项段准│准则  │
│      │      │ 570  │ 705  │则706 │ 720  │
└──────┴──────┴──────┴──────┴──────┴──────┘
┌─────────────────────────────────┐
│其他审计准则修订，如业务约定书210、│
│审计质量控制220、工作底稿230、期初│
│余额510、会计估计540、集团审计600、│
│比较数据710等                    │
└─────────────────────────────────┘
```

图 3-1　审计报告准则之间的关系

二、加强版审计报告模式的举例

审计报告模式，既和审计报告的形式和内容有关，又与审计意见类型相联系。良好的审计审计报告模式，不仅体现审计意见的价值，具有丰富的信息含量，而且可针对实体和财务报表审计提供更为相关和决策有用的信息。

表 3-1 列示了注册会计师对上市实体财务报表发表无保留意见的背景信息；参考格式 3-1 列示了对上市实体财务报表出具的无保留意见审计报告。

表 3-1　　　　　　　　　背景信息

用于举例审计报告的目的，下列情况是假设的：
（1）对上市实体整套财务报表进行审计，该审计不属于集团审计；
（2）管理层按照国际财务报告准则编制财务报表；
（3）审计业务约定条款体现了《国际审计准则第 210 号——就审计业务约定条款达成一致意见（修订）》关于管理层对财务报表责任的描述；
（4）基于获取的审计证据，注册会计师认为发表无保留意见是恰当的；
（5）适用的相关职业道德守则为国际职业会计师道德守则；
（6）基于获取的审计证据，注册会计师认为可能导致对实体持续经营能力产生重大疑虑的事项或情况存在重大不确定性，财务报表对该重大不确定性已作出充分披露；
（7）已按照《国际审计准则第 701 号——在审计报告中沟通关键事项》的规定沟通了关键审计事项；
（8）注册会计师在审计报告日前已获取所有其他信息，且未识别出信息存在重大错报；
（9）负责监督财务报表的人员与负责编制财务报表的人员不同；
（10）除财务报表审计外，按照法律法规的要求，注册会计师负有其他报告责任，且注册会计师决定在审计报告中履行其他报告责任。

参考格式 3-1　对上市实体财务报表出具的无保留意见审计报告

审计报告

ABC 股份有限公司全体股东：

一、对财务报表出具的审计报告

（一）审计意见

我们审计了 ABC 股份有限公司（以下简称 ABC 公司）合并财务报表，包括 20×1 年 12 月 31 日的合并资产负债表，20×1 年度的合并利润表、合并现金流量表、合并股东权益变动表以及财务报表附注（包括重大会计政策和会计估计）。

我们认为，后附的合并财务报表在所有重大方面按照国际财务报告准则的规定编制，公允反映了 ABC 公司 20×1 年 12 月 31 日的财务状况以及 20×1 年度的经营成果和现金流量。

（二）形成审计意见的基础

我们按照国际审计准则的规定执行了审计工作。审计报告的"注册会计师对财务报表审计的责任"部分进一步阐述了我们在这些准则下的责任。按照国际职业会计师道德守则，我们独立于 ABC 公司，并履行了职业道德方面的其他责任。我们相信，我们获取的审计证据是充分、适当的，为发表审计意见提供了基础。

（三）与持续经营相关的重大不确定性

我们提醒使用者关注，如财务报表附注×所述，ABC 公司 20×1 年发生净亏损×元，且于 20×1 年 12 月 31 日，ABC 公司流动负债高于资产总额×元。如财务报表附注×所述，这些事项或情况，连同财务报表附注×所示的其他事项，表明存在可能导致对 ABC 公司持续经营能力产生重大疑虑的重大不确定性。该事项不影响已发表的审计意见。

（四）关键审计事项

关键审计事项是根据我们的职业判断，认为对本期财务报表审计最为重要的事项。这些事项是在对财务报表整体进行审计并形成意见的背景下进行处理的，我们不对这些事项提供单独的意见。

(按照《国际审计准则第 701 号——在审计报告中沟通关键事项》的规定描述每一关键审计事项。)

（五）其他信息

管理层对其他信息负责。其他信息包括［×报告中涵盖的信息，但不包括财务报表和我们的审计报告］。

我们对财务报表发表的审计意见并不涵盖其他信息，我们也不对其他信息发表任何形式的鉴证结论。

结合我们对财务报表的审计，我们的责任是阅读其他信息，在此过程中，考虑其他信息是否与财务报表或我们在审计过程中了解到的情况存在重大不一致或者似乎存在重大错报。基于我们已经执行的工作，如果我们确定其他信息存在重大错报，我们应当报告该事实。在这方面，我们无任何事项需要报告。

（六）管理层和治理层对财务报表的责任

管理层负责按照国际财务报告的规定编制财务报表，使其实现公允反映，并设计、执行和维护必要的内部控制，以使财务报表不存在由于舞弊或错误导致的重大错报。

在编制财务报表时，管理层负责评估 ABC 公司的持续经营能力，披露与持续经营相关的事项（如适用），并运用持续经营会计基础，除非管理层计划清算 ABC 公司、停止营运或别无其他现实的选择。

治理层负责监督 ABC 公司的财务报告过程。

（七）注册会计师对财务报表审计的责任

我们的目标是对财务报表整体是否不存在由于舞弊或错误导致的重大错报获取合理保证，并出具包含审计意见的审计报告。合理保证是高水平的保证，但并不能保证按照审计准则执行的审计在某一重大错报存在时总能发现。错报可能由于舞弊或错误导致，如果合理预期错报单独或汇总起来可能影响使用者依据财务报表作出的经济决策，则通常认为错报是重大的。

在按照审计准则执行审计的过程中，我们运用了职业判断，保持了职业怀疑。我们同时：

（1）识别和评估由于舞弊或错误导致的财务报表重大错报风险；对这些风险有针对性地设计和实施审计程序；获取充分、适当的审计证据，作为发表审计意见的基础。由于舞弊可能涉及串通、伪造、故意遗漏、虚假陈述或凌驾于内部控制之上,未能发现由于舞弊导致的重大错报的风险高于未能发现由于错误导致的重大错报的风险。

(2) 了解与审计相关的内部控制,以设计恰当的审计程序,但目的并非对内部控制的有效性发表意见。

(3) 评价管理层选用会计政策的恰当性和作出会计估计及相关披露的合理性。

(4) 对管理层运用持续经营会计基础的适当性得出结论。同时,根据获取的审计证据,就可能导致对 ABC 公司持续经营能力产生重大疑虑的事项或情况是否存在重大不确定性得出结论。如果我们得出结论认为存在重大不确定性,审计准则要求我们在审计报告中提请使用者注意财务报表中的相关披露;如果披露不充分,我们应当发表非无保留意见。我们的结论基于审计报告日可获得的信息。然而,未来的事项或情况可能导致 ABC 公司不能持续经营。

(5) 评价财务报表的总体列报、结构和内容(包括披露),并评价财务报表是否公允反映相关交易和事项。

除其他事项外,我们与治理层就计划的审计范围、时间安排和重大审计发现(包括我们在审计中识别的值得关注的内部控制缺陷)进行沟通。

我们还就遵守关于独立性的相关职业道德要求向治理层提供声明,并就可能被合理认为影响我们独立性的所有关系和其他事项,以及相关的防范措施(如适用)与治理层进行沟通。

从与治理层沟通的事项中,我们确定哪些事项对本期财务报表审计最为重要,因而构成关键审计事项。我们在审计报告中描述这些事项,除非法律法规禁止公开披露这些事项,或者在极其罕见的情形下,如果合理预期在审计报告中沟通某事项造成的负面后果超过在公众利益方面产生的益处,那么我们确定不应在审计报告中沟通该事项。

二、按照相关法律法规的要求报告的事项

[本部分的形式和内容,取决于法律法规对其他报告责任的性质的规定。法律法规规范的事项(其他报告责任)应当在本部分处理,除非其他报告责任与审计准则所要求的报告责任涉及相同的主题。如果涉及相同的主题,其他报告责任可以在审计准则所要求的同一报告要素部分中列示。当其

他报告责任和审计准则规定的报告责任涉及同一主题，并且审计报告中的措辞能够将其他报告责任与审计准则规定的责任予以清楚地区分（如差异存在）时，允许将两者合并列示（即包含在"对财务报表出具的审计报告"部分中，并使用适当的副标题）。

负责本审计报告审计结果的项目合伙人是×××。

[以会计师事务所的名义、注册会计师个人的姓名或两者的名义签字，视特定司法管辖区要求而定]
　　[审计报告日期]
　　[会计师事务所地址]

举例的审计报告列示的要素见表3-2。

表3-2　　　　　　　　审计报告要素及其解释

要素	解释
标题	统一规范为"审计报告"
收件人	致送对象通常为实体的股东或治理层
审计意见	包含审计意见，并以"审计意见"作为标题。标明审计范围。如果对财务报表发表无保留意见，使用"我们认为，财务报表在所有重大方面按照[适用的财务报告框架（如国际财务报告会计准则等）]编制，公允反映了[……]"的措辞
形成审计意见的基础	包含标题为"形成审计意见的基础"的部分，提及审计准则、注册会计师的责任、职业道德守则、审计证据的充分性和适当性
与持续经营相关的重大不确定性	增加以"与持续经营相关的重大不确定性"为标题的单独部分，提醒关注财务报表附注中对所述事项的披露；说明续经营重大不确定性
关键审计事项	以"关键审计事项"为标题，并在该部分使用恰当的子标题逐项描述关键审计事项
其他信息	以"其他信息"为标题，说明管理层对其他信息负责，描述注册会计师对其他信息进行阅读、考虑和报告的责任
管理层（治理层）对财务报表的责任	包含标题为"管理层（治理层）对财务报表的责任"的部分，说明管理层对财务报表的责任，以及治理层对财务报告过程的监督责任
注册会计师对财务报表审计的责任	包含标题为"注册会计师对财务报表审计的责任"的部分，说明注册会计师对审计准则、职业道德、发现舞弊、持续经营、与治理层沟通、关键审计事项、职业判断、职业怀疑等的相关责任，并增加合理保证、重要性、风险导向审计等核心概念

续表

要素	解释
按照相关法律法规的要求报告的事项	除审计准则规定的注册会计师责任外，如果注册会计师在对财务报表出具的审计报告中履行其他报告责任，应当在审计报告中将其单独作为一部分，并以"按照相关法律法规的要求报告的事项"为标题
项目合伙人的姓名、注册会计师的签字	以会计师事务所的名义、注册会计师个人的姓名或两者的名义签字，视特定司法管辖区要求而定。 在对上市实体整套通用目的财务报表出具的审计报告中注明项目合伙人
会计师事务所地址	指明会计师事务所所在国家或地区及其城市的名称
报告日期	注明报告签署日期

三、加强版审计报告的特点

根据的《国际审计准700号——对财务报表形成意见和出具报告》（修订），加强版审计报告模式有以下特点：

（一）优化了审计报告要素的顺序

国际审计报告准则采用两种方式优化审计报告要素顺序，一是强制规定审计报告要素顺序，二是建议对其他要素使用特定标题。

如上所述，审计报告应当包括下列要素：标题、收件人、审计意见、形成审计意见的基础、与持续经营相关的重大不确定性（如适用）、关键审计事项（适用于上市实体）、其他信息、管理层对财务报表的责任、注册会计师对财务报表审计的责任、注册会计师的签字（以会计师事务所的名义、注册会计师个人的姓名或两者的名义签字，视特定司法管辖区要求而定；上市公司审计注明项目合伙人姓名）、会计师事务所地址、报告日期等。如果情况适用，还包括强调事项段和其他事项段。

对于"审计意见"要素，第700号准则（修订）要求放在审计报告的第一部分，并以"审计意见"作为标题；而"形成审计意见的基础"要素，提供了审计意见的重要背景，要求将其紧接在审计意见部分之后。

除审计意见部分和形成审计意见的基础部分之外，第700号准则（修订）对审计报告要素的排列顺序未作要求。然而，要求使用特定的标题，以使按照国际审计准则执行审计出具的报告更易识别，特别是当审计报告要素的排列顺序不同于应用材料附录中的审计报告参考格式时。

尽管对其他要素的放置顺序没有作出硬性规定，但审计报告的举例还是按照要素的重要性指出了倾向性的位置，比如，"与持续经营相关的重大不确定性"紧接"形成审计意见的基础"之后，"关键审计事项"紧接"与持续经营相关的重大不确定性"之后，"其他信息"紧接"关键审计事项"之后。如果存在"强调事项段"和"其他事项段"，可以紧接"关键审计事项"之后。但无论如何放置，每个要素必须要有统一规范的名称，以利于使用者识别，并使审计报告具有相对的一致性和可比性。

（二）丰富了审计报告的内容

与二元审计报告相比，加强版审计报告增加了"关键审计事项（适用于上市实体）"、"其他信息"等要素，并将强调事项段的"与持续经营相关的重大不确定性"转为审计报告的单独部分，大大丰富了审计报告的内容。

1. 持续经营

《国际审计准则第570号——持续经营》（修订）要求，如果实体运用持续经营会计基础是适当的，但存在重大不确定性，且财务报表对重大不确定性已作出充分披露，注册会计师应当发表无保留意见，并在审计报告中增加以"与持续经营相关的重大不确定性"为标题的单独部分，以提醒使用者关注财务报表附注中所述事项的披露，说明这些事项或情况存在可能导致对实体持续经营能力产生重大疑虑的重大不确定性，并说明该事项并不影响发表的审计意见。

2. 关键审计事项

第700号准则（修订）要求在上市实体审计报告中沟通关键事项。《国际审计准则第701号——在审计报告中沟通关键审计事项》规范了注册会计师如何确定和沟通关键审计事项。法律法规可能要求在对非上市实体的审计中沟通关键审计事项，例如被法律法规认定为公众利益实体的实体。注册会计师也可能决定在对其他实体的审计中沟通关键审计事项，包括涉及重大公众利益的实体。例如，由于拥有数量众多且分布广泛的利益相关者，以及考虑到实体业务的性质和规模。这些实体举例来说包括金融机构（如银行、保险公司和养老基金）以及慈善机构等。

《国际审计准则第210号——就审计业务约定条款达成一致意见》（修订）要求注册会计师就审计业务约定条款与管理层和治理层（如适用）达成一致

意见，并说明管理层和治理层在就业务约定条款达成一致意见方面担任的角色取决于实体的治理结构和相关法律法规的规定。该准则还要求在审计业务约定书和其他适当形式的书面协议中提及注册会计师可能出具的报告的预期形式和内容。应用指南第23a条指出，当注册会计师未被要求沟通关键审计事项时，在审计业务约定条款中提及在审计报告中沟通关键审计事项的可能性，可能是有帮助的；在某些司法管辖区，注册会计师在审计业务约定条款中提及可能是必要的，因为这将为其保留沟通关键审计事项的能力。

在公共部门，上市实体并不常见。然而，因其规模、复杂程度或涉及公众利益等，公共部门实体可能是重要的。在这些情况下，法律法规可能要求，或者注册会计师可能决定在审计报告中沟通关键审计事项。

3. 其他信息

《国际审计准则第720号——注册会计师对其他信息的责任》（修订），要求注册会计师阅读和考虑其他信息，这是因为，如果其他信息与财务报表或者与注册会计师在审计中了解到的情况存在重大不一致，可能表明财务报表或其他信息存在重大错报，两者均会损害财务报表和审计报告的可信性。此类重大错报也可能不恰当地影响审计报告使用者的经济决策。另外，根据注册会计师职业道德守则的相关要求，注册会计师不应当在明知的情况下与以下信息发生关联：含有严重虚假或误导性的陈述；含有缺少充分依据的陈述或信息；存在遗漏或含糊其辞的信息，且这种遗漏或含糊其辞会产生误导。因此，注册会计师的目标是，在已经阅读其他信息的情况下，需要根据第720号准则（修订）的规定进行报告。

（三）指明了适用的职业道德要求（职业道德守则）

1. 一般考虑

第700号准则（修订）要求在"形成审计意见的基础"部分声明注册会计师按照与审计相关的职业道德守则对实体保持了独立性，并履行了职业道德方面的其他责任。声明中应当指明适用的职业道德守则，如国际职业会计师道德守则。

指明发布相关职业道德守则的司法管辖区，能够增加审计业务的透明度。《〈国际审计准则第200号——注册会计师的总体目标和按照国际审计准则执行审计工作〉应用材料》说明相关职业道德守则通常是指国际职业会计师道德守则中与财务报表审计相关的规定。当相关职业道德守则包括国际职业会计师道德守则的要求时，声明中可能也提及国际职业会计师道德守则。如果国际职业会计师道德守则构成与审计相关的所有职业道德守则，声明中无须指出所属的司法管辖区。

在某些司法管辖区，相关职业道德守则可能有多个不同的来源，例如职业道德守则以及法律法规中额外的规则和要求。当独立性和其他相关职业道德守则来源数目有限时，注册会计师可以选择指出来源的名称（例如，该司法管辖区适用的守则、规则和法规的名称），或者可以提及被普遍理解并且恰当概括这些来源的术语（例如，×国家或地区私营实体审计的独立性要求）。

法律法规和审计业务约定条款等可能要求注册会计师在审计报告中提供更具体的、适用于财务报表审计的相关职业道德守则的来源的信息，包括与独立性相关的职业道德守则。如果与财务报表审计相关的职业道德守则有多个来源，在确定要包含在审计报告中的恰当信息量时，一个重要的考虑是平衡增加透明度与掩盖审计报告中其他有用信息的风险。

2. 对集团审计的特殊考虑

在集团审计中，当相关职业道德守则（包括与独立性相关的守则）有多个来源时，在审计报告中提及的司法管辖区一般与集团项目组适用的相关职业道德守则相关。这是因为在集团审计中，组成部分注册会计师也受到与集团审计相关的职业道德守则的约束。

审计准则不制定关于注册会计师（包括组成部分注册会计师）的独立性或职业道德的具体要求，因此，不扩展或超越集团项目组适用的职业道德守则所作的独立性要求或其他职业道德守则，也不要求组成部分注册会计师在所有情况下都受到集团项目组适用的同一特定独立性要求的约束。因此，在集团审计中，相关职业道德守则（包括与独立性相关的要求）可能是复杂的。

（四）完善了管理层（治理层）对财务报表的责任

1. 管理层对财务报表的责任

第700号准则（修订）要求审计报告应当包含标题为"管理层（治理层）对财务报表的责任"的部分。审计报告中应当使用特定司法管辖区法律框架下的恰当术语，而不必限定为"管理层"。管理层对财务报表的责任部分应当说明管理层负责下列方面：

"（1）按照适用的财务报告框架编制财务报表，使其实现公允反映，并设计、执行和维护必要的内部控制，以使财务报表不存在由于舞弊或错误导致的重大错报；

（2）评估实体的持续经营能力和运用持续经营会计基础是否适当，并披露与持续经营相关的事项（如适用）。对管理层评估责任的说明应当包括描述在何种情况下运用持续经营会计基础是适当的。"

第200号准则说明了注册会计师按照审计准则的规定执行审计工作的前提。管理层认可其按照适用的财务报告框架编制财务报表，并使其实现公允反映（如适用）的责任。管理层也认可其设计、执行和维护内部控制，以使财务报表不存在由于舞弊或错误导致的重大错报的责任。在审计报告中对管理层责任的说明包括提及这两种责任，因为这有助于向使用者解释执行审计工作的前提。

要求在审计报告中指明管理层对"评估实体的持续经营能力和运用持续经营会计基础是否适当，并披露与持续经营相关的事项（如适用）"的责任，是本次修订新增的要求，也是使用者鉴于全球金融危机带来的企业破产潮，使得管理层和注册会计师更加关注持续经营问题。

2. 治理层的责任

第700号准则（修订）除了要求指明管理层的责任外，如果对财务报告过程负有监督责任的人员与履行管理责任的人员不同，还应当提及对财务报告过程负有监督责任的人员。在这种情况下，该部分的标题还应当提及"治理层"或者特定司法管辖区法律框架中的恰当术语。当监督财务报告过程的人员与负责编制财务报告的人员相同时，无须提及监督责任。

（五）拓展了注册会计师对财务报表审计的责任

第700号准则（修订）要求在审计报告包含标题为"注册会计师对财务报表审计的责任"的部分，具体包括审计的目标、注册会计师执行的工作、与治理层的沟通。

1. 审计目标

在"审计目标"部分，包括下列内容：

（1）说明注册会计师的目标是对财务报表整体是否不存在由于舞弊或错误导致的重大错报获取合理保证，并出具包含审计意见的审计报告；

（2）说明合理保证是高水平的保证，但按照国际审计准则执行的审计并不能保证一定会发现存在的重大错报；

（3）说明错报可能由于舞弊或错误导致。

在说明错报可能由于舞弊或错误导致时,注册会计师应当从下列两种做法中选取一种:

(1)描述如果合理预期错报单独或汇总起来可能影响使用者依据财务报表作出的经济决策,则通常认为错报是重大的;

(2)根据适用的财务报告框架,提供关于重要性的定义或描述。

2. 注册会计师执行的工作

在"注册会计师执行的工作"部分,包括下列内容:

一是说明在按照审计准则执行审计工作的过程中,注册会计师运用职业判断,并保持职业怀疑。

二是通过说明注册会计师的责任,对审计工作进行描述。这些责任包括:

(1)识别和评估由于舞弊或错误导致的财务报表重大错报风险,设计和实施审计程序以应对这些风险,并获取充分、适当的审计证据,作为发表审计意见的基础。由于舞弊可能涉及串通、伪造、故意遗漏、虚假陈述或凌驾于内部控制之上,未能发现由于舞弊导致的重大错报的风险高于未能发现由于错误导致的重大错报的风险。

(2)了解与审计相关的内部控制,以设计恰当的审计程序,但目的并非对内部控制的有效性发表意见。当注册会计师有责任在财务报表审计的同时对内部控制的有效性发表意见时,应当略去上述"目的并非对内部控制的有效性发表意见"的表述。

(3)评价管理层选用会计政策的恰当性和作出会计估计及相关披露的合理性。

(4)对管理层运用持续经营会计基础的适当性得出结论。同时,根据获取的审计证据,就可能导致对实体持续经营能力产生重大疑虑的事项或情况是否存在重大不确定性得出结论。如果注册会计师断定存在重大不确定性,审计准则要求注册会计师在审计报告中提请使用者关注财务报表中的相关披露;如果披露不充分,注册会计师应当发表非无保留意见。注册会计师的结论基于截至审计报告日可获得的信息。然而,未来的事项或情况可能导致实体不能持续经营。

(5)评价财务报表的总体列报、结构和内容(包括披露),并评价财务报表是否公允反映相关交易和事项。

三是《国际审计准则第600号——对集团财务报表审计的特殊考虑》(包

括组成部分注册会计师的工作）（修订）适用时，通过说明下列事项，进一步描述注册会计师在集团审计业务的责任：

（1）注册会计师的责任是就集团中实体或业务活动的财务信息获取充分、适当的审计证据，以对合并财务报表发表审计意见；

（2）注册会计师负责指导、监督和执行集团审计；

（3）注册会计师对审计意见承担全部责任。

3. 与治理层的沟通

在"与治理层的沟通"部分，包括下列内容：

（1）说明注册会计师与治理层就计划的审计范围、时间安排和重大审计发现等事项进行沟通，包括沟通注册会计师在审计中识别的值得关注的内部控制缺陷；

（2）对于上市实体财务报表审计，指出注册会计师就已遵守与独立性相关的职业道德守则向治理层提供声明，并与治理层沟通可能被合理认为影响注册会计师独立性的所有关系和其他事项，以及相关的防范措施（如适用）；

（3）对于上市实体财务报表审计，以及决定按照《国际审计准则第 701 号——在审计报告中沟通关键审计事项》的规定沟通关键审计事项的其他情况，说明注册会计师从已与治理层沟通的事项中确定哪些事项对本期财务报表审计最为重要，因而构成关键审计事项。注册会计师应当在审计报告中描述这些事项，除非法律法规禁止公开披露这些事项，或者在极其罕见的情形下，注册会计师合理预期在审计报告中沟通某事项造成的负面后果超过在公众利益方面产生的益处，因而决定不应在审计报告中沟通该事项。

与二元审计报告相比，增加了"审计目标"和"与治理层的沟通"相关内容，详细说明了注册会计师执行的工作。

（六）增加了注明项目合伙人姓名的要求

第 700 号准则（修订）要求对上市实体财务报表出具的审计报告中，应当包含项目合伙人的姓名，除非在极少数情况下，这种披露合理预期会导致重大的个人安全威胁。如果注册会计师不打算在审计报告中包含审计项目合伙人的姓名，注册会计师应当与治理层讨论该项意图，告知个人安全威胁的可能性和严重性的评估结果。

《国际质量控制准则第 1 号——会计师事务所对执行财务报表审计和审阅、其他鉴证和相关服务业务实施的质量控制》要求会计师事务所制定政策和程序，为项目按照职业标准和适用的法律法规要求执行提供合理保证。尽管该准则已提出这些要求，在审计报告中指明项目合伙人有助于进一步增强对审计报告使用者的透明度。注册会计师可能决定在审计报告中还包含项目合伙人姓名之外的信息，如注册会计师的执业证号码，以进一步识别项目合伙人。

第二节 关键审计事项的确定和沟通

一、关键审计事项的性质

《国际审计准则第701号——在审计报告中沟通关键事项》要求注册会计师对上市实体整套通用目的财务报表进行审计，应当在审计报告中沟通关键审计事项；或者注册会计师决定或委托方要求，以在审计报告中沟通关键审计事项。

关键审计事项，是指注册会计师根据职业判断认为对本期财务报表审计最为重要的事项。注册会计师的目标是，确定关键审计事项，并在对财务报表形成审计意见后，以在审计报告中描述关键审计事项的方式沟通这些事项。

关键审计事项是从注册会计师已与治理层沟通的事项中选取。按照《国际审计准则第260号——与治理层的沟通》（修订）的规定，注册会计师应当与治理层进行双向沟通。在沟通时，注册会计师可能曾就某些事项与治理层进行过充分对话。使用者对这些事项感兴趣，并且呼吁增加这些沟通的透明度。例如，使用者对了解注册会计师在对财务报表整体形成审计意见时作出的重大判断尤其感兴趣，因为这些判断通常与编制财务报表时作出的重大管理层判断领域相关。

在审计报告中沟通关键审计事项，有下列优点：

（1）旨在通过提高已执行审计工作的透明度提升审计报告的沟通价值，从而提高审计报告的决策相关性和有用性；

（2）能够为财务报表预期使用者提供额外信息，以帮助其了解注册会计师根据职业判断认为对本期财务报表审计最为重要的事项；

（3）帮助财务报表预期使用者了解实体，以及已审计财务报表中涉及重大管理层判断的领域；

(4) 为财务报表预期使用者就与实体、已审计财务报表或已执行审计工作相关的事项进一步与管理层和治理层沟通提供基础；

(5) 有助于加强注册会计师与治理层就这些事项进行的沟通，同时还可能提高管理层和治理层对审计报告中提及的财务报表披露的关注程度。

向使用者提交个性化的信息，将会增加审计报告的相关性和决策有用性，降低一致性和可比性，因此，要尽量将两者平衡保持在一定范围内，见图3-2。

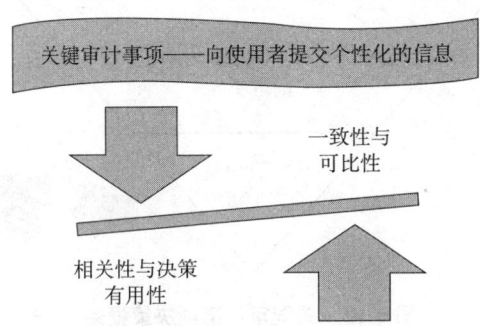

图3-2　相关性和决策有用性与一致性和可比性的关系

对关键审计事项的理解需要具有一定的相关知识。根据《国际审计准则第320号——计划和执行审计工作时的重要性》的规定，就审计而言，注册会计师针对使用者作出下列假定是合理的：

(1) 拥有经营、经济活动和会计方面的适当知识，并有意愿认真研究财务报表中的信息；

(2) 理解财务报表是在运用重要性水平基础上编制、列报和审计的；

(3) 认可建立在对估计和判断的应用以及对未来事项的考虑的基础上的会计计量具有固有的不确定性；

(4) 依据财务报表中的信息作出合理的经济决策。由于审计报告后附已审计财务报表，通常认为审计报告使用者与财务报表预期使用者相同。

二、关键审计事项的确定

(一) 确定关键审计事项的决策思路

确定关键审计事项，首先要考虑与治理层沟通的事项，其次在沟通的事项中确定在执行审计工作时重点关注过的事项，在重点关注过的事项中确定最为重要的事项,即关键审计事项。关键审计事项决策框架见图3-3。

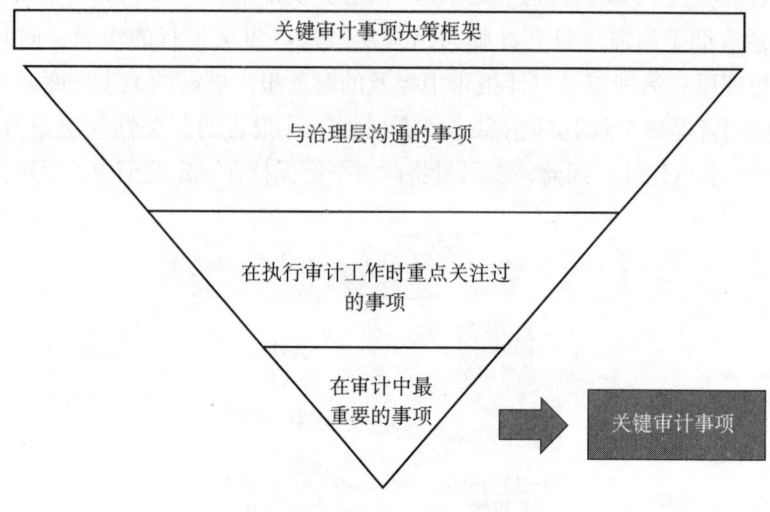

图3-3 关键审计事项决策框架

(二)以"与治理层沟通的事项"作为起点

注册会计师确定关键审计事项的决策过程,旨在从与治理层沟通的事项中筛选出数量较少的事项,这基于注册会计师就哪些事项对本期财务报表审计最为重要作出的判断。

根据《国际审计准则第260号——与治理层的沟通》(修订)的要求,注册会计师与治理层沟通的事项,主要体现在下列方面:

(1)注册会计师与财务报表审计相关的责任。

(2)计划的审计范围和时间安排的总体情况,包括识别出的特别风险。

(3)在审计中发现的重大事项,例如注册会计师对实体会计实务重大方面的质量的看法,审计工作中遇到的重大困难,已与管理层讨论或需要书面沟通的审计中出现的重大事项和要求管理层提供的书面声明,影响审计报告形式和内容的情形(如有),审计中出现的、根据职业判断认为与监督财务报告过程相关的所有其他重大事项。

(4)如果实体是上市实体,还应与治理层沟通有关独立性的事项。

调查结果表明,使用者对计划的审计范围和时间安排的总体情况,以及审计中发现的重大事项感兴趣,并且呼吁增加这些沟通的透明度。因此,确定关键审计事项要从在审计中发现的重大事项中予以考虑。图3-4列示了确定关键审计事项第一步考虑的事项。

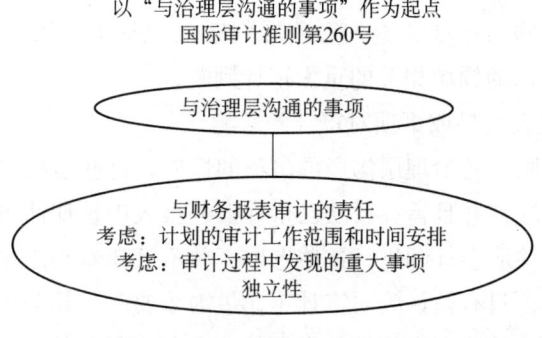

图3-4 考虑与治理层沟通的事项

(三) 重点关注过的事项

重点关注的概念基于这样的认识：审计是风险导向的，注重识别和评估财务报表重大错报风险，设计和实施应对这些风险的审计程序，获取充分、适当的审计证据，以作为形成审计意见的基础。对于特定账户余额、交易类别或披露，评估的认定层次重大错报风险越高，在计划和实施审计程序并评价审计程序的结果时通常涉及的判断就越多。在设计进一步审计程序时，注册会计师评估的风险越高，就需要获取越有说服力的审计证据。当由于评估的风险较高而需要获取更具说服力的审计证据时，注册会计师可能需要增加所需审计证据的数量，或者获取更具相关性或可靠性的审计证据，如更注重从第三方获取审计证据或从多个独立渠道获取互相印证的审计证据。因此，对注册会计师获取充分、适当的审计证据或对财务报表形成审计意见构成挑战的事项可能与注册会计师确定关键审计事项尤其相关。

在计划审计工作时，注册会计师可以先就哪些事项很可能属于重点关注过的领域因而可能构成关键审计事项形成一个初步的看法。按照第260号准则(修订)的规定，注册会计师可以在与治理层讨论计划的审计范围和时间安排时沟通这一看法。然而，注册会计师对关键审计事项的确定需要基于审计结果或整个审计过程中获取的审计证据。

总的来说，注册会计师从与治理层沟通的事项中确定在执行审计工作时重点关注过的事项时，注册会计师应当考虑下列方面：

（1）按照《国际审计准则第 315 号——通过了解实体及其环境识别和评估重大错报风险》（修订）的规定，评估的重大错报风险较高的领域或识别出的特别风险；

（2）与财务报表中涉及重大管理层判断（包括被认为具有高度估计不确定性的会计估计）的领域相关的重大审计判断；

（3）本期重大交易或事项对审计的影响。

这些考虑着眼于与治理层沟通的事项的性质，这些事项通常与财务报表中披露的事项相关联，并且旨在反映已审计财务报表中预期使用者可能特别感兴趣的领域。要求注册会计师进行这些考虑，并不意味着与之相关的事项通常构成关键审计事项，只有被认为对审计工作最为重要时，相关事项才构成关键审计事项。除了上述特别考虑相关的事项外，还可能存在其他与治理层沟通的事项需要重点关注，因而可能确定为关键审计事项。这些事项可能包括与已执行审计工作相关但可能不被要求在财务报表中披露的事项等。例如，在会计期间内上线一套新的 IT 系统（或现有 IT 系统的重大变更）可能构成重点关注过的领域，尤其是当这种变更对注册会计师的总体审计策略具有重大影响，或者与一项特别风险相关时（例如，影响收入确认的系统的变更）。

评估的重大错报风险较高的领域或识别出的特别风险，属于重点关注过的事项。特别风险，根据国际审计准则中的定义，是指注册会计师识别和评估的、根据判断认为需要特别考虑的重大错报风险。评估的重大错报风险较高的领域或识别出的特别风险，需要注册会计师在审计中投放更多的审计资源予以应对。重大管理层判断领域和重大非常规交易通常可能被识别为特别风险。因而，特别风险通常属于需要重点关注的领域。但并非所有特别风险都属于需要重点关注的领域。例如，假定在收入确认方面存在舞弊风险，要求注册会计师将评估的由于舞弊导致的重大错报风险作为特别风险；由于管理层凌驾于控制之上的行为发生方式不可预见，这种风险属于由于舞弊导致的重大错报风险，从而也是一种特别风险。这些风险是否需要重点关注，需要视其性质而定。如果这些风险不需要重点关注，注册会计师在确定关键审计事项时可能不必加以考虑。注册会计师对认定层次重大错报风险的评估结果，可能随着审计过程中不断获取审计证据而作出相应的变化。针对财务报表的特定领域修改注册会计师的风险评估结果并重新评价计划实施的审计程序（即审计方法的重大变更，例如，注册会计师的风险评估建立在特定控制运行有效的基础上，而注册会计师获取了相关控制在审计期间内并未有效运行的审计证据，尤其是在评估的重大错报风险较高的领域）可能导致某一领域被确定为需要重点关注的领域。

与财务报表中涉及重大管理层判断（包括被认为具有高度估计不确定性的会计估计）的领域相关的重大审计判断，属于重点关注过的事项。注册会计师在与治理层沟通注册会计师对实体会计实务（包括会计政策、会计估计和财务报表披露）重大方面质量的看法时，在很多情况下，涉及关键的会计估计和相关披露，很可能属于重点关注过的领域，也可能被识别为特别风险。使用者对识别为具有高度估计不确定性的会计估计表现出显著兴趣。这些估计高度依赖管理层判断，通常是财务报表中最为复杂的领域，并且可能同时需要管理层的专家和注册会计师的专家的参与。同时，对财务报表具有重大影响的会计政策（以及这些政策的重大变更）对理解财务报表特别相关，尤其是当实体的实务与同行业其他实体不一致时。注册会计师重点关注过的领域因与财务报表中复杂、重大的管理层判断领域相关，因而通常涉及困难或复杂的注册会计师职业判断。相应地，重点关注过的事项通常影响注册会计师的总体审计策略以及对这些事项分配的审计资源和审计工作力度。这些影响可能包括高级审计人员参与审计业务的程度，或者注册会计师的专家或在会计、审计的特殊领域具有专长的人员（包括会计师事务所聘请或雇用的人员）对这些领域的参与。

本期重大交易或事项对审计的影响，属于重点关注过的事项。对财务报表或审计工作具有重大影响的事项或交易属于重点关注过的领域，可能对注册会计师的总体审计策略产生重大影响，也可能被识别为特别风险。例如，在审计过程中的各个阶段，注册会计师可能已与管理层和治理层就重大关联方交易或超出实体正常经营过程之外的重大交易，或者在其他方面显得异常的交易对财务报表的影响进行大量讨论。管理层可能已就这些交易的确认、计量、列报或披露作出困难或复杂的判断，这些判断可能已对注册会计师的总体审计策略产生重大影响。经济、会计、法规、行业或其他方面的重大变化可能影响管理层的假设或判断，也可能影响注册会计师的总体审计方法，并导致某一事项需要重点关注。以上考虑可用图 3-5 列示。

（四）最为重要的事项

注册会计师应当从重点关注过的事项中，确定哪些事项对本期财务报表审

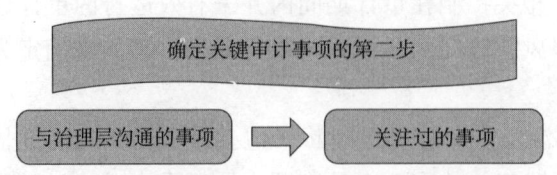

注册会计师考虑的因素：
(1) 评估的重大错报风险较高的领域或识别出的特别风险；
(2) 与财务报表中涉及重大管理层判断（包括被认为具有高度估计不确定性的会计估计）的领域相关的重大审计判断；
(3) 本期重大交易或事项对审计的影响。

图3-5　确定重点关注过的事项

计最为重要，从而构成关键审计事项。

注册会计师可能已就需要重点关注过的事项与治理层进行了较多互动。就这些事项与治理层进行沟通的性质和范围，通常能够表明哪些事项对审计而言最为重要。例如，对于较为困难和复杂的事项，注册会计师与治理层的互动可能更加深入、频繁或充分，这些事项（如重大会计政策的运用）构成重大注册会计师或管理层判断的对象。运用最为重要的事项这一概念，需要以实体和已执行的审计工作为背景。同样，注册会计师确定和沟通关键审计事项的目的在于识别出对审计工作特有的事项，并就这些事项相对于审计中其他事项的重要程度作出判断。

在确定某一与治理层沟通的事项的相对重要程度以及该事项是否构成关键审计事项时，下列考虑也可能是相关的：

（1）该事项对预期使用者理解财务报表整体的重要程度，尤其是对财务报表的重要性。判断事项对财务报表的重要性，要从以下三个方面进行考虑：一是对作出经济决策的影响。如果该事项出现错报（包括漏报）单独或汇总起来可能影响使用者依据财务报表作出的经济决策，则通常认为该事项是具有重要性。二是具体环境。对该事项重要性的判断是根据具体环境作出的，并受该事项的金额或性质的影响，或者受两者共同作用的影响。

（2）与该事项相关的会计政策的性质或者与同行业其他实体相比，管理层在选择适当的会计政策时涉及的复杂程度或主观程度。例如，资产、负债、收入或费用建立在非常复杂或主观会计政策（或会计估计）的基础上，涉及主观判断或不确定性，难以印证；管理层采用的会计政策或作出的会计估计使用大量假设和计算；有着不同解释的收入确认。

（3）从定性和定量方面考虑，与该事项相关的由于舞弊或错误导致的已更正错报和累积未更正错报（如有）的性质和重要程度。注册会计师在审计过程中发现的错报，属于错报风险较高的领域或特别风险所致。无论更正与否，从性质和金额考虑，只要是重大错报，就很可能成为关键审计事项。

（4）为应对该事项所需要付出的审计努力的性质和程度，包括为应对该事项而实施审计程序或评价这些审计程序的结果（如有）在多大程度上需要特殊的知识或技能，以及就该事项在项目组之外进行咨询的性质。

（5）在实施审计程序、评价实施审计程序的结果、获取相关和可靠的审计证据以作为发表审计意见的基础时，注册会计师遇到的困难的性质和严重程度，尤其是当注册会计师的判断变得更加主观时。

（6）识别出的与该事项相关的控制缺陷的严重程度。内部控制的缺陷包括重大缺陷、重要缺陷和一般缺陷。总体而言，识别出的与该事项相关的控制缺陷属于重大缺陷，则该事项很可能成为关键审计事项。

（7）该事项是否涉及数项可区分但又相互关联的审计考虑。例如，长期合同的收入确认、诉讼或其他或有事项等方面，可能需要重点关注，并且可能影响其他会计估计。以上考虑可用图 3 – 6 列示。

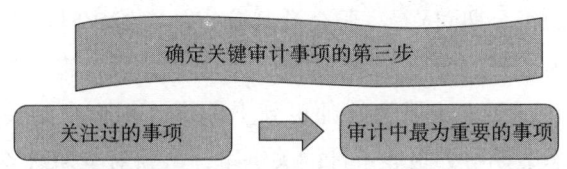

确定关键审计事项需要考虑的因素：
(1) 事项对预期使用者理解财务报表整体的重要程度；
(2) 事项所运用会计政策涉及的复杂程度或主观程度；
(3) 注册会计师付出的审计努力的性质和程度；
(4) 从定性和定量方面考虑，更正错误和累计未更正错报的性质和重要程度；
(5) 与该事项相关的控制缺陷的重要程度；
(6) 注册会计师执行审计工作遇到的困难的性质和严重程度；
(7) 事项是否涉及数项可区分但又相互关联的审计考虑。

图 3 – 6　确定审计中最为重要的事项

图 3 – 7 说明了重点关注过的事项和最为重要的事项之间的关系。

从需要重点关注过的事项中，确定哪些事项以及多少事项对本期财务报表审计最为重要属于职业判断问题。需要在审计报告中包含的关键审计事项的数

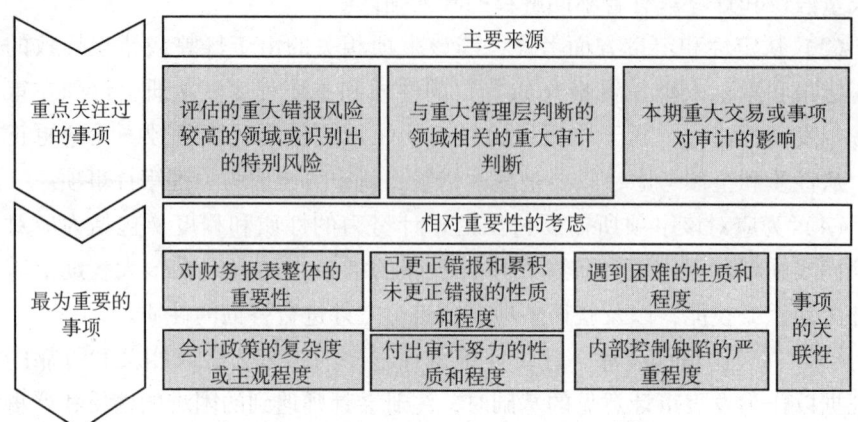

图3-7 重点关注过的事项和最为重要事项的关系

量可能受实体规模和复杂程度、业务和经营环境的性质,以及审计业务具体事实和情况的影响。总体来说,最初确定为关键审计事项的事项越多,注册会计师越需要重新考虑每一事项是否符合关键审计事项的定义。对关键审计事项作冗长的列举可能与这些事项是审计中最为重要的事项这一概念相抵触。

在比较财务报表中,即使已审计财务报表包含比较财务信息(即审计意见涉及财务报表列报的每个期间),注册会计师确定的关键审计事项仅限于对本期财务报表审计最为重要的事项。尽管注册会计师确定关键审计事项是为了本期财务报表审计,并不要求注册会计师更新上期审计报告中的关键审计事项,但注册会计师考虑上期财务报表审计的关键审计事项对本期财务报表审计而言是否仍为关键审计事项可能是有用的。

三、沟通关键审计事项

(一)在审计报告中单设关键审计事项部分

注册会计师应当在审计报告中单设一部分,以"关键审计事项"为标题,并在该部分使用恰当的子标题逐项描述关键审计事项。关键审计事项部分的引言应当同时说明下列事项:

"(1)关键审计事项是注册会计师根据职业判断,认为对本期财务报表审计最为重要的事项;

(2) 关键审计事项的应对以对财务报表整体进行审计并形成审计意见为背景，注册会计师对财务报表整体形成审计意见，而不对关键审计事项单独发表意见。"

单设关键审计事项部分并将其紧接在审计意见之后，能够突出这些信息，这是基于这样一种认识，即这些特定信息在财务报表预期使用者眼中具有价值。在关键审计事项部分列示每一事项的顺序属于职业判断问题。例如，这些信息可能以注册会计师所判断的相对重要程度来列示，也可能与事项在财务报表中的披露方式相对应。如果列报了比较财务信息，关键审计事项部分的引言需要作相应调整，以提醒所描述的关键审计事项仅与本期财务报表审计相关这一事实，还可以指明这些财务报表涵盖的具体期间（如20×1年度）。

参考格式3-2列示了在审计报告如何单设关键审计事项部分。

参考格式3-2　　　在审计报告设关键审计事项部分

审计报告

（前面要素省略）

（三）关键审计事项

关键审计事项是根据我们的职业判断，认为对本期财务报表审计最为重要的事项。这些事项是在对财务报表整体进行审计并形成意见的背景下进行处理的，我们不对这些事项提供单独的意见。

［按照《国际审计准则第701号——在审计报告中沟通关键审计事项》的规定描述每一关键审计事项。］

（后面要素省略）

（二）逐项描述关键审计事项

在审计报告的关键审计事项部分逐项描述关键审计事项时，注册会计师应当分别索引至财务报表的相关披露（如有），并同时说明下列内容：

(1) 该事项被认定为审计中最为重要的事项之一，因而被确定为关键审计事项的原因；

(2) 该事项在审计中是如何应对的。

1. 说明确定为关键事项的原因

关键审计事项描述的是否充分属于职业判断。对关键审计事项进行描述的目的在于提供一种简明、不偏颇的解释，以使预期使用者能够了解为何该事项是对审计最为重要的事项之一，以及这些事项是如何在审计中加以应对的。限制使用高度技术化的审计学术语也能够帮助那些不具备适当审计知识的预期使用者了解注册会计师在审计过程中关注特定事项的原因。注册会计师提供信息的性质和范围需要在相关方各自责任的背景下作出权衡（即注册会计师以一种简明且可理解的形式提供有用的信息，而不应成为实体原始信息的提供者）。

在描述关键审计事项时，注册会计师需要避免不恰当地提供与实体相关的原始信息。原始信息是指与实体相关、尚未由实体公布的信息（例如，未包含在财务报表中的信息，或者在审计报告日未获取的其他公开信息，或者未包含在管理层或治理层的其他口头或书面沟通中的信息，如财务信息的初步公告或投资者简报）。这些信息是实体管理层和治理层的责任。

对关键审计事项的描述通常不构成有关实体的原始信息，这是由于关键审计事项是在审计的背景下描述的。然而，注册会计师仍可能认为提供进一步信息用于解释为何该事项被认为对审计最为重要因而被确定为关键审计事项，以及这些事项如何在审计中加以应对是有必要的，除非法律法规禁止披露这些信息。如果确定这些信息是必要的，注册会计师可以鼓励管理层或治理层披露进一步的信息，而不是在审计报告中提供原始信息。

在审计过程中编制的审计工作底稿也能够帮助注册会计师形成对某项关键审计事项的描述。例如，与治理层之间的书面或口头沟通形成的记录以及其他审计工作底稿，能够为注册会计师在审计报告中的沟通提供有用的基础。这是因为，审计工作底稿旨在应对审计过程中出现的重大事项、就此形成的结论，以及在形成这些结论过程中作出的重大职业判断。审计工作底稿记录了已实施审计程序的性质、时间安排和范围，实施审计程序的结果，以及获取的审计证据。这种审计工作底稿可以帮助注册会计师形成对关键审计事项的描述，并在描述中解释该事项的重要程度。

在描述关键审计事项时，如可能，应当索引至财务报表中对该事项的披露。对关键审计事项的描述不是对财务报表披露内容的简单重复。然而，对相关披露的索引能够使预期使用者进一步了解管理层在编制财务报表时如何应对这些事项。除索引至相关披露外，注册会计师还可以提请使用者注意这些披露的关键方面。管理层对影响本期财务报表的某一特定事项的具体方面或因素的披露程度，可能帮助注册会计师准确描述这类事项是如何在审计中加以应对的，从而使得预期使用者能够了解为何该事项构成关键审计事项。例如：

（1）如果实体对会计估计披露到位，为了说明某事项为何是审计中最为重要的事项之一以及审计中是如何应对该事项的，注册会计师可以提请使用者关注对关键假设、可能结果的区间，以及与估计不确定性的主要来源或关键会计估计相关的其他定性和定量方面的披露。

（2）如果注册会计师根据《国际审计准则第570号——持续经营》（修订）的规定，认为可能导致对实体持续经营能力产生重大疑虑的事项或情况不存在重大不确定性，注册会计师仍可能确定在按照该准则的规定执行审计工作得出结论时，与该结论相关的一项或多项事项构成关键审计事项。在这些情况下，注册会计师在审计报告中对这些关键审计事项的描述可能包括财务报表中披露的、已识别出的事项或情况，如重大经营亏损、可获得的借款安排和潜在的债务重组，或者违反贷款协议及相关缓解因素。

在确定对关键审计事项的描述需要包含的信息时，注册会计师需要考虑该信息对预期使用者的相关性。这可能包括相关描述是否能够有助于更好地了解审计工作和注册会计师的判断。将某事项与实体的特定情况紧密相扣，也可能有助于最大程度上降低这种描述随着时间的推移而变得过于标准化和无用的可能性。例如，对于某一特定行业的多个实体，由于该行业的特定情况或该行业财务报告的复杂程度，某些事项可能被确定为关键审计事项。注册会计师在描述为何认为该事项是最为重要的事项之一时，强调实体的特定方面（例如，影响本期财务报表中作出的判断的情形）以使这种描述对预期使用者而言更为相关。在描述关键审计事项时，可以提及注册会计师根据审计的具体情况将某一事项确定为最为重要的事项之一时作出的主要考虑，例如：

（1）影响注册会计师获取审计证据能力的经济状况，如某些金融工具的市场缺乏流动性。

（2）新的或实务中新出现的会计政策，如项目组在会计师事务所内部咨询的实体特有的或行业特有的事项。

（3）对财务报表具有重大影响的实体战略或经营模式发生变化。

参考格式3-3列示了在审计报告如何逐项描述关键审计事项。

参考格式 3-3　　　在审计报告描述关键审计事项

> # 审计报告
>
> （前面要素省略）
>
> **（三）关键审计事项**
>
> 关键审计事项是根据我们的职业判断，认为对本期财务报表审计最为重要的事项。这些事项是在对财务报表整体进行审计并形成意见的背景下进行处理的，我们不对这些事项提供单独的意见。
>
> 1. 事项描述——投资性房地产的估值
>
> 相关信息披露详见财务报表附注×。贵公司对投资性房地产采用公允价值进行后续计量。截至201×年12月31日，管理层对贵公司持有的投资性房地产估计的公允价值为×万元，并在合并利润表中确认了×万元的公允价值变动损益。为评估这些投资性房地产截至201×年12月31日的公允价值，贵公司聘请了外部独立评估机构执行相关评估工作并出具评估报告。由于其评估结果依赖于对包括折现率和公允市场租金等关键假设所作出的重大判断，因此构成关键审计事项。从年初以来，评估中所使用的折现率并未发生重大变化，投资性房地产公允价值的增加主要是因为公允市场租金的上升所引起。
>
> （后面要素省略）

2. 说明关键审计事项在审计中如何应对

在审计报告中描述一项关键审计事项在审计中如何应对时，描述的详细程度属于职业判断问题。注册会计师可以描述下列要素：

（1）审计应对措施或审计方法中，与该事项最为相关或对评估的重大错报风险最有针对性的方面；

（2）对已实施审计程序的简要概述；

（3）实施审计程序的结果；

（4）对该事项作出的主要看法。

为使预期使用者能够理解关键审计事项在对财务报表整体进行审计的背景下的重要程度，以及关键审计事项和审计报告其他要素（包括审计意见）之间的关系，注册会计师可能需要注意用于描述关键审计事项的语言，使之：

(1) 不暗示注册会计师在对财务报表形成审计意见时尚未恰当解决该事项；
(2) 将该事项与实体的具体情形紧密相扣，避免使用通用或标准化的语言；
(3) 考虑该事项在相关财务报表披露（如有）中是如何处理的；
(4) 不包含或暗示对财务报表单一要素单独发表的意见。

描述注册会计师对某一事项的应对措施或审计方法的某些方面，尤其是当审计方法需要根据实体的事实和情况定制时，可能有助于预期使用者了解异常情况以及注册会计师用于应对重大错报风险的重大职业判断。此外，某一特殊时期的审计方法可能受实体特定情况、经济状况或行业发展的影响。注册会计师提及与治理层就该事项进行沟通的性质和范围也可能是有用的。例如，在描述对某项被认为具有高度估计不确定性的会计估计（如复杂金融工具的估值）采用的审计方法时，注册会计师可能希望强调其雇用或聘请了注册会计师的专家。当然，提及利用专家的工作并不减轻注册会计师对财务报表发表审计意见的责任。

描述审计程序可能存在挑战，尤其是在较为复杂、判断性较强的审计领域。特别地，简明扼要地汇总已实施的审计程序，以充分地沟通注册会计师对评估的重大错报风险采取的应对措施以及所涉及的重大注册会计师判断可能是困难的。尽管如此，注册会计师可能认为有必要描述已实施的特定程序，以沟通该事项在审计中是如何应对的。这种描述通常可能是高度概括的，而非包含对程序的详细描述。

注册会计师在审计报告中描述关键审计事项时，也可能指出注册会计师采取的应对措施的结果。然而，如果这样做，注册会计师需要避免留下这种描述是针对单一关键审计事项发表单独意见的印象，也需要避免使预期使用者对财务报表整体的审计意见产生疑问。

参考格式3-4列示了关键审计事项在审计中如何应对项。

参考格式3-4　　　关键审计事项在审计中如何应对

审计报告

（前面要素省略）
（三）关键审计事项
关键审计事项是根据我们的职业判断，认为对本期财务报表审计最为重要的事项。这些事项是在对财务报表整体进行审计并形成意见的背景下进行处理的，我们不对这些事项提供单独的意见。

1. 事项描述——投资性房地产的估值

相关信息披露详见财务报表附注×。贵公司对投资性房地产采用公允价值进行后续计量。截至201×年12月31日，管理层对贵公司持有的投资性房地产估计的公允价值为×万元，并在合并利润表中确认了×万元的公允价值变动损益。为评估这些投资性房地产截至201×年12月31日的公允价值，贵公司聘请了外部独立评估机构执行相关评估工作并出具评估报告。由于其评估结果依赖于对包括折现率和公允市场租金等关键假设所作出的重大判断，因此构成关键审计事项。从年初以来，评估中所使用的折现率并未发生重大变化，投资性房地产公允价值的增加主要是因为公允市场租金的上升所引起。

2. 实施的审计程序

我们对投资性房地产的估值实施了如下的审计程序：

（1）对外部独立评估机构的胜任能力和客观性进行了评估；

（2）基于我们对相关行业的了解以及利用我们的评估专家，对采用的估值方法进行了评估，并且评估了关键假设的恰当性；

（3）在抽样的基础上，检查了所使用数据的准确性和相关性。

3. 实施审计程序的结果

基于实施的审计程序，我们断定，相关关键假设与所获取的证据相印证，公允市场租金与最近的租金和折现率相印证，并与我们的预期相符。相关信息在财务报表附注×中所作出的披露是适当的。

（后面要素省略）

图3-8列示了沟通关键审计事项的思路。

四、不在审计报告中沟通关键审计事项的情形

存在下列情形之一，注册会计师不应在审计报告中描述该项关键审计事项：

（1）法律法规禁止公开披露某事项。法律法规可能禁止管理层或注册会计师公开披露某一被确定为关键审计事项的事项。例如，法律法规可能明确禁

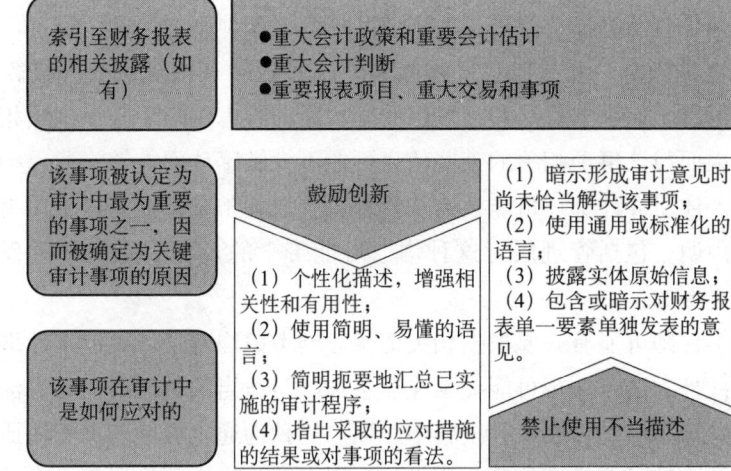

图 3-8 沟通关键审计事项的思路

止任何可能损害适当机构对某项违法行为或疑似违法行为（如与洗钱相关或似乎与洗钱相关的行为）进行调查的公开披露。

（2）在极少数情形下，如果合理预期在审计报告中沟通某事项造成的负面后果超过在公众利益方面产生的益处，不应在审计报告中沟通该事项。如果实体已公开披露与该事项有关的信息，则该项规定不适用。不在审计报告中沟通某项关键审计事项的情形极其罕见。这是因为，为预期使用者提高审计的透明度被视为是符合公众利益的。因此，仅当这种沟通对实体或公众带来的负面后果被认为非常严重以至于能够被合理预期超过沟通这些事项所带来的公众利益时，不沟通关键审计事项的判断才是适当的。

确定不沟通某项关键审计事项，需要考虑与该事项相关的事实和情形。与管理层和治理层沟通有助于注册会计师了解管理层对沟通某一事项可能导致的负面后果的严重程度的看法。尤其是，与管理层和治理层进行沟通能够在下列方面有助于注册会计师确定是否沟通该事项：

（1）帮助注册会计师了解实体未公开披露该事项的原因（例如，法律法规或特定财务报告框架允许延迟披露或不披露该事项）以及管理层对披露所带来的负面后果（如有）的看法。管理层可能提请注册会计师注意法律法规或其他权威来源中可能与考虑负面后果相关的某些方面（例如，这些方面可能涉及对实体的商业谈判或竞争地位造成的损害）。

（2）强调是否已就该事项与适当的执法或监管者进行沟通，尤其是这些沟通看起来是否能够支持管理层关于公开披露该事项不适当的认定。

（3）在适当时，使注册会计师能够鼓励管理层和治理层公开披露与该事项相关的信息。如果管理层和治理层关于沟通的顾虑仅限于与该事项相关的特定方面，因而与该事项相关的某些信息可能不太敏感从而能够沟通，则这尤其成为可能。注册会计师还可能认为从管理层获取关于公开披露该事项为何不适当的书面声明，包括管理层对这种沟通可能带来的负面后果的严重程度的看法，是有必要的。

注册会计师可能有必要根据相关道德守则考虑沟通某一关键审计事项带来的后果。此外，法律法规可能要求注册会计师与适当的执法或监管者沟通该事项，而无论该事项是否在审计报告中沟通。这种沟通也可能有助于注册会计师考虑沟通该事项可能带来的负面后果。注册会计师决定不沟通某一事项所需要进行的考虑是复杂的，包含重大职业判断。因此，注册会计师可能认为获取法律建议是适当的。

五、关键审计事项、审计意见、审计报告其他要素之间的关系

在审计报告中沟通关键审计事项以注册会计师已就财务报表整体形成审计意见为背景。在审计报告中沟通关键审计事项不能代替下列事项：

（1）管理层按照适用的财务报告框架在财务报表中作出的披露，或者为使财务报表实现公允反映而作出的披露（如适用）；

（2）注册会计师按照《国际审计准则第705号——在审计报告中发表非无保留意见》（修订）的规定，根据审计业务的具体情况发表非无保留意见；

（3）当可能导致对实体持续经营能力产生重大疑虑的事项或情况存在重大不确定性时，注册会计师按照《国际审计准则第570号——持续经营》（修订）的规定进行报告。

根据第705号准则（修订）的规定导致非无保留意见的事项，或者根据第570号准则（修订）的规定可能导致对实体持续经营能力产生重大疑虑的事项或情况存在重大不确定性，就其性质而言都属于关键审计事项。然而，这些事项不得在审计报告的关键审计事项部分进行描述。注册会计师应当按照适用的审计准则的规定报告这些事项，并在关键审计事项部分提及"形成保留

（否定）意见的基础"部分或"与持续经营相关的重大不确定性"部分。如果注册会计师根据实体和审计业务的具体事实和情况，确定不存在需要沟通的关键审计事项，注册会计师应当在审计报告中单设的关键审计事项部分对此进行说明。

沟通关键审计事项并不代替适用的财务报告框架要求管理层在财务报表中作出的披露或为实现财务报表的公允反映而需要作出的披露。当注册会计师按照第705号准则（修订）的规定发表保留意见或否定意见时，在"形成保留（否定）意见的基础"部分描述导致非无保留意见的事项有助于预期使用者了解这些事项并在其发生时能够加以识别。因此，将这些事项与"关键审计事项"部分描述的其他关键审计事项区分开来单独沟通，能够使其在审计报告中得以适当地突出显示。当注册会计师发表保留意见或否定意见并在审计报告中沟通其他关键审计事项时，"关键审计事项"部分的引言将受到影响。例如：除"形成保留意见的基础"部分所述事项外，我们确定下列事项是需要在审计报告中沟通的关键审计事项；除"形成否定意见的基础"部分所述事项外，我们确定下列事项是需要在审计报告中沟通的关键审计事项。

确定关键审计事项涉及对需要重点关注过的事项的相对重要程度作出判断。因此，对上市实体整套通用目的财务报表进行审计的注册会计师，确定与治理层沟通的事项中不存在任何一项需要在审计报告中沟通的关键审计事项，可能是罕见的。然而，在某些有限的情况下（如某上市实体的经营业务非常有限），注册会计师可能确定不存在需要重点关注过的事项，即不存在关键审计事项。

参考格式3-5列示了当注册会计师确定除审计报告"形成保留（否定）意见的基础"部分或"与持续经营有关的重大不确定性"部分说明的事项外，不存在其他需要在审计报告中沟通的关键审计事项时，"关键审计事项"部分如何进行说明。

参考格式3-5　不存在其他需要在审计报告中沟通的关键审计事项

审计报告

（前面要素省略）

（三）关键审计事项

关键审计事项是根据我们的职业判断，认为对本期财务报表审计最为重

> 要的事项。这些事项是在对财务报表整体进行审计并形成意见的背景下进行处理的，我们不对这些事项提供单独的意见。
>
> （如果注册会计师确定不存在需要沟通的关键审计事项，可以在审计报告中作如下表述）：
>
> 除"形成保留（否定）意见的基础"部分或"与持续经营相关的重大不确定性"部分所描述的事项外，我们确定不存在其他需要在我们的报告中沟通的关键审计事项。
>
> 或者：
>
> 我们确定不存在需要在我们的报告中沟通的关键审计事项。

如果注册会计师对财务报表发表保留意见或否定意见，沟通其他关键审计事项仍将有助于增强预期使用者对审计工作的了解，因而，确定关键审计事项的要求仍然适用。然而，由于否定意见是在注册会计师得出结论认为错报单独或汇总起来对财务报表产生的影响重大且具有广泛性时发表的，因此：(1) 根据导致否定意见的事项的重要程度，注册会计师可能确定不存在其他关键审计事项。(2) 如果除导致否定意见的事项外，还存在一项或多项其他事项被确定为关键审计事项，鉴于否定意见，对这些其他关键审计事项的描述则不要暗示财务报表整体在这些事项方面比原本应当给予的可靠性更加可靠，这一点非常重要。

注册会计师在认为必要时可以在审计报告中增加强调事项段和其他事项段。通过这种方式，该审计准则为从事所有实体财务报表审计的注册会计师建立了在审计报告中进行进一步沟通的机制。在这些情况下，强调事项段或其他事项段需要在审计报告中与"关键审计事项"部分分开列示。如果某事项被确定为关键审计事项，则强调事项段或其他事项段的使用并不能代替对该关键审计事项的描述。

六、与治理层沟通

注册会计师应当就下列事项与治理层沟通：

(1) 注册会计师确定的关键审计事项；

(2) 根据实体和审计业务的具体事实和情况，注册会计师确定不存在需要在审计报告中沟通的关键审计事项（如适用）。

沟通关键审计事项的适当时间安排随业务具体情况的不同而不同。然而，注册会计师可以在讨论审计的计划范围和时间安排时对关键审计事项的初步看法进行沟通，也可以在沟通审计发现时进一步讨论这些事项。这样做有助于缓解在财务报表即将完成以供发布时才试图就关键审计事项进行充分的双向对话可能面临的实际挑战。

与治理层沟通能够使治理层注意到注册会计师拟在审计报告中沟通的关键审计事项，并给他们提供在必要时进一步澄清的机会。注册会计师可能认为这对向治理层提供审计报告草案以方便这一讨论是有帮助的。与治理层沟通是基于这种认识，即治理层在监督财务报告过程中担当重要角色。与治理层沟通能够给治理层提供机会，使他们能够了解注册会计师就关键审计事项作出审计决策的基础以及这些事项将如何在审计报告中被描述。这也能够使治理层考虑鉴于这些事项将在审计报告中进行沟通，作出新的披露或提高披露质量是否有用。

七、审计工作底稿

注册会计师应当在审计工作底稿中记录下列事项：

（1）注册会计师确定的在执行审计工作时重点关注过的事项，以及针对每一事项，是否将其确定为关键审计事项及其理由；

（2）注册会计师确定不存在需要在审计报告中沟通的关键审计事项的理由，或者仅有的需要沟通的关键审计事项是非无保留意见事项或持续经营重大不确定性事项（如适用）；

（3）注册会计师确定不在审计报告中沟通某项关键审计事项的理由（如适用）。

注册会计师编制的审计工作底稿，应当使未曾接触该项审计工作的有经验的专业人士清楚了解重大职业判断。就关键审计事项而言，这些职业判断包括从与治理层沟通的事项中确定重点关注过的事项，以及这些事项中的每一项是否构成关键审计事项。注册会计师对此作出的判断很可能能够通过对与治理层沟通形成的工作底稿、与每个事项相关的工作底稿，以及对审计中发生的重大事项形成的其他工作底稿（如工作完成备忘录）来支持。注册会计师在确定关键审计事项时需要使用的工作底稿见参考格式3-6。

参考格式 3-6   关键审计事项工作底稿

该事项是否是在执行审计工作中重点关注过的事项	是否与治理层沟通过（索引相关沟通记录）	该事项是否是对本期财务报表审计最为重要的事项，因而构成关键审计事项（是/否）		对于确定为关键审计事项的事项，是否在审计报告中沟通	
		是，说明该事项对审计最为重要的理由	否，说明不作为关键审计事项的理由	是/否	如不沟通，说明不沟通的理由
一、评估的重大错报风险较高的领域或识别出的特别风险					
特别风险1——收入确认的舞弊风险	是				
特别风险2——套期工具会计处理	是				
特别风险3——×	是				
较高重大错报风险1——×					
较高重大错报风险2——×					
二、与财务报表中涉及重大管理层判断的领域相关的重大审计判断					
（一）具有高度估计不确定性的会计估计					
商誉减值					
××××					
（二）其他重大管理层判断和重大审计判断					
××××					
××××					
三、本期重大交易或事项对审计的影响					
四、其他与治理层沟通过的、需要重点关注的事项					

八、关键审计事项列示方式

关键审计事项有不同的列示方式，注册会计师可以根据具体情况自行确定。参考格式3-7至参考格式3-9列举了顺序叙述式的关键审计事项列示方式，参考格式3-10至参考格式3-11列举了左右对称式关键审计事项的列示方式。

参考格式3-7　　　　关键审计事项——收入确认

相关信息披露详见财务报表附注×。
（一）事项描述
贵公司产品销售方式分为直销和经销。201×年度，贵公司经销模式下确认的营业收入金额为×万元，占营业收入总额的×%。

通常来讲，经销模式分为买断和代理。这两种模式收入确认的时点存在差别。区分两种经销模式主要是根据经销协议的约定来判断商品所有权上的主要风险及报酬何时转移。

贵公司产品销售的经销模式为买断模式。在买断模式下，公司可能通过一定的舞弊手段，控制和影响经销商囤积不合理存货，以达到调节收入的目的。

因此，在经销商模式下，收入确认存在的舞弊风险较高。
（二）实施的审计程序
我们了解并评估了有关收入循环的关键内部控制的设计和执行；

我们获取了公司与经销商签订的经销协议，对合同关键条款进行检查，如发货及验收、付款及结算、换货及退货政策等；

我们通过查询经销商的工商资料，询问公司相关人员，以确认经销商与公司是否存在关联关系；

询问公司销售人员并走访主要经销商，了解经销商的变动情况，了解双方的合同执行情况、经销商的合理库存、终端销售情况等，是否存在货物虽存放于经销商但产品仍由公司控制的情况；

我们获取了公司供应链系统中退换货的记录并进行检查，确认是否存在影响收入确认的重大异常退换货情况。

结合其他收入审计程序确认当期收入的真实性及完整性，如（1）检查公司与经销商的合同、购货订单、发货单据、运输单据、记账凭证、回款单据、定期对账函等资料;(2)向经销商函证款项余额及当期销售额。

(三)实施审计程序的结果

我们在上述测试中未发现重大不符事项,相关信息在财务报表附注×中所作出的披露是适当的。

参考格式3-8　　关键审计事项——研发费用资本化

相关信息披露详见财务报表附注×。

(一)事项描述

公司开发了大量的系统运行软件以及业务相关技术,并正在进一步开发其他技术以提高效率和产能。本年度,公司资本化的研发费用为X万元。

由于资本化的研发费用金额较大,且评估其是否达到国际财务报告准则规定的资本化标准涉及重大的管理层判断(特别是以下领域),因此该领域是关键审计事项。

1. 项目的技术可行性;

2. 项目产生足够未来经济利益的可能性。

我们尤其注意到公司目前正在投资开发新技术以满足其未来发展的需要,因此我们重点关注了这些在建项目的未来经济利益是否能够支撑资本化金额,这些项目包括:

1. 为提高公司开发、运营和拓展能力重建其技术平台的项目,如能够投入使用,其经济利益需要在较长的期限内实现,因此涉及更多判断;

2. 由于某些开发技术的创新性而使其未来经济利益涉及重大判断的项目。

鉴于新软件和系统的开发,我们也关注了已经资本化的现有软件及系统的账面余额是否发生减值。

(二)实施的审计程序及结果

我们获取了本年度资本化的研发费用的明细表,并将其调节至总账中记录的金额,未发现重大异常。

我们测试了资本化金额超过×万元的所有项目和剩余样本中抽取的金额较小的项目,具体如下:

1. 我们收集了管理层就这些项目进行资本化的原因作出的解释,包括项目的技术可行性以及项目产生足够未来经济利益的可能性等方面。我们还与负责各选定项目的项目开发经理进行访谈,以印证上述解释并了解具体项目,从而使我们能够独立评估这些项目是否满足国际财务报告准则规定的资本化条件。我们发现项目经理给出的解释与我们从管理层获得的解释,以及我们对业务发展的理解一致,并认可管理层得出的这些支出满足资本化条件的评价。

2. 我们询问了管理层及相关项目经理,新软件和系统的开发是否代替了资产负债表中任何现有资产或使其减值。除财务报表附注×所披露的×万元的减值准备外,我们未发现进一步的减值迹象。我们还根据我们对于新建项目及现有项目的了解,考虑是否存在任何项目中的软件因受开发活动的影响而停止使用或减少使用年限。我们未发现重大异常。

3. 为确定支出是否可直接归属于各个项目,我们获取了单个项目耗用工时的清单,抽查了项目记录的某些工时数,并与相关项目经理讨论以了解项目,确认所测试的员工确实参与了项目,并确定这些员工所执行工作的性质。我们通过将耗用工时清单中某位员工的总工时数与其标准费率相乘来确认记录的工时工资与资本化的金额相一致。

4. 我们还按照相当于公司技术开发小组平均工资的每小时费率对上述的标准小时费率进行了调节。我们认为所用费率能恰当反映内部开发员工的薪酬水平,未发现重大异常。

参考格式 3-9　　关键审计事项——套期工具会计处理

相关信息披露详见财务报表附注×。

(一) 事项描述

为了应对正常经营过程中的燃油价格风险、外汇风险和利率风险敞口,集团签订了一些衍生金融工具合同。截至 20×1 年 12 月 31 日,这些合同导致财务报表确认了×万元的衍生金融资产和×万元的衍生金融负债。这些衍生金融工具合同大部分作为有效的套期工具,适用于国际财务报告准则的套期会计处理。

由于国际财务报告准则规定的套期会计处理是一个复杂的领域,且集团签订的衍生金融工具合同的金额重大,集团需要复杂的系统来记录和跟踪这些合同并在资产负债表日对套期有效性进行评价,因此我们认为套期会计处理是关键审计事项。由于套期有效性评估（包括对套期工具的估值）的复杂程度以及所涉及的重大管理层判断，从而导致错报的风险较高。

（二）实施的审计程序

我们的团队包含了金融工具估值的专家，我们的审计程序包括测试管理层对衍生金融工具的相关控制和了解相关套期工具的会计处理，以及在抽样基础上的实质性审计程序。

我们检查了管理层关于套期关系、风险管理目标和套期策略的正式书面文件，以及对衍生金融工具的记录和相关的合同，以考虑相关会计处理是否符合国际财务报告准则的规定。

我们重新执行了资产负债表日套期有效性的评价（包括对套期工具估值）。同时，我们取得了资产负债表日仍然有效的衍生金融工具合同交易对方的确认函。

（三）实施审计程序的结果

基于获取的证据，我们断定，管理层对套期有效性的评价（包括对套期工具的估值）是合理的，相关信息在财务报表附注×中所作出的披露是适当的。

参考格式 3-10 关键审计事项——油气资产账面价值的可收回性

关键审计事项	我们在审计中如何应对关键审计事项
参见财务报表附注 13"固定资产"。 于 2016 年 12 月 31 日，油气资产的账面价值为人民币 2151.24 亿元。 低迷的原油价格提示 2016 年 12 月 31 日的油气资产账面价值可能存在减值迹象。中国石化以预计未来现金流量的现值计算确定油气资产的可收回金额，其中涉及的关键估计或假设包括： ——未来原油价格； ——未来产量；	在审计相关油气资产的预计未来现金流量的现值时，我们对管理层编制的预计未来现金流量现值的模型（"现金流模型"）实施了以下主要审计程序： ● 评价并测试了与编制油气资产现金流量现值预测相关的关键控制。 ● 将中国石化在现金流模型中采用的未来原油价格与一系列知名机构公布的原油预测价格进行了比较。 ● 将现金流模型中采用的未来原油产量与经中国石化储量委员会批准的油气储量评估报告中的相关未来产量进行了比较。评估了参与油气储量评估的管理层专家的胜任能力、专业素养及客观性。通过参考历史数据、管理层预算和/或权威行业数据，评估了与油气储量评估相关的关键估计或假设。 ● 将现金流模型中采用的未来生产成本与中国石化的历史生产成本或相关预算进行比较。 ● 对折现率作出了独立的区间估计，发现管理层采用的

第三章 加强版审计报告准则的运用 145

关键审计事项	我们在审计中如何应对关键审计事项
——未来生产成本； ——折现率。 　　由于 2016 年 12 月 31 日油气资产账面价值金额重大，且管理层在确定油气资产预计未来现金流量的现值时运用了估计或假设，因此，我们在审计中重点关注了该事项。	折现率在此区间内。 　　● 选取了现金流模型中的其他关键输入数据，例如天然气价格和产量，并将其与中国石化的历史数据和/或相关预算进行比较。 　　● 评估了现金流模型编制方法的恰当性，并测试了其数据计算的准确性。 　　● 评价了中国石化编制的敏感性分析，并评估了一系列可能结果的潜在影响。 　　基于所执行的工作，我们发现管理层在现金流模型中采用的关键假设和使用的数据得到了证据支持且与我们的预期相符。

注：摘自普华永道中天对中国石化 2016 年财务报表出具的报告。

参考格式 3－11　　关键审计事项——为酒店物业减值测试

关键审计事项	我们在审计中如何应对关键审计事项
请参阅财务报表附注。 　　北辰实业运营一家位于湖南省长沙市的酒店，于 2016 年 12 月 31 日，该酒店物业账面价值为人民币 1 050 836 900 元（其中土地使用权为人民币 255 975 673 元、房屋建筑物为人民币 794 861 227 元）。该酒店于 2014 年 10 月开业至今持续亏损，且由于 2016 年及最近的将来新开业酒店数量增加，其面临的市场竞争压力加剧。于 2016 年 12 月 31 日，管理层对该酒店物业进行了减值测试，依据测试结果，无须确认减值损失。 　　管理层根据该酒店物业公允价值减去处置费用后的净额估计其可收回金额。公允价值是以北辰实业管理层所聘请的独立专业评估师（以下称"评估师"）所进行的评估工作而确定的。处置费用主要包括与处置相关的税费。 　　评估师采用现金流量折现法对该酒店物业进行评估，评估中所采用的关键假设包括预计入住率、预计平均房价及折现率。该关键假设受当时市场状况影响并考虑该酒店物业的特点状况予以调整。 　　我们关注该事项，主要是考虑到减值测试中的关键假设涉及重大判断及估计。	我们对评估师的专业胜任能力、专业素质和客观性进行了评价。 　　我们取得并阅读了评估报告，并与评估师进行了讨论，以了解其评估方法及关键假设。我们的内部评估专家通过形成独立的市场预期协助我们对评估师所采用的评估方法及关键假设包括预计入住率、预计平均房价及折现率的合理性进行了评估。 　　根据相关的税收规定，我们通过重新计算的方法对管理层采用的与处置相关的税费的合理性进行了评估。 　　基于上述工作结果，我们发现相关证据能够支持管理层关于该酒店物业减值测试的判断及估计。

注：摘自普华永道中天对北京北辰实业 2016 年财务报表出具的报告。

第三节 持续经营

一、与持续经营相关的重大不确定性

《国际审计准则第 570 号——持续经营》（修订）规定了注册会计师对持续经营审计的目标：

（1）就管理层编制财务报表时运用持续经营会计基础的适当性，获取充分、适当的审计证据，并得出结论；

（2）根据获取的审计证据，就可能导致对实体持续经营能力产生重大疑虑的事项或情况是否存在重大不确定性得出结论；

（3）按照准则的规定出具审计报告。

因此，就可能导致对实体持续经营能力产生重大疑虑的事项或情况（单独或汇总起来）是否存在重大不确定性得出结论，是注册会计师的一项重要工作。鉴于不确定性潜在影响的重要程度和发生的可能性，为了使财务报表实现公允反映，管理层有必要适当披露该不确定性的性质和影响。无论适用的财务报告框架是否或如何定义重大不确定性，均要求注册会计师对是否存在重大不确定性得出结论。

如果认为管理层运用持续经营会计基础适合具体情况，但存在重大不确定性，注册会计师应当确定：

（1）财务报表是否已充分披露可能导致对持续经营能力产生重大疑虑的主要事项或情况，以及管理层针对这些事项或情况的应对计划；

（2）财务报表是否已清楚披露可能导致对持续经营能力产生重大疑虑的事项或情况存在重大不确定性，并由此导致实体可能无法在正常的经营过程中变现资产和清偿债务。

如果已识别出可能导致对实体持续经营能力产生重大疑虑的事项或情况，但根据获取的审计证据，注册会计师认为不存在重大不确定性，则注册会计师应当根据适用的财务报告框架的规定，评价财务报表是否对这些事项或情况作出充分披露。即使不存在重大不确定性，注册会计师应当根据适用的财务报告框架的规定，评价财务报表是否充分披露了可能导致对实体持续

经营能力产生重大疑虑的事项或情况。某些财务报告框架可能针对有关下列方面的披露作出规定，例如，主要事项或情况，管理层对与实体履行义务能力相关的事项或情况的重要程度作出的评价，管理层为减轻这些事项或情况影响而作出的应对计划，管理层在评估实体持续经营能力时作出的重要判断。

注册会计师对财务报表是否实现公允反映作出的评价包括对财务报表的整体列报、结构和内容的考虑，以及财务报表包括相关附注是否按照实现公允反映的方式描述了相关交易和事项。根据事实和情况，注册会计师可能确定财务报表为实现公允反映而作出额外披露是必要的。例如，当识别出可能导致对实体持续经营能力产生重大疑虑的事项或情况，但根据获取的审计证据，注册会计师认为不存在重大不确定性，且适用的财务报告框架未针对该具体情况提出明确的披露要求时，注册会计师可能认为额外披露是必要的。

二、对审计报告的影响

（一）运用持续经营会计基础是不适当的

如果财务报表基于持续经营会计基础编制，而注册会计师运用职业判断认为管理层在编制财务报表时运用持续经营会计基础是不适当的，则无论财务报表对管理层运用持续经营会计基础的不适当性是否作出披露，注册会计师均应发表否定意见。

如果在具体情况下运用持续经营会计基础是不适当的，管理层可能被要求或自愿选择按照其他会计基础（如清算基础）编制财务报表。注册会计师可以对财务报表进行审计，前提是注册会计师确定其他会计基础在具体情况下是可接受的。如果对编制财务报表会计基础已作出充分披露，注册会计师可以对这些财务报表发表无保留意见，但可能认为按照《国际审计准则第706号——在审计报告中增加强调事项段和其他事项段》（修订）的规定在审计报告中增加强调事项段是适当或必要的，以提醒使用者注意其他会计基础及其使用理由。

参考格式3-12列示了实体编制财务报表时运用持续经营会计基础不适当，注册会计师出具的否定意见的审计报告。

参考格式 3–12　　编制财务报表时运用持续经营会计基础不适当，
　　　　　　　　　注册会计师出具的否定意见的审计报告

审计报告

ABC 股份有限公司全体股东：

一、对合并财务报表出具的审计报告

（一）否定意见

我们审计了 ABC 股份有限公司及其子公司（以下简称 ABC 集团）的合并财务报表，包括 20×1 年 12 月 31 日的合并资产负债表，20×1 年度的合并利润表、合并现金流量表、合并股东权益变动表以及合并财务报表附注（包括重大会计政策和会计估计）。

我们认为，由于"形成否定意见的基础"部分所述事项的重要性，后附的 ABC 集团合并财务报表没有在所有重大方面按照国际财务报告准则的规定编制，未能公允反映 ABC 集团 20×1 年 12 月 31 日的合并财务状况以及 20×1 年度的合并经营成果和合并现金流量。

（二）形成否定意见的基础

如财务报表附注×所述，ABC 集团财务报表基于持续经营会计基础编制，但我们运用职业判断认为管理层在编制财务报表时运用持续经营会计基础是不适当的。

我们按照国际审计准则的规定执行了审计工作。审计报告的"注册会计师对合并财务报表审计的责任"部分进一步阐述了我们在这些准则下的责任。按照国际职业会计师道德守则，我们独立于 ABC 集团，并履行了职业道德方面的其他责任。我们相信，我们获取的审计证据是充分、适当的，为发表否定意见提供了基础。

（三）关键审计事项

关键审计事项是根据我们的职业判断，认为对本期财务报表审计最为重要的事项。这些事项是在对财务报表整体进行审计并形成意见的背景下进行处理的，我们不对这些事项提供单独的意见。除"形成否定意见的基础"部分所述事项外，我们认为，没有其他需要在我们的报告中沟通的关键审计事项。

（后面要素省略）

(二) 运用持续经营会计基础是适当的，但存在重大不确定性

1. 财务报表对重大不确定性已作出充分披露

如果运用持续经营会计基础是适当的，但存在重大不确定性，且财务报表对重大不确定性已作出充分披露，注册会计师应当发表无保留意见，并在审计报告中增加以"与持续经营相关的重大不确定性"为标题的单独部分，以提醒使用者关注财务报表附注中对所述事项的披露；说明这些事项或情况表明存在可能导致对实体持续经营能力产生重大疑虑的重大不确定性，并说明该事项并不影响发表的审计意见。

参考格式3-13列示了当注册会计师确定存在重大不确定性，且财务报表已作出充分披露时，发表无保留意见。

参考格式3-13　　当注册会计师确定存在重大不确定性，且财务报表已作出充分披露时，出具无保留意见的审计报告

审计报告

ABC股份有限公司全体股东：

一、对财务报表出具的审计报告

（一）审计意见

我们审计了ABC股份有限公司（以下简称ABC公司）财务报表，包括20×1年12月31日的资产负债表、20×1年度的利润表、现金流量表、股东权益变动表以及财务报表附注（包括重大会计政策和会计估计）。

我们认为，后附的财务报表在所有重大方面按照国际财务报告准则的规定编制，公允反映了ABC公司20×1年12月31日的财务状况以及20×1年度的经营成果和现金流量。

（二）形成审计意见的基础

我们按照国际审计准则的规定执行了审计工作。审计报告的"注册会计

> 师对财务报表审计的责任"部分进一步阐述了我们在这些准则下的责任。按照国际职业会计师道德守则，我们独立于 ABC 公司，并履行了职业道德方面的其他责任。我们相信，我们获取的审计证据是充分、适当的，为发表审计意见提供了基础。
>
> **（三）与持续经营相关的重大不确定性**
>
> 我们提醒使用者关注，如财务报表附注×所述，ABC 公司 20×1 年发生净亏损×元，且于 20×1 年 12 月 31 日，ABC 公司流动负债高于资产总额×元。如财务报表附注×所述，这些事项或情况，连同财务报表附注×所示的其他事项，表明存在可能导致对 ABC 公司持续经营能力产生重大疑虑的重大不确定性。该事项不影响已发表的审计意见。
>
> **（四）关键审计事项**
>
> 关键审计事项是根据我们的职业判断，认为对本期财务报表审计最为重要的事项。这些事项是在对财务报表整体进行审计并形成意见的背景下进行处理的，我们不对这些事项提供单独的意见。除"与持续经营相关的重大不确定性"部分所描述的事项外，我们确定下列事项是需要在审计报告中沟通的关键审计事项。
>
> （后面要素省略）

2. 财务报表对重大不确定性未作出充分披露

如果运用持续经营会计基础是适当的，但存在重大不确定性，且财务报表对重大不确定性未作出充分披露，注册会计师应当按照《国际审计准则第 705 号——在审计报告中发表非无保留意见》（修订）的规定，恰当发表保留意见或否定意见。

注册会计师应当在审计报告"形成保留（否定）意见的基础"部分说明，存在可能导致对实体持续经营能力产生重大疑虑的重大不确定性，但财务报表未充分披露该事项。

参考格式 3-14 列示了当注册会计师确定存在重大不确定性，且财务报表由于未作出充分披露而存在重大错报时，发表保留意见。

参考格式 3-14　当注册会计师确定存在重大不确定性，且财务报表由于未作出充分披露而存在重大错报时，出具保留意见的审计报告

审计报告

ABC 股份有限公司全体股东：

一、对财务报表出具的审计报告

（一）保留意见

我们审计了 ABC 股份有限公司（以下简称 ABC 公司）财务报表，包括 20×1 年 12 月 31 日的资产负债表，20×1 年度的利润表、现金流量表、股东权益变动表以及财务报表附注（包括重大会计政策和会计估计）。

我们认为，除"形成保留意见的基础"部分所述的对相关信息披露不完整的事项外，后附的财务报表在所有重大方面按照国际财务报告准则的规定编制，公允反映了 ABC 公司 20×1 年 12 月 31 日的财务状况以及 20×1 年度的经营成果和现金流量。

（二）形成保留意见的基础

如财务报表附注 × 所述，ABC 公司融资协议期满，且未偿付余额将于 20×2 年 3 月 19 日到期。ABC 公司未能重新商定协议或获取替代性融资。这种情况表明存在可能导致对 ABC 公司持续经营能力产生重大疑虑的重大不确定性。财务报表对这一事项并未作出充分披露。

我们按照国际审计准则的规定执行了审计工作。审计报告的"注册会计师对财务报表审计的责任"部分进一步阐述了我们在这些准则下的责任。按照国际职业会计师道德守则，我们独立于 ABC 公司，并履行了职业道德方面的其他责任。我们相信，我们获取的审计证据是充分、适当的，为发表保留意见提供了基础。

（三）关键审计事项

关键审计事项是根据我们的职业判断，认为对本期财务报表审计最为重要的事项。这些事项是在对财务报表整体进行审计并形成意见的背景下进行处理的，我们不对这些事项提供单独的意见。除"形成保留意见的基础"部分所述事项外，我们确定下列事项是需要在审计报告中沟通的关键审计事项。

（后面要素省略）

参考格式 3–15 列示了当注册会计师确定存在重大不确定性，且财务报表由于未作出充分披露而存在重大错报时，发表否定意见。

参考格式 3–15　　财务报表遗漏了与重大不确定性相关的必要披露时，出具否定意见的审计报告

审计报告

ABC 股份有限公司全体股东：

一、对财务报表出具的审计报告

（一）否定意见

我们审计了 ABC 股份有限公司（以下简称 ABC 公司）财务报表，包括 20×1 年 12 月 31 日的资产负债表、20×1 年度的利润表、现金流量表、股东权益变动表以及财务报表附注（包括重大会计政策和会计估计）。

我们认为，由于"形成否定意见的基础"部分所述的对信息的遗漏这一事项，后附的财务报表没有在所有重大方面按照国际财务报告准则的规定编制，未能公允反映 ABC 公司 20×1 年 12 月 31 日的财务状况以及 20×1 年度的经营成果和现金流量。

（二）形成否定意见的基础

ABC 公司融资协议期满，且未偿付余额于 20×1 年 12 月 31 日到期。ABC 公司未能重新商定协议或获取替代性融资，正考虑申请破产。这种情况表明存在可能导致对 ABC 公司持续经营能力产生重大疑虑的重大不确定性。财务报表对这一事项并未作出充分披露。

我们按照国际审计准则的规定执行了审计工作。审计报告的"注册会计师对财务报表审计的责任"部分进一步阐述了我们在这些准则下的责任。按照国际职业会计师道德守则，我们独立于 ABC 公司，并履行了职业道德方面的其他责任。我们相信，我们获取的审计证据是充分、适当的，为发表否定意见提供了基础。

（后面要素省略）

（三）当存在多项对财务报表整体具有重要影响的重大不确定性时，在极少数情况下，出具无法表示意见的审计报告

当存在多项对财务报表整体具有重要影响的重大不确定性时，在极少数情况下，注册会计师可能认为发表无法表示意见是适当的。原因在于，当实体存在多项可能导致对其持续经营能力产生重大疑虑的事项或情况存在重大不确定性时，如果注册会计师难以判断财务报告框架是否适合继续采用持续经营会计基础，应将其视为对审计范围构成重大限制，注册会计师应当考虑出具无法表示意见的审计报告。

参考格式3-16列示了当存在多项对财务报表整体具有重要影响的重大不确定性时，在极少数情况下，出具无法表示意见的审计报告。

参考格式3-16　　存在多项对财务报表整体具有重要影响的重大不确定性时，出具无法表示意见的审计报告

审计报告

ABC 股份有限公司全体股东：

一、对合并财务报表出具的审计报告

（一）无法表示意见

我们接受委托，审计 ABC 股份有限公司及其子公司（以下简称 ABC 集团）合并财务报表，包括20×1年12月31日的合并资产负债表，20×1年度的合并利润表、合并现金流量表、合并股东权益变动表以及合并财务报表附注（包括重大会计政策和会计估计）。

我们不对后附的 ABC 集团合并财务报表发表审计意见。由于"形成无法表示意见的基础"部分所述事项的重要性，我们无法获取充分、适当的审计证据以作为对合并财务报表发表审计意见的基础。

（二）形成无法表示意见的基础

ABC 公司已连续三个会计年度发生巨额亏损，主要财务指标显示其财务状况严重恶化，巨额逾期债务无法偿还，且存在巨额对外担保。截至审计

> 报告日，ABC 公司管理层在其书面评价中表示已开始采取包括债务重组、资产置换在内的多项措施；但由于该等措施正处于实施初期，我们无法获取充分、适当的审计证据以确证其能否有效改善 ABC 公司的持续经营能力，因此，无法判断 ABC 公司继续按照持续经营会计基础编制 20×1 年度财务报表是否适当。
>
> （后面要素省略）

（四）管理层不愿作出评估或延长评估期间

在某些情况下，注册会计师可能认为有必要提请管理层作出评估或延长评估期间。如果管理层予以拒绝，由于注册会计师可能无法获取有关管理层运用持续经营会计基础编制财务报表的充分、适当的审计证据（如是否存在管理层提出的应对计划或其他缓解因素的审计证据），注册会计师发表保留意见或无法表示意见可能是适当的。

以上审计结论对审计报告的影响可用图 3-9 说明。

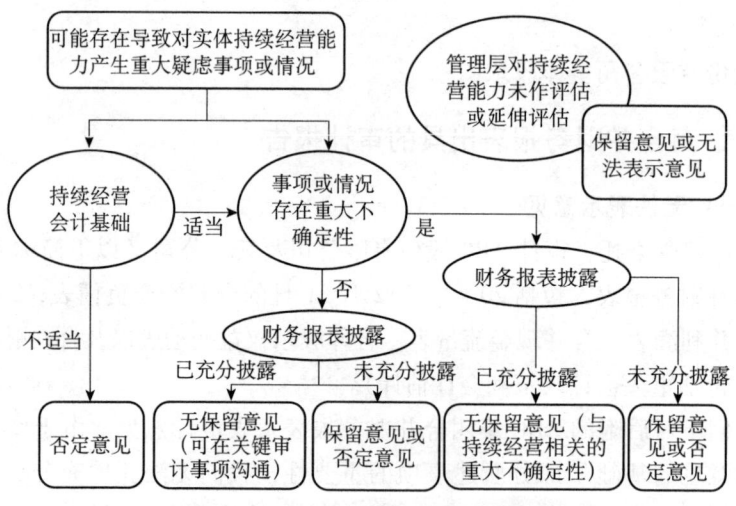

图 3-9　审计结论对审计报告的影响

第四节 其他信息

一、注册会计师的目标

其他信息，是指在实体年度报告中包含的除财务报表和审计报告以外的财务信息和非财务信息。《国际审计准则第 720 号——注册会计师对其他信息的责任》（修订）要求注册会计师阅读和考虑其他信息。这是因为，如果其他信息与财务报表或者与注册会计师在审计中了解到的情况存在重大不一致，可能表明财务报表或其他信息存在重大错报，两者均会损害财务报表和审计报告的可信性。此类重大错报也可能不恰当地影响审计报告使用者的经济决策。

其他信息的错报，是指对其他信息作出不正确陈述或其他信息具有误导性，包括遗漏或掩饰对恰当理解其他信息披露的事项必要的信息。当其他信息中披露了某特定事项时，其他信息可能遗漏或掩饰对恰当理解该事项必要的信息。例如，其他信息声称说明了管理层使用的关键业绩指标，那么遗漏某项管理层使用的关键业绩指标可能表明其他信息未经正确陈述或具有误导性。

注册会计师的目标是，在已经阅读其他信息的情况下：

（1）考虑其他信息和财务报表之间是否存在重大不一致；

（2）考虑其他信息和注册会计师在审计中了解到的情况之间是否存在重大不一致；

（3）当注册会计师识别出此类重大不一致似乎存在时，或者注册会计师知悉其他信息似乎存在重大错报时，予以恰当应对；

（4）根据本准则的规定进行报告。

二、获取其他信息

在获取其他信息时，注册会计师应当考虑采取下列措施：

（1）通过与管理层讨论，确定哪些文件组成年度报告，以及实体计划公布这些文件的方式和时间安排；

（2）就及时获取组成年度报告文件的最终版本与管理层作出适当安排，

如果可能，在审计报告日之前获取；

(3) 如果第 (1) 项中确定的部分或全部文件在审计报告日后才能取得，要求管理层提供书面声明，声明上述文件的最终版本将在可获取时并且在实体公布前提供给注册会计师，以使注册会计师可以完成准则要求的程序。

在很多情况下，管理层或治理层可能已按照惯例或承诺公布一系列文件，这些文件组合起来构成年度报告。在某些情况下，哪个（些）文件属于或构成年度报告可能并不明确。因此，文件的时间安排和目的（以及文件为谁编制）可能是与注册会计师确定哪个（些）文件属于或构成年度报告相关的事项。

如果根据法律法规的规定，年度报告被翻译成其他语言（例如，当某一国家或地区有超过一种官方语言时），或者如果根据不同的法律法规编制多个"年度报告"（例如，当实体在多个国家或地区上市时），需要考虑一个或多个"年度报告"是否构成其他信息的组成部分。

管理层或治理层对年度报告的编制负责。注册会计师可以与管理层或治理层沟通下列事项：

(1) 注册会计师希望在审计报告日前及时获取年度报告（包括构成年度报告的系列文件组合）最终版本，以能够在审计报告日前完成准则要求的程序。如果不可能在审计报告日前获取，应尽早获取，且无论如何早于实体发布这些信息。

(2) 如果其他信息在审计报告日后获取可能产生的影响。特别是在首次接受审计业务委托、管理层或治理层发生变动或其他信息预计在审计报告日后获取时，注册会计师更应当及时沟通。

如果治理层需要在实体发布其他信息前批准其他信息，其他信息的最终版本应为治理层已经批准的用于发布的版本。在审计报告日，实体正在考虑起草可能作为实体年度报告的一部分的某文件（例如，自愿提供给利益相关者的报告），而管理层无法向注册会计师确认这类文件的目的和时间。如果注册会计师无法确定这类文件的目的和时间，它不构成其他信息。

在审计报告日前及时获取其他信息，以对财务报表、审计报告或其他信息在发布之前作出必要的修改。审计业务约定书可以提及与管理层就注册会计师及时获取，并在可能的情况下在审计报告日前获取其他信息达成的一致意见。

如果使用者只能通过实体的网站获取其他信息，注册会计师没有责任去收集其他信息，包括可能在实体网站存在的其他信息，也不需要执行任何程序以确认其他信息在实体网站得到。如果注册会计师没有获取部分或全部其他信息，注册会计师也可以在审计报告中签署日期或出具审计报告。如果其他信息是在审计报告日后获取的，注册会计师无须再实施的程序。

针对只能在审计报告日后获取的其他信息，注册会计师应当获取书面声明，以支持注册会计师有能力完成所要求的、与这类信息相关的程序。此外，注册会计师可能认为要求其他书面声明是有用的，例如：

（1）管理层已经告知注册会计师预期发布并可能构成其他信息的所有文件；

（2）注册会计师在审计报告日前获取的任何其他信息和财务报表相互之间是一致的，其他信息不存在任何重大错报；

（3）对于注册会计师在审计报告日前未获取的其他信息，管理层拟编制并发布这些其他信息，以及预计发布的时间。

三、阅读并考虑其他信息

注册会计师在计划和执行审计工作时应当保持职业怀疑。在阅读和考虑其他信息时保持职业怀疑，例如，意识到管理层可能对其计划获得成功过分乐观，以及警惕在财务报表或注册会计师在审计中了解到的情况。

（一）考虑其他信息和财务报表之间是否存在重大不一致

注册会计师应当阅读其他信息。在阅读时，注册会计师应当考虑其他信息和财务报表之间是否存在重大不一致。作为考虑的基础，注册会计师应当将其他信息中选取的金额或其他项目（这些金额或其他项目旨在与财务报表中的金额或其他项目相一致，或者对其进行概括，或者为其提供更详细的信息）与财务报表中的相应金额或其他项目进行比较，以评价其一致性。

其他信息可能包括金额或其他项目，这些金额或其他项目旨在与财务报表中的金额或其他项目相一致，或者对其进行概括，或者为其提供更详细的信息。例如：

（1）包含了财务报表摘录的表格、图表或图形；

（2）对财务报表中列示的余额或账户提供进一步细节的披露，例如"20×1年度的收入，由来自产品X的×万元和来自产品Y的×万元组成"；

(3) 对财务结果的描述，例如"20×1 年度研究和开发费用合计数是×万元"。

在评价其他信息中所选择的金额或其他项目与财务报表的一致性时，注册会计师不需要对其他信息中的所有金额或其他项目（旨在与财务报表中的金额或其他项目相一致，或者对其进行概括，或者为其提供更详细的信息）与财务报表中的金额或其他项目进行比较。

选择哪些金额或其他项目进行比较属于职业判断事项。与职业判断相关的因素包括：

（1）金额或其他项目在列报中的重要程度，可能影响使用者对该金额或其他项目的重视程度（例如，一项关键比率或金额）；

（2）如果是定量方面的信息，该金额与财务报表中的账户或项目，或者该金额与其他项目相关的其他信息的相对规模；

（3）其他信息中特定的金额或其他项目的敏感性，例如，向高级管理人员授予的股份支付。

针对其他信息，注册会计师可能实施相应的程序。程序的性质和范围属于职业判断事项。注册会计师在判断的过程中，需要认识对其他信息的责任，不构成对其他信息的鉴证业务，也不要求对其他信息提供一定的保证程度。这些程序的例子包括：

（1）对于旨在与财务报表中的信息一致的信息，将该信息与财务报表进行比较。

（2）对于旨在与财务报表披露传达相同意思的信息，比较使用的措辞，考虑所使用措辞差异的重要程度，以及这些差异是否会隐含不同意思。

（3）获取管理层提供的其他信息和财务报表中的金额之间的调节表，将调节表中的项目与财务报表和其他信息进行比较，检查调节表中的计算是否正确。

基于对其他信息性质的考虑，在评价其他信息中所选择的金额和其他项目与财务报表是否一致时，还需要评价与财务报表相比其列报的方式（如相关）。

（二）考虑其他信息和注册会计师在审计中了解到的情况是否存在重大不一致

注册会计师在已获取审计证据并已得出审计结论的背景下，考虑其他信息与注册会计师在审计中了解到的情况是否存在重大不一致。

其他信息可能包括与注册会计师在审计中了解到的情况相关的金额或项目〔除"（一）"提及的情况外〕。这些金额或项目的例子可能包括：

（1）对产量的披露，或者按地理区域汇总产量的表格；

（2）对"公司本年度新推出产品 X 和产品 Y"的声明；

（3）对实体主要经营地点的概括，例如"实体的主要经营中心在 X 国，同时在 Y 国和 Z 国也有经营场所"。

注册会计师在审计中了解到的情况也可能包括从性质上讲具有预测性的事项。这类事项可能包括，例如，当评价管理层执行无形资产或商誉减值测试使用的假设时，或者当评价管理层对实体持续经营能力的评估时，注册会计师考虑过的业务前景和未来现金流量。

在考虑其他信息和注册会计师在审计中了解到的情况之间是否存在重大不一致时，注册会计师可以重点关注其他信息中相当重要的事项，该事项足够重要以至于与其相关的其他信息的错报可能是重大的。

对于其他信息中的许多事项，注册会计师回顾在审计中获取的审计证据和得到的结论，可能足以使注册会计师考虑其他信息和注册会计师在审计中了解到的情况之间是否存在重大不一致。注册会计师越有经验、越熟悉该项审计的关键方面，对相关事项的回顾将越足够。例如，注册会计师可能根据回顾与管理层或治理层的讨论或从审计过程中所执行程序（如阅读董事会会议纪要）的结果，考虑其他信息和注册会计师在审计中了解到的情况之间是否存在重大不一致，而不需要采取进一步措施。

注册会计师可能确定，参考相关的审计工作底稿，或者向项目组相关成员或相关组成部分注册会计师咨询，以作为注册会计师考虑重大不一致是否存在的基础是适当的。例如：

（1）当其他信息描述了计划终止一条主要生产线时，尽管注册会计师知道该项终止计划，注册会计师可以向执行这方面审计程序的相关项目组成员咨询，以支持注册会计师对其他信息中的描述与注册会计师在审计中了解到的情况是否存在重大不一致的考虑；

（2）当其他信息描述了审计中涉及诉讼的重要细节，但是注册会计师无法完整地回忆起来时，可能有必要参考概括这部分细节的审计工作底稿，以帮助注册会计师回忆。

注册会计师是否以及在何种程度上参考相关审计工作底稿，或者向相关项目组成员或相关组成部分注册会计师咨询，属于职业判断事项。然而，注册会计师没有必要对包含在其他信息中的所有事项都参考相关审计工作底稿，或者向相关项目组成员或相关组成部分注册会计师咨询。

（三）对其他信息似乎存在重大错报的迹象保持警觉

在阅读其他信息时，注册会计师应当对与财务报表或注册会计师在审计中了解到的情况不相关的其他信息中似乎存在重大错报的迹象保持警觉。

其他信息可能包括对与财务报表不相关的事项的讨论，也可能在范围上超出注册会计师在审计中了解到的情况。例如，其他信息可能包括对实体温室气体排放情况的陈述。

对与财务报表或注册会计师在审计过程中了解到的情况不相关的其他信息中似乎存在重大错报的迹象保持警觉。对其他信息似乎存在重大错报的其他迹象保持警觉，可能能够使注册会计师识别下列事项，例如：

（1）其他信息与阅读其他信息的项目组成员的普遍认知（除审计过程中了解到的情况之外）之间的差异，使注册会计师相信其他信息似乎存在重大错报；

（2）其他信息内部不一致，使注册会计师相信其他信息似乎存在重大错报。

四、当似乎存在重大不一致或其他信息似乎存在重大错报时的应对

如果注册会计师识别出似乎存在重大不一致，或者知悉其他信息似乎存在重大错报，注册会计师应当与管理层讨论该事项，必要时，实施其他程序以确定：

（1）其他信息是否存在重大错报；

（2）财务报表是否存在重大错报；

（3）注册会计师对实体及其环境的了解是否需要更新。

注册会计师与管理层关于重大不一致（或其他信息似乎存在重大错报）的讨论，可能包括要求管理层对其他信息中管理层声明的基础提供支持。基于管理层的进一步信息和解释，注册会计师可能认可其他信息不存在重大错报。例如，管理层的解释可能对正常的判断差异提供合理和充分的理由。反之，与管理层的讨论可能提供进一步信息，以支持注册会计师对于其他信息存在重大错报的结论。

相比事实性质的事项，在判断事项上质疑管理层可能是更加困难的。然而，可能存在这种情况，即注册会计师认为，其他信息包含了与财务报表或注册会计师在审计中了解到的情况不一致的陈述。这些情况可能导致对其他信息、财务报表和注册会计师在审计中了解到的情况的怀疑。

由于其他信息可能的重大错报范围广泛，注册会计师为判断其他信息是否存在重大错报而可能执行的其他审计程序的性质和范围，属于注册会计师在具体情形下的职业判断事项。当某事项与财务报表或注册会计师在审计中了解到的情况不相关时，注册会计师可能无法完整评估管理层对于注册会计师询问的回答。尽管如此，基于管理层的进一步信息和解释，或者跟进管理层对其他信息作出的改动后，注册会计师可能认可，重大不一致似乎不再存在或其他信息不再存在重大错报。当注册会计师无法确定重大不一致似乎不再存在或其他信息似乎不再存在重大错报时，注册会计师可以要求管理层向有资格的第三方（如管理层的专家或法律顾问）咨询。在某些情况下，考虑管理层咨询的结果后，注册会计师可能无法得出其他信息是否存在重大错报的结论。注册会计师可以采取以下一项或多项措施：

（1）从注册会计师的法律顾问处获取建议；

（2）考虑对审计报告的影响，例如，如果管理层施加限制，是否在审计报告中描述这一情况；

（3）在相关法律法规允许的情况下解除业务约定。

五、当注册会计师认为其他信息存在重大错报时的应对

如果注册会计师认为其他信息存在重大错报，应当要求管理层更正其他信息：

（1）如果管理层同意作出更正，注册会计师应当确定更正已经完成；

（2）如果管理层拒绝作出更正，注册会计师应当就该事项与治理层进行沟通，并要求作出更正。

（一）当注册会计师认为审计报告日前获取的其他信息存在重大错报时的应对

如果注册会计师认为审计报告日前获取的其他信息存在重大错报，且在与治理层沟通后其他信息仍未得到更正，注册会计师应当采取恰当措施，包括：

（1）考虑对审计报告的影响，并就注册会计师计划如何在审计报告中处

理重大错报与治理层进行沟通；

（2）在相关法律法规允许的情况下，解除业务约定。

在与治理层沟通后，如果其他信息未得到更正，注册会计师采取何种措施属于注册会计师的职业判断事项。注册会计师可以考虑管理层和治理层提供的不进行更正的理由，是否会引起对管理层和治理层诚信或诚实的怀疑，例如，注册会计师怀疑该理由存在误导的意图。注册会计师也可能认为，寻求法律意见是恰当的。在某些情况下，注册会计师可能根据法律、法规或其他职业准则的要求，与监管者或相关职业团体沟通该事项。

在少数情况下，当拒绝更正其他信息的重大错报导致对管理层和治理层的诚信产生怀疑，进而质疑审计证据总体上的可靠性时，对财务报表发表无法表示意见可能是恰当的。当拒绝更正其他信息的重大错报导致对管理层和治理层的诚信产生怀疑，进而质疑审计过程中从其获取声明的可靠性时，解除业务约定可能是适当的。

（二）当注册会计师认为审计报告日后获取的其他信息存在重大错报时的应对

在审计报告日后获取的其他信息存在重大错报，如果其他信息得以更正，注册会计师应当根据具体情形实施必要的程序；如果与治理层沟通后其他信息未得到更正，注册会计师应当考虑其法律权利和义务，并采取恰当的措施，以提醒审计报告使用者恰当关注未更正的重大错报。

如果注册会计师认为审计报告日后获取的其他信息存在重大错报，且该重大错报已经被更正，注册会计师在这种情况下执行的必要程序，包括确定更正已经完成，也可能包括复核管理层告知使用其他信息（如果之前已经公告）的人士修改情况所采取的步骤。

如果治理层不同意修改其他信息，注册会计师采取何种恰当措施以设法提醒审计报告使用者适当关注未更正错报，需要运用职业判断，并且可能受相关法律法规的影响。因此，注册会计师可能认为就注册会计师的法定权利和义务寻求法律意见是适当的。

如果其他信息的重大错报仍未更正，在法律法规允许的情况下，注册会计师可能采取的、设法提醒审计报告使用者适当关注未更正错报的措施包括，例如：

（1）向管理层提供一份新的或修改后的审计报告，其中修正后的其他信息部分。同时要求管理层将该新的或修改后的审计报告提供给审计报告使用者。在此过程中，注册会计师可能需要基于审计准则和适用的法律法规的要求，考虑对新的或修改后的审计报告的日期产生的影响。注册会计师也可以复核管理层采取的、向这些使用者提供新的或修改后的审计报告的步骤。

（2）提醒审计报告使用者关注其他信息的重大错报，例如，在股东大会上通报该事项。

（3）与监管者或相关职业团体沟通未更正的重大错报。

（4）考虑对持续承接业务的影响。

六、当财务报表存在重大错报或注册会计师对实体及其环境的了解需要更新时的应对

如果注册会计师通过实施程序，认为财务报表存在重大错报，或者注册会计师对实体及其环境的了解需要更新，注册会计师应当根据其他审计准则作出恰当应对。

在阅读其他信息时，注册会计师可能知悉影响下列方面的新信息：

（1）注册会计师对实体及其环境的了解，因而可能表明需要修改注册会计师对风险的评估；

（2）注册会计师评价已识别的错报对审计的影响和未更正错报（如有）对财务报表的影响的责任；

（3）注册会计师关于期后事项的责任。

七、报告

如果在审计报告日存在下列两种情况之一，审计报告应当包括一个单独部分，以"其他信息"为标题：

（1）对于上市实体财务报表审计，注册会计师已获取或预期将获取其他信息；

（2）对于上市实体以外其他实体的财务报表审计，注册会计师已获取部分或全部其他信息。

如果审计报告应当包含其他信息部分，该部分应当包括：

（1）管理层对其他信息负责的说明。

(2) 指明：注册会计师于审计报告日前已获取的其他信息（如有）；对于上市实体财务报表审计，预期将于审计报告日后获取的其他信息（如有）。

(3) 说明注册会计师的审计意见未涵盖其他信息，因此，注册会计师对其他信息不发表（或不会发表）审计意见或任何形式的鉴证结论。

(4) 描述注册会计师对其他信息进行阅读、考虑和报告的责任。

(5) 如果审计报告日前已经获取其他信息，则说明注册会计师无任何需要报告的事项；如果注册会计师认为其他信息存在未更正的重大错报，说明其他信息中的未更正重大错报。

对于上市实体或非上市实体，在审计报告日获取其他信息的情况，以及应对措施见表3-3。

表3-3　　　　　　　　获取其他信息的情况及应对措施

实体类型	在审计报告日获取其他信息的情况	应对措施
上市实体	已获取全部其他信息	在其他信息段中描述其他信息的重大错报（如有）；如果在其他信息中未识别出重大错报，则在其他信息段中无须报告任何事项
上市实体	已获取部分其他信息，预期能够在审计报告日后获取部分其他信息	针对只能在审计报告日后获取的其他信息获取书面声明；在其他信息段中描述其他信息的重大错报（如有），并指明预期将于审计报告日后获取的其他信息，以及如果确定审计报告日后获取的其他信息存在错报，注册会计师将根据审计准则的要求与治理层沟通该事项并采取相应措施
上市实体	未获取任何其他信息，但预期能够在审计报告日后获取其他信息	针对只能在审计报告日后获取的其他信息获取书面声明；在其他信息段中指明预期将于审计报告日后获取的其他信息，以及如果确定审计报告日后获取的其他信息存在错报，注册会计师将根据审计准则的要求与治理层沟通该事项并采取相应措施
非上市实体	已获取部分或全部其他信息	在其他信息段中描述其他信息的重大错报（如有）；如果在其他信息中未识别出重大错报，则在其他信息段中无须报告任何事项 对审计报告日后获取的其他信息，不要求报告任何事项

参考格式3-17列示了当注册会计师在审计报告日前已获取所有其他信息，且未识别出其他信息存在重大错报时，适用于任何实体，无论是上市实体还是非上市实体的无保留意见审计报告。

参考格式 3-17　　在审计报告日前已获取所有其他信息，且未识别出其他信息存在重大错报（上市实体或非上市实体）

审计报告

（前面要素省略）

（四）其他信息

管理层对其他信息负责。其他信息包括［X 报告中涵盖的信息，但不包括财务报表和我们的审计报告］。

我们对财务报表发表的审计意见并不涵盖其他信息，我们也不对其他信息发表任何形式的鉴证结论。

结合我们对财务报表的审计，我们的责任是阅读其他信息，在此过程中，考虑其他信息是否与财务报表或我们在审计过程中了解到的情况存在重大不一致或者似乎存在重大错报。基于我们已经执行的工作，如果我们确定其他信息存在重大错报，我们应当报告该事实。在这方面，我们无任何事项需要报告。

（后面要素省略）

参考格式 3-18 列示了当注册会计师在审计报告日前已获取部分其他信息，且未识别出其他信息存在重大错报，并预期能够在审计报告日后获取剩余其他信息时，适用于上市实体的无保留意见审计报告。

参考格式 3-18　　在审计报告日前已获取部分其他信息，且未识别出其他信息存在重大错报，并预期能够在审计报告日后获取剩余其他信息（上市实体）

审计报告

（前面要素省略）

（四）其他信息

管理层对其他信息负责。其他信息包括 X 报告（但不包括财务报表和我们的审计报告）和 Y 报告。我们在审计报告日前已获取 X 报告，而 Y 报告预期将在审计报告日后提供给我们。

我们对财务报表的审计意见并不涵盖其他信息，我们也不对其他信息发表任何形式的鉴证结论。

结合我们对财务报表的审计，我们的责任是阅读上述其他信息，在此过程中，考虑其他信息是否与财务报表或我们在审计过程中了解的情况存在重大不一致或者似乎存在重大错报。

基于我们已经针对审计报告日前获取的其他信息执行的工作，如果我们确定该其他信息存在重大错报，我们应当报告该事实。在这方面，我们无任何事项需要报告。

［当我们阅读 Y 报告后，如果确定其中存在重大错报，审计准则要求我们与治理层沟通该事项并采取（描述适用的措施）。］

（后面要素省略）

参考格式 3-19 列示了当注册会计师在审计报告日前已获取部分其他信息，且未识别出其他信息存在重大错报，并预期能够在审计报告日后获取剩余其他信息时，适用于非上市实体的无保留意见审计报告。

参考格式 3-19　　在审计报告日前已获取部分其他信息，且未识别出其他信息存在重大错报，并预期能够在审计报告日后获取剩余其他信息（非上市实体）

审计报告

（前面要素省略）

三、其他信息

管理层对其他信息负责。我们在审计报告日已获取的其他信息包括［X 报告中涵盖的信息，但不包括财务报表和我们的审计报告］。

我们对财务报表的审计意见并不涵盖其他信息，我们也不对其他信息发表任何形式的鉴证结论。

> 结合我们对财务报表的审计，我们的责任是阅读其他信息，在此过程中，考虑其他信息是否与财务报表或我们在审计过程中了解的情况存在重大不一致或者似乎存在重大错报。
>
> 基于我们对审计报告日前已获取的其他信息执行的工作，如果我们确定该其他信息存在重大错报，我们应当报告该事实。在这方面，我们无任何事项需要报告。
>
> （后面要素省略）

参考格式3-20列示了当注册会计师在审计报告日前未获取任何其他信息，但预期能够在审计报告日后获取其他信息时，适用于作为上市实体的实体的无保留意见审计报告。

参考格式3-20　　在审计报告日前未获取其他信息，但预期能够在审计报告日后获取其他信息（上市实体）

> # 审计报告
>
> （前面要素省略）
> **（四）其他信息**
>
> 管理层对其他信息负责。其他信息包括［X报告中涵盖的信息，但不包括财务报表和我们的审计报告］。X报告预期将在审计报告日后提供给我们。
>
> 我们对财务报表的审计意见并不涵盖其他信息，我们也不对其他信息发表任何形式的鉴证结论。
>
> 结合我们对财务报表的审计，我们的责任是在能够获取上述其他信息时阅读这些信息，在此过程中，考虑其他信息是否与财务报表或我们在审计过程中了解的情况存在重大不一致或者似乎存在重大错报。
>
> ［当我们阅读X报告后，如果确定其中存在重大错报，审计准则要求我们与治理层沟通该事项并采取（描述适用的措施）。］
>
> （后面要素省略）

参考格式3-21列示了当注册会计师在审计报告日前已获取所有其他信

息,并且已确定其他信息存在重大错报时,适用于任何实体,无论是上市实体还是非上市实体的无保留意见审计报告。

参考格式 3-21　　在审计报告日前未已获取其他信息,并且已确定其他信息存在重大错报(上市实体或非上市实体)

审计报告

(前面要素省略)

(四)其他信息

管理层对其他信息负责。其他信息包括[X报告中涵盖的信息,但不包括财务报表和我们的审计报告]。

我们对财务报表的审计意见并不涵盖其他信息,我们也不对其他信息发表任何形式的鉴证结论。

结合我们对财务报表的审计,我们的责任是阅读其他信息,在此过程中,考虑其他信息是否与财务报表或我们在审计过程中了解的情况存在重大不一致或者似乎存在重大错报。

基于我们已经执行的工作,如果我们确定其他信息存在重大错报,我们应当报告该事实。如下所述,我们确定其他信息存在重大错报。

[描述其他信息的重大错报]

(后面要素省略)

如果关于财务报表的重要项目存在范围限制,注册会计师将不能对该事项获取充分、适当的审计证据。在这些情况下,注册会计师可能无法确定,与该事项相关的、其他信息的金额和其他项目是否导致其他信息的重大错报。因此,注册会计师可能需要对其他信息的说明,提及注册会计师无法考虑管理层对于其他信息中关于该事项的描述:针对该事项,注册会计师已经对财务报表发表了保留意见,这在"形成保留意见的基础"部分中得以解释。然而,注册会计师被要求报告已识别的、任何其他未更正的其他信息的重大错报。

参考格式3-22列示了当注册会计师在审计报告日前已获取所有其他信息,但合并财务报表重要项目的范围存在限制,且影响其他信息时,适用于任何实体,无论是上市实体还是非上市实体的保留意见审计报告。

参考格式 3-22　在审计报告日前已获取所有其他信息,但合并财务报表重要项目的范围存在限制,且影响其他信息(上市实体或非上市实体)

审计报告

ABC 股份有限公司全体股东:

一、保留意见

我们审计了 ABC 股份有限公司及其子公司(以下简称 ABC 集团)合并财务报表,包括20×1年12月31日的合并资产负债表、20×1年度的合并利润表、合并现金流量表、合并股东权益变动表以及合并财务报表附注(包括重大会计政策和会计估计)。

我们认为,除"形成保留意见的基础"部分所述事项可能产生的影响外,后附的合并财务报表在所有重大方面按照国际财务报告准则的规定编制,公允反映了 ABC 集团20×1年12月31日的合并财务状况以及20×1年度的合并经营成果和合并现金流量。

二、形成保留意见的基础

ABC 集团对本年度内取得的境外联营公司 XYZ 公司的投资以权益法核算,截至20×1年12月31日,该项投资在合并资产负债表中的账面价值为×元,ABC 集团按持股比例计算的 XYZ 公司净收益份额×元已包含在集团本年度收益中。由于我们无法接触 XYZ 公司的财务信息、管理层以及注册会计师,我们无法就 ABC 集团对 XYZ 公司在20×1年12月31日投资的账面价值以及 ABC 集团按持股比例计算的 XYZ 公司当年度净收益份额获取充分、适当的审计证据。因此,我们无法确定是否需要对上述金额进行调整。

我们按照国际审计准则的规定执行了审计工作。审计报告的"注册会计师对合并财务报表审计的责任"部分进一步阐述了我们在这些准则下的责任。按照国际职业会计师道德守则,我们独立于 ABC 集团,并履行了职业道德方面的其他责任。我们相信，我们获取的审计证据是充分、适当的，为发表保留意见提供了基础。

三、关键审计事项

关键审计事项是根据我们的职业判断，认为对本期合并财务报表审计最为重要的事项。这些事项是在对合并财务报表整体进行审计并形成意见的背景下进行处理的，我们不对这些事项提供单独的意见。除"形成保留意见的基础"部分所述事项外，我们确定下列事项是需要在审计报告中沟通的关键审计事项。

[按照《国际审计准则第701号——在审计报告中沟通关键审计事项》的规定描述每一关键审计事项。]

四、其他信息

管理层对其他信息负责。其他信息包括[X报告中涵盖的信息，但不包括合并财务报表和我们的审计报告]。

我们对合并财务报表发表的审计意见并不涵盖其他信息，我们也不对其他信息发表任何形式的鉴证结论。

结合我们对合并财务报表的审计，我们的责任是阅读其他信息，在此过程中，考虑其他信息是否与合并财务报表或我们在审计过程中了解的情况存在重大不一致或者似乎存在重大错报。

基于我们已经执行的工作，如果我们确定其他信息存在重大错报，我们应当报告该事实。如"形成保留意见的基础"部分所述，我们无法就20×1年12月31日ABC集团对XYZ公司投资的账面价值以及ABC集团按持股比例计算的XYZ公司当年度净收益份额获取充分、适当的审计证据。因此，我们无法确定与该事项相关的其他信息是否存在重大错报。

（后面要素省略）

在发表否定意见时，注册会计师针对在"形成否定意见的基础"部分描述的某特定事项已对财务报表发表否定意见，并不能为省略在审计报告中报告识别出其他信息的重大错报提供理由。如果已对财务报表发表否定意见，注册会计师可能需要适当修改对其他信息的说明，例如，表示其他信息中的金额和其他项目因导致对财务报表发表否定意见的同一事项或相关事项也存在重大错报。

参考格式3-23列示了当注册会计师在审计报告日前已获取所有其他信息，且对合并财务报表发表的否定意见也对其他信息有影响时，适用于任何实体，无论是上市实体还是非上市实体的否定意见审计报告。

参考格式3-23　在审计报告日前已获取所有其他信息，且对合并财务报表发表的否定意见也对其他信息有影响时（上市实体或非上市实体）

审计报告

ABC股份有限公司全体股东：

一、否定意见

我们审计了ABC股份有限公司及其子公司（以下简称ABC集团）合并财务报表，包括20×1年12月31日的合并资产负债表、20×1年度的合并利润表、合并现金流量表、合并股东权益变动表以及合并财务报表附注（包括重大会计政策和会计估计）。

我们认为，由于"形成否定意见的基础"部分所述事项的重要性，后附的ABC集团合并财务报表没有在所有重大方面按照国际财务报告准则的规定编制，未能公允反映ABC集团20×1年12月31日的合并财务状况以及20×1年度的合并经营成果和合并现金流量。

二、形成否定意见的基础

如财务报表附注×所述，由于无法确定子公司某些重要资产和负债项目在收购日的公允价值，ABC集团未将其于20×1年度收购的子公司XYZ公司纳入合并范围。该项投资以成本计量。根据国际财务报告准则，ABC集团应将该子公司纳入合并范围，并以暂估金额为基础核算该项收购。如果将XYZ公司纳入合并范围，后附合并财务报表的很多项目将受到重大影响。我们尚未确定未将该公司纳入合并范围对合并财务报表的影响。

我们按照国际审计准则的规定执行了审计工作。审计报告的"注册会计师对合并财务报表审计的责任"部分进一步阐述了我们在这些准则下的责任。按照国际职业会计师道德守则,我们独立于 ABC 集团,并履行了职业道德方面的其他责任。我们相信,我们获取的审计证据是充分、适当的,为发表否定意见提供了基础。

三、关键审计事项

关键审计事项是根据我们的职业判断,认为对本期合并财务报表审计最为重要的事项。这些事项是在对合并财务报表整体进行审计并形成意见的背景下进行处理的,我们不对这些事项提供单独的意见。除"形成否定意见的基础"部分所述事项外,我们确定下列事项是需要在审计报告中沟通的关键审计事项。

[按照《国际审计准则第 701 号——在审计报告中沟通关键审计事项》的规定描述每一关键审计事项。]

四、其他信息

管理层对其他信息负责。其他信息包括[X 报告中涵盖的信息,但不包括合并财务报表和我们的审计报告]。

我们对合并财务报表的审计意见并不涵盖其他信息,我们也不对其他信息发表任何形式的鉴证结论。

结合我们对合并财务报表的审计,我们的责任是阅读其他信息,在此过程中,考虑其他信息是否与合并财务报表或我们在审计过程中了解的情况存在重大不一致或者似乎存在重大错报。基于我们已执行的工作,如果我们确定其他信息存在重大错报,我们应当报告该事实。

如上述"形成否定意见的基础"部分所述,ABC 集团应当将 XYZ 公司纳入合并范围,并以暂估金额为基础核算该项收购。我们断定,由于同一原因,X 报告中的相关金额或其他项目也受到未合并 XYZ 公司的影响,其他信息也存在重大错报。

(后面要素省略)

当注册会计师对财务报表发表无法表示意见时，提供审计的进一步详细情况，包括针对其他信息一个部分，可能会使财务报表整体的无法表示意见显得逊色。因此，在这些情况下，根据《国际审计准则第 705 号——在审计报告中发表非无保留意见》（修订）的规定，审计报告不包括其他信息部分。

第五节 强调事项段和其他事项段

《国际审计准则第 706 号——在审计报告中增加调事项段或其他事项段》（修订）要求注册会计师在对财务报表形成审计意见后，如果根据职业判断认为有必要在审计报告中增加强调事项段或其他事项段，通过明确提供补充信息的方式，提醒使用者关注下列事项：

（1）尽管已在财务报表中恰当列报或披露，但对使用者理解财务报表至关重要的事项；

（2）未在财务报表中列报或披露，但与使用者理解审计工作、注册会计师的责任或审计报告相关的其他事项。

一、审计报告中的强调事项段

强调事项段，是指审计报告中含有的一个段落，该段落提及已在财务报表中恰当列报或披露的事项，且根据注册会计师的职业判断，该事项对使用者理解财务报表至关重要。

（一）需要增加强调事项段的情形

如果认为有必要提醒使用者关注已在财务报表中列报或披露，且根据职业判断认为对使用者理解财务报表至关重要的事项，在同时满足下列条件时，注册会计师应当在审计报告中增加强调事项段：

（1）按照《国际审计准则第 705 号——在审计报告中发表非无保留意见》（修订）的规定，该事项不会导致注册会计师发表非无保留意见；

（2）当《国际审计准则第 701 号——在审计报告中沟通关键审计事项》适用时，该事项未被确定为在审计报告中沟通的关键审计事项。

在特定情形下，在审计报告中需要考虑增加强调事项段。这些情形包括：

（1）法律法规规定的财务报告框架不可接受，但其是由法律或法规作出的规定；

（2）提醒使用者注意财务报表按照特殊目的编制基础编制；

（3）注册会计师在审计报告日后知悉了某些事实（即期后事项），并且出具了新的审计报告或修改了审计报告。

还有一些情形，注册会计师可能认为需要增加强调事项段。例如：

（1）异常诉讼或监管行动的未来结果存在不确定性；

（2）财务报表日至审计报告日之间发生的重大期后事项；

（3）在允许的情况下，提前应用对财务报表有重大影响的新会计准则；

（4）存在已经或持续对实体财务状况产生重大影响的特大灾难。

应该指出的是，过多使用强调事项段，可能会降低注册会计师对强调事项所作沟通的有效性。

（二）在审计报告中包含强调事项段

如果在审计报告中包含强调事项段，注册会计师应当采取下列措施：

（1）将强调事项段作为单独的一部分置于审计报告中，并使用包含"强调事项"这一术语的适当标题；

（2）明确提及被强调事项以及相关披露的位置，以便能够在财务报表中找到对该事项的详细描述。强调事项段应当仅提及已在财务报表中列报或披露的信息；

（3）指出审计意见没有因该强调事项而改变。

（三）在审计报告中包含强调事项段不影响审计意见

包含强调事项段不能代替下列情形：

（1）根据审计业务的具体情况，按照《国际审计准则第705号——在审计报告中发表非无保留意见》（修订）的规定发表非无保留意见；

（2）适用的财务报告框架要求管理层在财务报表中作出的披露，或为实现公允列报所需的其他披露；

（3）按照《国际审计准则第570号——持续经营》（修订）的规定，当可能导致对实体持续经营能力产生重大疑虑的事项或情况存在重大不确定性时作出的报告。

(四) 强调事项段在审计报告中的位置

强调事项段在审计报告中的位置取决于拟沟通信息的性质,以及按照《国际审计准则 700 号——对财务报表形成审计意见和出具审计报告》(修订)的规定与需要报告的其他要素相比较,注册会计师针对该信息对财务报表预期使用者的相对重要程度的判断。例如:

(1) 当强调事项段与适用的财务报告框架相关时,包括当注册会计师确定法律法规规定的财务报告框架不可接受时,注册会计师可能认为有必要将强调事项段紧接在"形成审计意见的基础"部分之后,以为审计意见提供合适的背景信息;

(2) 当审计报告中包含关键审计事项部分时,基于注册会计师对强调事项段中信息的相对重要程度的判断,强调事项段可以紧接在关键审计事项部分之前或之后。注册会计师可以在"强调事项"标题中增加进一步的背景信息,比如"强调事项——期后事项",以将强调事项段和关键审计事项部分描述的每个事项区分开来。

表 3-4 列示了增加强调事项段的条件,参考格式 3-24 列示了在审计报告中的强调事项的格式。

表 3-4　　　　　　　　　　增加强调事项段的条件

条件	具体解释
事项已在财务报表中恰当列报或披露	强调事项段提及已在财务报表中恰当列报或披露的事项,但并不替代这些披露。与已在财务报表中的披露相比,强调事项段不应当包括更详细的情况
事项不会导致注册会计师发表非无保留意见	注册会计师需要获取充分、适当的审计证据,证明该事项在财务报表中不存在重大错报
在审计报告中的位置	(1) 当强调事项段与适用的财务报告框架相关时,将强调事项段紧接在"形成审计意见的基础"部分之后; (2) 当审计报告中包含关键审计事项部分时,基于注册会计师对强调事项段中信息的相对重要程度的判断,强调事项段可以紧接在关键审计事项部分之前或之后
不构成审计报告中沟通的关键审计事项	强调事项段的使用不能替代对某项关键审计事项的描述

参考格式 3-24   **在审计报告中的强调事项**

审计报告

（前面要素省略）

（三）强调事项

我们提醒使用者关注，如财务报表附注×所述，截至财务报表批准日，XYZ 公司对 ABC 公司提出的诉讼尚在审理当中，其结果具有不确定性。本段内容不影响已发表的审计意见。

（后面要素省略）

（五）审计报告中强调事项段和关键审计事项之间的关系

关键审计事项是指注册会计师根据职业判断认为对本期财务报表审计最为重要的事项。关键审计事项从注册会计师已与治理层沟通的事项中选取，包括本期财务报表审计中的重大审计发现。沟通关键审计事项能够为财务报表预期使用者提供额外信息，以帮助他们了解那些注册会计师运用职业判断认为对本期财务报表审计最为重要的事项，还能够帮助他们了解实体以及已审计财务报表中涉及重大管理层判断的领域。当《国际审计准则第 701 号——在审计报告中沟通关键审计事项》适用时，强调事项段的使用不能替代对某项关键审计事项的描述。

被确定为关键审计事项的事项，根据注册会计师的职业判断，也可能对使用者理解财务报表至关重要。在这些情况下，将该事项作为关键审计事项沟通时，注册会计师可能希望突出或提请进一步关注其相对重要程度。在关键审计事项部分，注册会计师可以使该事项的列报更为突出（如作为第一个事项），或者在关键审计事项的描述中增加额外信息，以指明该事项对使用者理解财务报表的重要程度。

某一事项可能不符合关键审计事项的规定，因而未被确定为关键审计事项（即该事项未被重点关注过），但根据注册会计师的判断，其对使用者理解财务报表至关重要（例如，期后事项）。如果注册会计师认为有必要提请使用者关注该事项，该事项将包含在审计报告的强调事项段中。

强调事项段和关键审计事项的主要区别见表 3-5。

表 3-5　　　　　　强调事项段和关键审计事项的主要区别

强调事项段	关键审计事项
用于提及已在财务报表中作出恰当列报与披露，但根据职业判断认为对使用者理解财务报表至关重要的事项	用于描述根据职业判断认为对当期财务报表审计最为重要的事项，该事项选自与治理层沟通过的、在审计过程中予以重点关注过的事项
侧重于对使用者理解财务报表至关重要	侧重于注册会计师在审计过程中给予过重点关注
通常仅提及财务报表中的相关列报或披露，不提供进一步的描述	描述每一事项被确定为关键审计事项的原因，以及该事项在审计中是如何应对的

二、审计报告中的其他事项段

如果认为有必要沟通虽然未在财务报表中列报或披露，但根据职业判断认为与使用者理解审计工作、注册会计师的责任或审计报告相关的事项，在同时满足下列条件时，注册会计师应当在审计报告中增加其他事项段：

(1) 未被法律法规禁止；

(2) 当《国际审计准则第 701 号——在审计报告中沟通关键审计事项》适用时，该事项未被确定为在审计报告中沟通的关键审计事项。

(一) 可能需要增加其他事项段的情形

1. 与使用者理解审计工作相关的情形

《国际审计准则第 260 号——与治理层的沟通》（修订）要求注册会计师就计划的审计范围和时间安排与治理层进行沟通，包括注册会计师识别的特别风险。尽管与特别风险相关的事项可能被确定为关键审计事项，根据《国际审计准则第 701 号——在审计报告中沟通关键审计事项》对关键审计事项的定义，与计划及范围相关的其他事项（比如计划的审计范围或审计时对重要性的运用）不太可能成为关键审计事项。然而，法律法规可能要求注册会计师在审计报告中沟通与计划及范围相关的事项，或者注册会计师可能认为有必要在其他事项段中沟通这些事项。

在罕见的情况下，即使由于管理层对审计范围施加的限制导致无法获取充分、适当的审计证据可能产生的影响具有广泛性，注册会计师也不能解除业务约定。在这种情况下，注册会计师可能认为有必要在审计报告中包含其他事项段，解释为何不能解除业务约定。

2. 与使用者理解注册会计师的责任或审计报告相关的情形

法律法规或得到广泛认可的惯例可能要求或允许注册会计师详细说明某些事项，以进一步解释注册会计师在财务报表审计中的责任或审计报告。当其他事项部分包含多个事项，并且根据注册会计师的职业判断，这些事项与使用者理解审计工作、注册会计师的责任或审计报告相关时，对每个事项使用不同的子标题可能是有帮助的。

增加其他事项段不涉及以下两种情形：

（1）除审计准则规定的责任外，注册会计师还有其他报告责任；

（2）注册会计师可能被要求实施额外的规定程序并予以报告，或者对特定事项发表意见。

3. 对两套以上财务报表出具审计报告的情形

实体可能按照通用目的财务报告框架（如×国财务报告框架）编制一套财务报表，且按照另一个通用目的财务报告框架（如国际财务报告准则）编制另一套财务报表，并委托注册会计师同时对两套财务报表出具审计报告。如果注册会计师已确定两个财务报告框架在各自情形下是可接受的，可以在审计报告中增加其他事项段，说明该实体根据另一个通用目的财务报告框架编制了另一套财务报表以及注册会计师对这些财务报表出具了审计报告。

4. 限制审计报告分发和使用的情形

为特定目的编制的财务报表可能按照通用目的财务报告框架编制，因为财务报表预期使用者已确定这种通用目的财务报表能够满足他们对财务信息的需求。由于审计报告旨在提供给特定使用者，注册会计师可能认为在这种情况下需要增加其他事项段，说明审计报告只是提供给财务报表预期使用者，不应被分发给其他机构或人员，或者被其他机构或人员使用。

（二）在审计报告中增加其他事项段

如果在审计报告中包含其他事项段，注册会计师应当将该段落作为单独的一部分，并使用"其他事项"或其他适当标题。

其他事项段的内容明确反映了未被要求在财务报表中列报或披露的其他事项。其他事项段不包括法律法规或其他职业准则（国际职业会计师道德守则中与信息保密相关的规定）禁止注册会计师提供的信息。其他事项段也不包括要求管理层提供的信息。

（三）其他事项段在审计报告中的位置

其他事项段在审计报告中的位置取决于拟沟通信息的性质，以及按照《国际审计准则 700 号——对财务报表形成审计意见和出具审计报告》（修订）的规定与需要报告的其他要素相比较，注册会计师针对该信息对财务报表预期使用者的相对重要程度的判断。例如：

（1）当审计报告中已包含关键审计事项部分，且其他事项段也被认为必要时，注册会计师可以在"其他事项"标题中增加进一步的背景信息，比如"其他事项—审计范围"，以将其他事项段和关键审计事项部分描述的每个事项区分开来；

（2）当其他事项段旨在提醒使用者关注与审计报告中提及的其他报告责任相关的事项时，该段落可以置于"按照相关法律法规的要求报告的事项"部分内；

（3）当其他事项段与注册会计师的责任或使用者理解审计报告相关时，可以单独作为一部分，置于"对财务报表出具的审计报告"和"按照相关法律法规的要求报告的事项"之后。

表3-6 列示了一些增加其他事项段的情形。

表3-6　　　　　　　　　　在审计报告中的其他事项

条件	注释
事项未在财务报表中列报或披露	提及未在财务报表中列报或披露的事项。此外，其他事项不应当包括要求管理层提供的信息
未被法律法规禁止	法律法规或其他职业准则，如与信息保密相关的准则，不禁止该项披露
披露与使用者相关	与理解审计工作、注册会计师的责任或审计报告相关的事项
不相互矛盾	列报的信息不应当与审计意见或财务报表中披露或列报的项目相互矛盾。其他事项段不影响审计意见
在审计报告中的位置	（1）当审计报告中已包含关键审计事项部分，置于关键审计事项之后； （2）当其他事项段旨在提醒使用者关注与审计报告中提及的其他报告责任相关的事项时，该段落可以置于"按照相关法律法规的要求报告的事项"部分内； （3）当其他事项段与注册会计师的责任或使用者理解审计报告相关时，可以单独作为一部分，置于"对财务报表出具的审计报告"和"按照相关法律法规的要求报告的事项"之后

参考格式 3-25 列示了包含关键审计事项部分、强调事项段及其他事项段的审计报告。

参考格式 3-25 包含关键审计事项部分、强调事项段及其他事项段的审计报告

审计报告

ABC 股份有限公司全体股东：

一、对财务报表出具的审计报告

（一）审计意见

我们审计了 ABC 股份有限公司（以下简称 ABC 公司）财务报表，包括 20×1 年 12 月 31 日的资产负债表、20×1 年度的利润表、现金流量表、股东权益变动表以及财务报表附注（包括重大会计政策和会计估计）。

我们认为，后附的财务报表在所有重大方面按照国际财务报告准则的规定编制，公允反映了 ABC 公司 20×1 年 12 月 31 日的财务状况以及 20×1 年度的经营成果和现金流量。

（二）形成审计意见的基础

我们按照国际审计准则的规定执行了审计工作。审计报告的"注册会计师对财务报表审计的责任"部分进一步阐述了我们在这些准则下的责任。按照国际职业会计师道德守则，我们独立于 ABC 公司，并履行了职业道德方面的其他责任。我们相信，我们获取的审计证据是充分、适当的，为发表审计意见提供了基础。

（三）强调事项

我们提醒使用者关注，财务报表附注 × 描述了火灾对 ABC 公司的生产设备造成的影响。本段内容不影响已发表的审计意见。

（四）关键审计事项

关键审计事项是根据我们的职业判断，认为对本期财务报表审计最为重要的事项。这些事项是在对财务报表整体进行审计并形成意见的背景下进行处理的，我们不对这些事项提供单独的意见。

［按《国际审计准则第 701 号——在审计报告中沟通关键审计事项》的

规定描述每一关键审计事项。]

（五）其他事项

20×0 年 12 月 31 日的资产负债表，20×0 年度的利润表、现金流量表、股东权益变动表以及财务报表附注由其他会计师事务所审计，并于 20×1 年 3 月 31 日发表了无保留意见。

（六）管理层和治理层对财务报表的责任

[按照《国际审计准则第 700 号——对财务报表形成审计意见和出具审计报告（修订）》的规定报告]

（七）注册会计师对财务报表审计的责任

[按照《国际审计准则第 700 号——对财务报表形成审计意见和出具审计报告（修订）》的规定报告]

二、按照相关法律法规的要求报告的事项

[按照《国际审计准则第 700 号——对财务报表形成审计意见和出具审计报告（修订）》的规定报告]

负责本审计报告审计结果的项目合伙人是×××。

[以会计师事务所的名义、注册会计师个人的姓名或两者的名义签字，视特定司法管辖区要求而定]

[审计报告日期]

[会计师事务所地址]

三、与治理层的沟通

如果拟在审计报告中包含强调事项段或其他事项段，注册会计师应当就该事项和拟使用的措辞与治理层沟通。与治理层沟通能使治理层了解注册会计师拟在审计报告中所强调的特定事项的性质，并在必要时为治理层提供进一步澄清的机会。对于连续审计业务，当某一特定事项在每期审计报告的其他事项段中重复出现时，除非法律法规另有规定，注册会计师可能认为没有必要在每次审计业务中重复沟通。

第四章
国外运用加强版审计报告的经验

第一节 欧盟委员会对审计改革的建议

一、《审计政策——危机的教训》的主要观点

2010年10月13日,欧盟委员会发表题为《审计政策——危机的教训》的绿皮书[①],反思金融危机中审计的不足之处,探讨如何对现行的审计制度安排进行改革,以进一步发挥注册会计师在促进金融稳定中的作用。绿皮书在注册会计师的作用和独立性、会计师事务所的内部治理、审计市场的结构、会计师事务所的监督,中小企业的审计等方面,提出一系列的改革措施,并广泛征求各方意见。欧盟委员会在听取各方面意见的基础上,于2011年提出正式的改革建议,并据此制定和修改相关法律。

根据绿皮书提出的改革措施,将其分成三类:一是比较温和的改革措施;二是比较激进的改革措施;三是欧盟内部问题的改革措施。

(一)比较温和的改革措施

欧盟委员会绿皮书提出的这类改革措施,力度比较温和,并且在一些国家已经实施,或者国际准则制定者正在研究落实。

1. 关于审计的作用

关于审计的作用,改革措施分为两类:

---

① European Commission: Green Paper: Audit Policy—Lessons from the Crisis, October, 2010.

一是改进审计技术方法和加强审计结果的内外部沟通，包括强化职业怀疑态度，注重检查经济业务的实质而非形式，提高审计报告的信息含量和实效性，加强注册会计师与外部监管者、公司审计委员会和内部审计机构的沟通等。

二是注册会计师作用的定位，包括审计能不能像信用评级那样，对公司财务健康的前瞻性信息提供保证，避免事后诸葛亮；要不要请注册会计师对公司履行社会和环境责任的信息提供鉴证。

2. 关于集团审计

改革措施是，为确保集团财务报表审计的工作质量，使集团注册会计师（负责集团审计的会计师事务所）能够担当起肩负的责任，有必要赋予集团注册会计师足够的权力，包括使集团注册会计师能够查阅集团分支机构注册会计师（负责集团分支机构审计的会计师事务所）的工作底稿和审计报告，充分参与和统御审计全过程。

3. 关于简化对中小企业审计和中小事务所的规定

改革措施是，为减轻中小企业的负担，放宽对中小企业的审计要求，不对其进行法定审计，或者代之以其他要求较低的鉴证服务；允许中小会计师事务所提供非审计服务，适当放宽内部质量控制和外部监管要求。

4. 关于收费结构方面的限制

改革措施是，对一家会计事务所向某一审计客户收费，占该会计师事务所全部收入的比例进行限制。

5. 关于加强会计事务所内部治理

为进一步减少利益冲突，提高会计师事务所的独立性，改革措施是，会计师事务所应当加强内部治理，并探索聘请独立董事的可行性。

6. 关于公开会计师事务所的财务报表

改革措施是，提高会计师事务所财务信息的透明度，公开其财务报表，并探索对会计师事务所财务报表进行审计的可能性。

7. 关于消除"四大"最好的偏见，以降低审计市场集中度

上市公司审计业务越来越集中于"四大"会计师事务所，其他会计师事务所，尤其是中小会计师事务所，很难进入这个审计市场。此外，审计市场过度集中于几家会计师事务所，可能会导致一系列垄断效应。比如，这些会计师事务所侧重于依赖会计师事务所声誉承揽业务而不重视进一步提高执业质量和

职业道德。而且，高度垄断可能会产生审计的"系统风险"，如果某家会计师事务所倒闭，将对整个审计市场产生很大冲击。为改善审计市场高度集中于"四大"的局面，改革措施是，消除"四大最好"的偏见，特别是要取消"只接受经四大审计的财务报表"的规定，探索建立会计师事务所质量认证，对会计师事务所承担大型上市公司的能力进行认证。

8. 关于进一步研究会计师事务所所有权模式，并探索从外部筹集资本

目前注册会计师合伙人掌握着会计师事务所的大部分表决权，并控制着会计师事务所管理委员会，这一模式的合理性需要进一步研究。同时会计师事务所只接受注册会计师的出资，限制了会计师事务所的资金来源渠道和抗风险能力。改革措施是，进一步研究会计师事务所的所有权模式，放宽其融资渠道，探索会计师事务所从非专业人士等其他渠道筹集资金的可能性，以适应服务于大型审计客户的需要。

9. 关于制定应急计划

针对审计市场高度集中带来的系统风险问题，改革措施是：欧盟委员会联合各成员国、会计师事务所和其他利益相关者共同制定应急计划，在发生有影响力的大型会计师事务所倒闭的情况下，根据应急计划能够形成应对方案，避免审计市场的瘫痪和风险的进一步积累。

10. 关于限制非审计服务

关于非审计服务，改革措施是，为提高会计师事务所的独立性，应禁止其向审计客户提供非审计服务，甚至全面禁止会计师事务所提供非审计服务。

（二）比较激进的改革措施

欧盟委员会绿皮书提出的这类措施比较激进，改革力度大。

1. 关于改变注册会计师的任命和报酬支付方

由实体聘请注册会计师，并向其支付报酬不利于注册会计师保持独立性。因此，绿皮书提出由第三方如监管者任命会计师事务所，并支付报酬的改革措施。

2. 关于实施联合审计或建立审计联盟

实施联合审计或建立审计联盟的改革措施：实体同时聘请两家会计师事务所从事一项审计业务，签发一份审计报告，而且，这两家会计师事务所中至少一家为非"四大"会计师事务所，以解决审计市场集中度高的问题，并为中小事务所从"四大"学习先进经验提供机会。

3. 关于实施审计事务所强制轮换

为进一步提高注册会计师独立性和降低审计市场集中度，考虑实行会计师事务所的强制轮换。

（三）属于欧盟内部问题的改革措施

这类改革措施主要与创建欧盟一体化审计市场有关。

法定审计指令中的某些规定为跨国间拥有会计师事务所的所有权提供了可能。随着这一指令在欧盟成员国的实施，一些大型国际网络会计师事务所取得了更高程度的融合。但是依然存在很多障碍，妨碍审计专业人士的跨国流动，以及会计师事务所的跨国执业，这些障碍主要集中在：存在国家、欧盟和国际三个层面的监管体系，并且三者之间缺乏相应的协调；注册会计师职业资格在各个国家间没有互认；法定审计指令规定事务所须经某国批准并注册后方可在该国从事业务。

欧盟各个国家间目前缺乏对会计师事务所监管的更为协调、合作的机制。目前网络会计师事务所在各个国家的组成部分分别受相应国家监管机构的监管，但其跨境管理主体没有被监管。

绿皮书认为应当采取步骤，促进欧盟及各成员国在会计师事务所监管方面与第三国之间的国际合作和互相依赖。

为此，改革措施是：最大可能协调各国注册会计师资格，并在统一资格要求、统一注册、统一规划、统一管理的前提下建立"注册会计师欧洲通行证"；加强欧盟各国成员国会计师事务所监管的协作，建立覆盖欧洲的会计师事务所监管体系。

二、《审计政策——危机的教训》对审计报告的观点

（一）注册会计师的作用

绿皮书指出，根据法律，有限责任公司的年度报表应当接受审计。公司接受审计的事实，并不意味着强加给注册会计师义务，保证被审计的财务报表完全不存在错报。当报告财务报表按照相关财务报告框架真实和公允表达时，意味着注册会计师对财务报表整体不存在重大错报提供"合理保证"，而该错报无论是舞弊还是错误导致。这样，注册会计师尽力减少在遵循既定的会计框架下列报的历史财务信息存在"重大"错报的风险。欧盟委员会注意到，法定

审计从实质性验证收入、支出、资产和负债演进到风险导向审计。

现行实务似乎表明，上面提及的"合理保证"，对保证财务报表真实、公允表达缺乏针对性，更适合保证财务报表按照财务报告框架编制。金融危机表明，审计意见应当聚焦于"实质重于形式"，包括保证在不同的司法管辖区不存在监管框架的套利（no arbitrage of the difference in regulatory framework）。要注意的是，国际财务报告准则是建立在真实和公允原则以及实质重于形式的基础上。

注册会计师通过工作获取的知识，可能对监管者和欧盟委员会是有用的。然而，欧盟委员会认为，注册会计师和监管者的进一步合作，尽管非常值得，但不应混淆注册会计师和监管者各自的责任。

（二）注册会计师向相关利益者的沟通

非常重要的是，要清晰地定义什么种类的信息（作为审计意见和审计发现的组成部分）应当由注册会计师向相关利益者沟通。这将不仅意味着重新考虑审计报告，并且也要考虑对审计方法论的额外沟通，解释在多大程度上实质性地证实已审计公司的资产负债表。

1. 对相关利益者提供较高的保证程度

从使用者的角度看，针对资产负债表的组成部分以及这些组成部分在资产负债表日的计价，注册会计师应当向相关利益者提供非常高的保证程度。欧盟委员会希望探索"回归基本"的案例，强烈聚焦于实质性地证实资产负债表，较少依赖遵从性和体制性工作，亦即这项任务应当主要属于客户的责任，基本上由内部审计所覆盖。注册会计师能够披露哪些组成部分直接得到证实，哪些组成部分根据职业判断、内部模型、假设和管理层解释得到证实。为了提供真实、公允的观点，注册会计师应当保证实质胜于形式。

2. 注册会计师行为

通常来讲，提供合理的财务信息是被审计实体管理层的责任，注册会计师则从使用者的视角，扮演质疑管理层的角色。对于被审计实体，运用职业怀疑是非常重要的。这种职业怀疑也能针对财务报表中的关键披露，可能导致在审计报告中增加一项恰当的"强调事项"。然而，需要避免的是，不能报告对相关利益者没有什么意义的增值披露。

3. 非无保留意见

在审计环境中，最重要的问题之一是，对所附非无保留意见审计报告的负面感受。这保持了一种"孤注一掷的"（all or nothing）的模式，对客户和注册会计师而言，审计报告中的非无保留意见已经变成令人生厌的东西。不像评级机构和权益分析师，注册会计师没有对被审计实体进行分类。这来源于这样的事实，注册会计师对财务报表发表公允意见，并不是真正地对相对业绩发表公允意见，或者甚至为了那个事项对一个报告实体财务报表的相对质量发表公允意见。人们必须考虑是否有信息量的事项（和审计报告一起提供或作为审计报告的部分），例如潜在风险、行业发展、商品和汇率风险，等等，向使用者提供更多有价值的信息。

4. 更好的外部沟通

注册会计师对沟通的责任可能需要重新考虑，以便改进总体沟通过程，由此提高使用者对注册会计师增加的价值的感受。例如，英国已经重新考虑审计报告模式，要求审计报告更加简明，并正在考虑使审计报告更有信息含量。法国商业守则要求注册会计师公开证明审计意见以及连同对年度报表出具的报告是合理的。这包括评价公司选择和运用的会计方法、重大或敏感的会计估计、内部控制要素（如必要）。另一个潜在的考虑是，注册会计师获得的有关公众利益的信息在多大程度上能够向公众沟通。此类信息的例子可能是公司暴露于未来的风险或事项、知识产权风险、无形资产将会受到不利影响的程度。

另一个需要考虑的方面是，注册会计师向相关利益者沟通的及时性和频率。人们经常争论审计意见是"太少太晚"（too little too late）。

5. 更好的内部沟通

应当保证公司审计委员会、注册会计师以及内部审计人员之间的定期沟通。这将会确保全面覆盖遵循、风险监控以及实质性证实资产、负债、收入和费用等方面不存在漏洞。此类沟通一个良好的例子体现在德国的法律中，该项法律要求注册会计师向监事会提交一份"长式报告"（long-form report）。这种报告，不会向公众公开，比审计报告更加详细，概括汇总了有关下列事项的重大审计发现：持续经营假设和相关的监控系统、公司未来发展和面临的风险、重大披露、遇到的非常规事项、使用的会计方法，或者任何弄虚作假的事项。

然而，这种加强版的对话，不允许损害注册会计师的独立性。

6. 公司社会和环境责任（CSR）

公司社会和环境责任是指这种方式，公司将社会和环境的关注和业务经营整合在一起，并在自愿的基础上和相关利益者互动。

比较清晰的报告规则可能有益于更好评价欧盟的公司，以及更好的聚焦于公司和投资者关注的可持续发展问题。

为了保证所报告信息充分的质量和可靠性，关注的问题是，是否可能需要对所报告的信息进行独立检查，注册会计师是否应当在这方面扮演角色。

7. 注册会计师工作权限的延伸

到目前为止，审计的焦点在很大程度上依据历史信息。非常重要的是，假定拥有接触关键信息的特权，考虑注册会计师是否应当评价公司提供的面向未来的信息，以及注册会计师本身提供经济和财务前景的程度。后者在"持续经营"背景下尤其相关。

面向未来的分析，至少在大型上市公司，目前已被权益分析师和评级机构覆盖。由此，注册会计师的作用延伸至这个方面，如果对相关利益者具有真正的增值。

第二节 欧盟对审计改革的立法

正如前述，欧盟委员会公布了绿皮书，在金融市场监管改革的背景下，针对审计的作用和范围，以及如何加强审计职能以有利于增加金融稳定，广泛征求了意见。意见表明，欧盟委员会发布的《年度财务报表法定审计指令》（Directive 2006/43/EC）有关执行公众利益实体年度和合并财务报表法定审计的规则可能需要完善。欧盟委员会认识到，着眼于保证公众利益实体的法定审计的高质量和严格按照要求实施审计，制定详细的规则是必要的。

因此，2014 年 4 月 16 日，欧盟委员会正式发布了由欧洲议会和欧盟理事会审议通过的修改后的《年度财务报表法定审计指令》（Directive2014/56/EU）① 和新制定的《对公众利益实体法定审计监管的特殊要求》［Regulation

---

① DIRECTIVE 2014/56/EU OF THE EUROPEAN PARLIAMENT AND OF THE COUNCIL of 16 April 2014 amending DIRECTIVE 2006/43/EC on statutory audits of annual accounts and consolidated accounts），A-pril，2014.

(EU) No537/2014]①，两部法律的生效日期是 2016 年 6 月 17 日。

修改的年度财务报表法定审计指令，主要涉及修改对会计师事务所的认可、继续教育、对来自其他成员国法定注册会计师的批准、被审计实体雇佣以前法定注册会计师和会计师事务所员工、准备审计工作和评价对独立性的威胁、法定注册会计师和会计师事务所的内部组织、法定审计的范围、审计准则、合并财务报表的法定审计、审计报告、调查和处罚等。

《对公众利益实体法定审计监管的特殊要求》从三个方面作出规定：一是实施公众利益实体年度和合并财务报表法定审计条件；二是公众利益实体组织和选择法定注册会计师（作为个人执业者经营的法定注册会计师）和会计师事务；三是监督法定注册会计师和会计师事务所遵守这些规定的情况。这些规定大部分体现了绿皮书改革的思路，这里予以简要介绍。

一、实施公众利益实体法定审计的条件

（一）审计收费

1. 或有收费

公众利益实体法定审计提供的费用不应是或有收费。或有收费是指，在预先确定的基础上计算的审计业务收费，与交易的后果或结果，或者实施工作的结果相关。如果法院或政府部门已经作出规定，则不视为或有收费。

2. 非审计服务收费

当法定注册会计师或会计师事务向被审计实体、其母公司或受其控制的公司连续三年或以上提供本法律禁止以外的非审计服务，该非审计服务的总收费，应当不超过在最近连续三年财务年度来自被审计实体以及其母公司、受其控制的公司和集团公司合并财务报表（如适用）法定审计平均收费的70%。

3. 单一客户收费

当在最近连续三年财务年度的每一年，来自某一家公众利益实体的总收费，超过该法定注册会计师或会计师事务所（如适用，或由集团注册会计师完成法定审计）在每一财务年度总收费的15%，法定注册会计师或会计师事

---

① Regulation (EU) No 537/2014 of the European Parliament and of the Council of 16 April 2014 on specific requirements regarding statutory audit of public – interest entities and regarding Commission Decision 2005/909/EC), April, 2014.

务所（集团注册会计师，看情形而定）应当向审计委员会披露这一事实，并与审计委员会讨论对独立性的威胁，以及减轻这些威胁的防护措施。审计委员会应当考虑在审计报告出具前，审计业务是否应由其他法定注册会计师或会计师事务所实施质量控制复核。

如果来自某一家公众利益实体的总收费继续超过该法定注册会计师或会计师事务所（如适用，或由集团注册会计师完成法定审计）在每一财务年度总收费的15%，审计委员会应当依据客观理由，确定法定注册会计师或会计师事务所（或集团注册会计师）是否可能继续实施该实体或集团实体另外期间的法定审计，但无论如何，不得超过两年。

（二）禁止提供非审计服务

执行被审计实体法定审计的法定注册会计师或会计师事务所，或者法定注册会计师或会计师事务所隶属的网络所的任何成员，在下列期间，不得直接或间接向被审计实体、其母公司、或其控制的公司提供任何禁止的非审计服务：一是从被审计期间开始到出具审计报告止的期间；二是在最近上一期的财务年度。禁止的非审计服务如下：

（1）与税务服务相关的服务：编制纳税申报表；工资税；关税；区分国家补贴和税收激励（除非法律支持提供此类服务）；对税务机关实施的有关税务检查提供支持（除非法律支持提供此类服务）；计算直接税和间接税以及递延税；提供税务咨询。

（2）涉及在被审计实体扮演管理或决策作角色的服务。

（3）簿记、编制会计记录和财务报表。

（4）工资服务。

（5）设计和实施与编制和（或）控制财务信息相关的内部控制和风险管理程序，或者设计和实施财务信息技术系统。

（6）估值服务，包括与保险精算或诉讼支持服务相关的估值。

（7）与下列相关的法律服务：法律总顾问；代表被审计实体谈判；在解决诉讼中扮演表达意见角色。

（8）与被审计实体内部审计职能相关的服务。

（9）与被审计实体的筹资、资本结构和配置、投资战略相关的服务，除非提供与财务报表相关的鉴证服务，例如，出具与被审计实体公布的招股说明书相关的安慰函。

（10）促销、经营或认购被审计实体的股份。

（11）人力资源服务，涉及：管理层处在对会计记录或财务报表（法定审计的鉴证对象）的编制施加重大影响的位置，而这种服务涉及寻找或找出此类职位候选人，或者承担对此类职位候选人进行背景调查；组织结构设计；成本控制。

（三）准备法定审计工作和评价对独立性的威胁

在承接或保持一家公众利益实体法定审计业务之前，法定注册会计师或会计师事务所应当评估和记录下列内容：

（1）是否遵守有关审计收费和禁止提供非审计服务的要求；

（2）是否遵守审计业务保持期间；

（3）不损害审计指令，以及对公众利益实体的监督、行政和管理机构成员的诚信。

法定注册会计师或会计师事务所还应当：

（1）每年以书面形式向审计委员会确认，执行法定审计的法定注册会计师、会计师事务所和合伙人、高级经理和经理，独立于被审计实体；

（2）与治理层讨论对独立性的威胁，以及减轻那些威胁所运用的防护措施，并形成工作底稿。

（四）违规行为（Irregularities）

除了不损害其他报告要求外，当执行某一公众利益实体法定审计的法定注册会计师或会计师事务所怀疑或有理由怀疑存在违规行为（包括与被审计实体财务报表相关的舞弊）可能发生或已经发生时，应当通知被审计实体，要求调查该事项，采取措施处理此类违规行为，防止此类违规行为在以后再次发生。

如果被审计实体不调查该事项，法定注册会计师或会计师事务所应当向负责调查此类违规行为的机构进行报告。

法定注册会计师或会计师事务所向这些机构诚实地披露这些违规行为，不构成违反合同或法律对信息披露的限制。

（五）项目质量控制复核（Engagement quality control review）

在出具审计报告和额外报告（额外报告是注册会计师向公司审计委员会提交的有关审计重大问题的报告，在下面相关部分简要介绍）前，应当实施质量控制复核，以评估法定注册会计师或关键审计合伙人是否能够已经合理地得出在起草审计报告时表达的意见和结论。

复核应当由项目质量控制复核人实施，复核人应当是不参与执行法定审计的法定注册会计师。

当实施复核时，复核人应当至少记录下列内容：

（1）对用以支持重大判断以及实施审计程序的主要审计发现和通过这些审计发现得出的结论，无论是否应复核人要求，法定注册会计师或关键审计合伙人均应提供口头和书面的信息；

（2）在起草审计报告和额外报告时，法定注册会计师或关键审计合伙人表达的意见。

复核人应当至少评估下列要素：

（1）法定注册会计师或会计师事务所与被审计单位保持独立性；

（2）法定注册会计师或关键审计合伙人在执行法定审计时识别出的、与法定审计相关的特别风险，以及恰当管理这些风险采取的措施；

（3）法定注册会计师或关键审计合伙人确定重要性水平和特别风险的理由；

（4）向外部专家寻求的建议，以及对建议的落实情况；

（5）执行审计期间识别出的在财务报表中的已纠正和尚未纠正错报的性质和范围；

（6）与治理层和管理层以及被审计实体的监督机构讨论的事项；

（7）与主管部门和第三方（如适用）讨论的事项；

（8）复核人从文档中选择的记录和信息，是否支持法定注册会计师或关键审计合伙人在起草审计报告和额外报告时表达的意见。

复核人应当与法定注册会计师或关键审计合伙人讨论复核结果。会计师事务所应当建立程序，当关键审计合伙人与复核人之间出现分歧时，确定解决分歧的方式。

法定注册会计师或会计师事务所和复核人应当记录复核的结果以及连同依据这些结果进行的考虑。

（六）国际审计准则

欧盟委员会被授权决定是否采用国际审计准则。采用的判断标准是具有恰当的制定程序、公众监督、透明，并得到国际认可；提高财务报表的可信性水平和质量；有利于欧盟公共事业。

（七）审计报告

法定注册会计师或会计师事务所应当在审计报告中表达对上市实体法定审计的结果（该部分法律修订了上市实体审计报告的模式，在下面详细介绍）。

（八）向审计委员会提交的额外报告（an additional report）

执行公众利益实体法定审计的法定注册会计师或会计师事务所应当向被审计实体的审计委员会提交额外报告，时间不晚于提交审计报告的时间。如果被审计实体没有审计委员会，额外报告应当提交给在被审计实体执行相当职能的机构。

额外报告应当以书面形式提交。额外报告应当说明执行法定审计的结果，并至少包括下列内容：

（1）包括对独立性的声明；

（2）如果由会计师事务所执行的法定审计，报告应当指出参与审计的每一合伙人；

（3）如果法定注册会计师或会计师事务所已经安排另外的非同一网络所成员的法定注册会计师或会计师事务所为其执行审计工作，或者已经利用外部专家的工作，报告应当指出该事实，并应当确认已经收到来自其他法定注册会计师或会计师事务所或外部专家的有关独立性的声明；

（4）描述与治理层或执行相当职能的机构、管理层，或者被审计实体的行政或监督机构进行沟通的性质、频率和范围，包括会面的时间；

（5）包括描述审计的范围和时间安排；

（6）如果委任一个以上法定注册会计师或会计师事务所，描述法定注册会计师或会计师事务所之间的任务分配；

（7）描述使用的方法，包括哪一类资产负债表的项目已经直接得到核实，哪一类依据系统和遵循性测试得到核实，包括说明与上年进行比较时，系统和遵循性测试发生的重大变化，即使上年的法定审计由其他法定注册会计师或会计师事务所实施；

（8）披露执行法定审计针对财务报表整体运用的重要性的数量水平，以及针对特定类别的交易、账户余额或披露运用的重要性水平，披露在确定重要性水平时考虑了哪些质量因素；

（9）对在审计过程中识别出的可能对被审计实体持续经营产生重大疑虑

的事项和情况以及是否构成重大不确定性，报告和说明判断过程；对持续经营评估时，已经考虑汇总的所有保函、安慰函、公共干预事业和其他支持性措施；

（10）报告在被审计实体或母公司（在合并财务报表情况下）内部财务控制制度和会计系统的任何重大缺陷，对每一类重大缺陷，额外报告应当说明存在问题的缺陷是否已经被管理层所解决；

（11）报告对在审计过程中识别出的涉及实际的或怀疑的不遵守法律法规或公司章程的任何重大事项，就这些事项而言，与审计委员会履行其职责相关；

（12）报告和评估运用于年度或合并财务报表中的各种项目的计价方法，包括此类方法变动的影响；

（13）在合并财务报表法定审计的情况下，解释合并的范围和由被审计实体运用到非合并实体的排除标准，以及运用的这些标准是否符合财务报告框架的要求；

（14）如适用，指出由第三国非同一网络的成员的法定注册会计师或会计师事务所执行的与合并财务报表相关的审计工作；

（15）报告：在法定审计过程中遇到的困难；法定审计产生的与管理层讨论或通信主题涉及的任何重大问题；法定审计产生的根据职业判断对监督财务报告过程有重大影响的其他问题。

提交给审计委员会的额外报告应当签字并注明日期。

（九）向公众利益实体监管者报告

执行公众利益实体（信贷机构和保险公司）的法定注册会计师或会计师事务所，有义务及时向负责监督公众利益实体的主管部门或负责监管法定注册会计师或会计师事务所的主管部门报告下列事项：

（1）公众利益实体严重违反有关管理授权条件或控制此类公共实体开展活动的法律法规和行政规章；

（2）对公众利益实体持续经营功能有重大威胁或重大疑虑；

（3）对财务报表发表无法表示意见或发表否定或保留意见。

监督信贷机构和保险公司的主管部门与承担这些实体法定审计的法定注册会计师或会计师事务所之间，应当建立一种有效的对话机制。

（十）透明度报告（transpancy report）

执行公众利益实体法定审计的法定注册会计师或会计师事务所应当在每个财务年度结束后的四个月内公布年度透明度报告。透明度报告应当在法定注册会计师或会计师事务所的网站上公开，从公布之日起在网站上保留五年。

允许法定注册会计师或会计师事务所更新刊出的年度透明度报告。在这种情况下，法定注册会计师或会计师事务所应当指出这是更新过的版本，原版本的报告继续保留在网站。

年度透明度报告应当包括下列内容：

（1）描述会计师事务所的法律结构和所有权；

（2）如果法定注册会计师或会计师事务所是一家网络所的成员：描述该网络和在网络中的法律和组织安排；作为个人执业者经营的每个法定注册会计师或会计师事务所的名称；作为个人执业者经营的每个法定注册会计师或会计师事务所登记的办公室、管理中心或主要营业地，符合所在国家的要求；作为个人执业者经营的每个法定注册会计师或会计师事务所，来自年度和合并财务报表法定审计的总收入；

（3）描述会计师事务所的治理结构；

（4）描述法定注册会计师或会计师事务所的内部质量控制体系及其运行有效性的声明；

（5）指出上一次接受质量保证检查的时间；

（6）列出上一财务年度期间，法定注册会计师或会计师事务所执行的公众利益实体法定审计的目录；

（7）声明有关法定注册会计师或会计师事务独立性的做法（也确认对独立性遵循的内部复核已经完成）；

（8）声明法定注册会计师或会计师事务遵循了审计指令有关的继续教育政策；

（9）有关会计师事务所的合伙人报酬计算基础的信息；

（10）描述法定注册会计师或会计师事务有关关键合伙人和员工的轮换政策；

（11）法定注册会计师或会计师事务有关总收入的信息，分为下列几类：来自公众利益实体和隶属于集团（母公司是公众利益实体）的实体年度财务报表和合并财务报表法定审计的收入；来自其他实体年度和合并财务报表法定审计的收入；来自法定注册会计师或会计师事务审计实体所允许的非审计收入；来自其他实体的非审计收入。

透明度报告应当由法定注册会计师或会计师事务签字。

（十一）向主管部门报送信息

法定注册会计师或会计师事务应当向主管部门提供产生业务收入的被审计公众利益实体的名录，收入分为以下几类：

（1）来自法定审计的收入；

（2）来自法定非审计服务的收入。

（十二）记录保存

法定注册会计师或会计师事务应当保存记录和信息至少五年（从建立此类文件算起）。

二、公众利益实体对法定注册会计师或会计师事务所的委任

（一）法定注册会计师的委任程序

公众利益实体在聘任法定注册会计师或会计师事务时，应当通过一个透明、无歧视的招投标程序完成。在招投标的过程中，审计委员会应当深入参与。

审计委员会应当向管理层或监事会提出一项委任法定注册会计师或会计师事务所建议。

除非涉及审计业务续签，否则建议应当具有合理性，并包含对审计业务至少有两个选择，审计委员会应当对其中一个选择表达倾向性意见。在建议中，审计委员会应当说明，其建议不受任何第三方的影响。

除非涉及审计业务续签，审计委员会的建议应当按照被审计实体确定的选择程序编写，遵循下列标准：

（1）被审计实体应当有权邀请任何法定注册会计师或会计师事务所就提供法定审计服务提交标书。

（2）为了引起被邀请法定注册会计师或会计师事务所的注意，被审计实体应当编制招标文件。

（3）被审计实体有权确定选择程序，在实施选择程序过程中，可以与感兴趣的投标者开展直接沟通。

(4) 法律法规要求法定注册会计师或会计师事务所遵守某些质量准则，这些准则应当包括在招标文件中。

(5) 被审计实体应当评价法定注册会计师或会计师事务所根据在招标文件中预先确定的选择标准提出的投标文件。被审计实体应当编制一份被审计委员会确认的有关选择程序的报告。被审计实体和审计委员会应当考虑有关投标人（法定注册会计师或会计师事务所）的任何质量检查报告的结果和结论。

(6) 被审计实体应当能够证明，或者应要求向主管部门证明，选择程序是以公允的方式执行的。

(二) 审计业务的持续期间

对于法定注册会计师或会计师事务所的首次业务，公众利益实体应当委任法定注册会计师或会计师事务至少 1 年。业务可以续签。

无论法定注册会计师或会计师事务的首次业务，还是随后的续签业务，两者都不能超过 10 年。

在最长业务持续期间期满之后，或者根据规定业务延期期满之后，法定注册会计师或会计师事务所以及欧盟内网络成员，在之后的 4 年期间内，不得从事同一公众利益实体的法定审计业务。

如果法定审计通过招标程序确定法定注册会计师或会计师事务，业务持续期间可以是 20 年。

如果一个以上的法定注册会计师或会计师事务同时受托，以联合审计报告表达方式提供法定审计结果，业务持续期间可以是 24 年。

负责执行法定审计的关键审计合伙人，从其委任之日起到 7 年期满，应当终止参与被审计实体的法定审计业务；在之后的 3 年，不得重新参与该被审计实体的法定审计。

(三) 移交文件

如果某一法定注册会计师或会计师事务所被其他法定注册会计师或会计师事务所代替，前任法定注册会计师或会计师事务所应当允许继任法定注册会计师或会计师事务所接触额外报告以及任何提交给主管部门的信息。

前任法定注册会计师或会计师事务所应当能够向主管部门证明，此类消息已经提供给继任法定注册会计师或会计师事务所。

三、对执行公众利益实体法定审计业务的法定注册会计师和会计师事务所活动的监管

（一）独立性

主管部门应当独立于法定注册会计师或会计师事务所。

主管部门可能为了执行特定任务咨询专家，以及当需要恰当完成任务时接受专家的帮助。在这种情况下，专家不应参与任何决策。

主管部门的资金应当得到保证，并且不能受到法定注册会计师或会计师事务所的过度影响。

（二）与主管部门相关的职业秘密

保守职业秘密的义务应当适用于所有人士，包括执行过任务的主管部门现在的雇员或曾经的雇员，或者与主管部门单独签订合同或参与主管部门治理结构的人士。

（三）主管部门的权力

主管部门至少包括下列权力：

（1）接触法定注册会计师或会计师事务所持有的以任何形式存在的与法定审计或其他文件相关的数据，收到或获取副本；

（2）从任何人士获取的与法定审计相关的信息；

（3）对法定注册会计师或会计师事务所执行现场检查；

（4）就某事项提起刑事诉讼；

（5）请求专家执行查证和调查；

（6）采取行政措施，并实施处罚。

（四）质量保证检查（quality assurance reviews）

主管部门应当在风险分析的基础上，对执行公众利益实体审计的法定注册会计师或会计师事务所实施质量保证检查：

（1）执行公众利益实体审计的法定注册会计师或会计师事务所，至少3年接受一次检查；

（2）执行其他实体审计的法定注册会计师或会计师事务所，至少6年接受一次检查。

（五）检查范围

检查范围应当至少包括：

（1）评价法定注册会计师或会计师事务所内部质量控制体系的设计；

（2）为了证实内部质量控制体系的有效性，对程序的恰当遵循进行测试，并检查公众利益实体审计文档；

（3）根据（1）和（2）的检查结果，评价法定注册会计师或会计师事务所在最近年度公布的透明度报告。

（六）处罚

要求停止违法行为、公开曝光、暂时禁止法定注册会计师或会计师事务所1~3年的执业、宣布审计报告不符合要求、暂时禁止合伙人1—3年在事务所行使职能、罚款。

四、欧盟法律对加强版审计报告的规定

（一）《年度报表和合并报表的法定审计》对审计报告的一般规定

在《年度报表和合并报表的法定审计》（修订）（2016年6月生效）有关审计报告规定中强调了审计意见，将与持续经营相关的重大不确定作为单独部分，要求使用清晰、易懂的语言，法定注册会计师要在审计报告签字。主要规定如下：

法定注册会计师或会计师事务所应当在审计报告中列示法定审计的结果。审计报告应当按照审计准则的要求编制。

审计报告应当是书面形式，包括下列内容：

（1）指出哪一实体的年度或合并财务报表接受法定审计，说明年度或合并财务报表以及财务报表的日期或涵盖的期间；指出在财务报表编制时运用的财务报告框架；

（2）包括描述法定审计的范围（最低限度，应当指出执行法定审计所遵循的审计准则）；

（3）包括一项审计意见，应当是无保留意见、保留意见或否定意见，并应清晰说明法定注册会计师或会计师事务所对下列有关事项的意见：年度财务报表是否按照相关财务报告框架给予真实和公允的反映；如果适用，年度财务报表是否遵守了法定要求；如果法定注册会计师或会计师事务所不能发表意

见，审计报告应当包含无法表示意见；

（4）指出法定注册会计师或会计师事务所通过强调方式提请关注的任何事项（不修正审计意见）；

（5）就有关可能导致对实体持续经营产生重大疑虑事项或情况是否存在任何重大不确定性提供声明；

（6）指出法定注册会计师或会计师事务所设立的地点。

如果法定审计由一个以上法定注册会计师或会计师事务所执行，法定注册会计师或会计师事务应当就法定审计结果达成一致意见，并提交联合审计报告。在出现意见分歧的情况下，每一法定注册会计师或会计师事务应当在审计报告中单独部分表达各自的意见，并说明意见分歧的原因。

审计报告应当由法定注册会计师签字。如果会计师事务所执行法定审计，审计报告应当至少由执行法定审计的法定注册会计师代表会计师事务所签字。如果法定审计同时由一个以上法定注册会计师或会计师事务所执行，审计报告应当由所有法定注册会计师签字，或者至少由执行法定审计的法定注册会计师代表每一家会计师事务所签字。

（二）《公众利益实体法定审计的特别要求》对公众利益实体审计报告的特别规定

在新的《公众利益实体法定审计的特别要求》（2016年6月生效）有关审计报告规定中，对审计报告提出额外要求，特别是在审计报告中列示使用者关注的"最重要的评估的重大错风险""对重大错报风险的应对""重大错报风险的观察"，将二元审计报告转化为加强版审计报告，以提高审计报告的相关性和决策有用性。

法定注册会计师或会计师事务所应当在审计报告中列示公众利益实体的法定审计结果。审计报告应当按照《年度报表和合并报表的法定审计》的要求编制，并额外包括下列内容：

（1）说明由谁或哪一个机构委任的法定注册会计师或会计师事务所；

（2）指出委任日期和合计的不间断业务的期间，包括以前的续签和法定注册会计师或会计师事务所的重新委任；

（3）在支持审计意见时，应当提供下列内容：描述最重要的评估的重大错风险，包括评估的由于舞弊导致的重大错报风险；注册会计师应对这些风险的摘要；如果相关，对这些风险的关键观察。如果与在审计报告中提供的以上信息（涉及每一重大的评估的重大错报风险）相关，审计报告应当包括清晰索引至财务报表相关披露；

（4）解释考虑法定审计在何种程度能够发现违反法规行为（包括舞弊）；

（5）确认审计意见与提交给审计委员会的额外报告是一致的；

（6）声明没有向被审计实体提供禁止的非审计服务，以及法定注册会计师或会计师事务所在执行审计时仍然独立于被审计实体；

（7）指出除法定审计外，法定注册会计师或会计师事务所向被审计实体和其控制的实体提供的任何服务，以及在管理层报告或财务报表中没有披露的任何服务。

审计报告应当使用清晰和易懂的语言。

法定注册会计师或会计师事务所不得使用任何主管部门的名称，以某种方式指出或暗含审计报告得到主管部门的认可或批准。

第三节 英国 2014 年运用加强板审计报告的经验

一、英国对公司治理守则和审计准则的修订

2008 年的金融危机，使得投资者和其他相关利益者非常担忧公司经管工作的效果，以及在支持经管工作时审计的效果。特别是基于审计工作，在提供有关审计的透明度和注册会计师对公司的洞察力时，二元审计意见是否继续适合于实现此类目的，令人非常担忧。因此，英国财务报告理事会通过协调对公司治理守则和审计准则的修改，试图改进公司经管工作。

（一）对公司治理守则的修订

2014 年 9 月修订的公司治理守则引进新的主要原则[①]："董事会应当对公司的状况和前景提出公允的、平衡的、可理解的评价。"一是要求董事会说明，年度报告和会计账簿是公允的、平衡的、可理解的。二是要求公司年度报告包括描述审计委员会工作的单独报告，除此之外，在单独报告中还应

---

① FRC: The UK Corporate Governance Code, September 2014.

当描述审计委员会考虑的与财务报表相关的重大问题，以及这些问题是如何解决的。

英国公司治理守则的主要原则如下：

1. 领导层

每个公司应当由有效的董事会领导，并集体对公司的长期成功负责。在公司领导层，董事会的运行和对公司业务经营务负有执行责任之间，应当有清晰的责任区分。董事长负责领导董事会，保证董事会所有方面作用的有效性。非执行董事作为董事会的成员，其履行的部分角色，应当建设性地面对挑战，就战略制定提出建议。

2. 有效性

董事会及其委员会应当在技能、经验、独立性和公司知识方面具有恰当的平衡，使得他们有效地履行各自的义务和责任。对于委任的董事会新成员，应当有一个正式、严格和透明的程序。所有董事会成员应当能够分配足够的时间给公司，以有效履行责任。所有董事会成员在加入董事会时，应当接受就职培训，并应定期更新和补充技能和知识。应当以恰当的方式和良好的质量及时向董事会提供信息，使其能够履行义务。董事会对其自身业绩承担正式和严格的年度评估，并对各委员会和每个董事业绩承担正式和严格的年度评估。所有董事应当定期改选，委任取决于持续性的满意的业绩。

3. 经管责任

董事会应当就公司的状况和前景提出公允的、平衡的和可理解的评价。董事会应当负责确定在实现战略目标时愿意承担的主要风险的性质和范围。董事会应当保持合理的风险管理和内部控制系统。董事会应当建立正式的和透明的安排，考虑这些安排如何应用于公司报告、风险管理和内部控制原则，以及考虑保持与公司委任的注册会计师恰当的关系。

4. 报酬

应当设计执行董事的报酬，促进公司的长期成功。与业绩相关的因素，应当透明、可延伸（具有弹性），并得到严格运用。在确定非执行董事薪酬政策，以及提出每个董事的一揽子薪酬方案时，应当具有一个正式和透明的程序。任何董事不应参与决定其自己的薪酬。

5. 与股东的关系

应当在相互理解的基础上，与股东开展对话。董事会整体有责任保证与股东进行满意的对话。董事会应当利用股东大会和投资者进行沟通，鼓励股东参与。

（二）对审计报告准则的修订

为了回应对上市主体审计报告的要求，英国财务报告理事会引进新的审计报告要求。通过在 2014 年 9 月修改审计报告准则①要求注册会计师除了对董事会作出"公允的、平衡的、可理解的"声明和审计委员会工作报告发表意见外，还要提供有关审计工作更高的透明度。

要求注册会计师在审计报告中体现更高的透明度包括：

（1）描述注册会计师识别和评估的重大错报风险，以及对总体审计策略、审计资源的分配和指导项目组努力的重点产生的重大影响（相当于国际审计与鉴证准则理事会提出的"关键审计事项"）；

（2）解释注册会计师在计划和实施审计时如何运用重要性概念，这种解释应当详细说明注册会计师使用的作为衡量财务报表整体重大错报的门槛；

（3）简要说明审计范围，包括解释审计范围如何应对（1）披露的评估的重大错报风险，以及如何受到（2）披露的注册会计师运用重要性的影响。

审计准则鼓励注册会计师出具个性化的审计报告（亦即，以某种方式将解释的事项直接与被审计实体的具体情况挂钩，不用标准语言表达一般或抽象的事项），同时，也鼓励注册会计师协调审计委员会工作报告和审计报告重叠的主题，双方避免重复报告这些事项。英国财务报告理事会将注册会计师按照修订的审计准则出具的审计报告称为"加强版审计报告"。

2015 年 1 月国际审计与鉴证准则理事会发布了新的和建议的国际审计准则，注册会计师执行所有上市实体财务报表审计要遵守这些准则，并且要求在其他实体审计中根据具体情况决定沟通关键审计事项。关键审计事项从广义上来讲，相当于包括在《国际审计准则（英国和爱尔兰）第 700 号——对财务报报表出具报告》（2014 年 9 月）的"评估的重大错报风险"，英国根据新的和修订的国际审计准则，制定和修订了本国的审计准则。

2016 年 6 月，英国财务报告理事会发布新的和修订的审计准则，包括《国际审计准则（英国）第 700 号——对财务报表形成意见和出具报告（2016

---

① FRC: International Standard on Auditing (UK and Ireland) 700: The Independent Auditor's Report on Financial Statements, September 2014.

年6月修订）》《国际审计准则（英国）第701号——在审计报告中沟通关键审事项（2016年6月）》《国际审计准则（英国）第705号——在审计报告中发表非无保留意见（2016年6月修订）》《国际审计准则（英国）第706号——在审计报告中增加强调事项段和其他事项段（2016年6月修订）》《国际审计准则（英国）第570号——持续经营（2016年6月修订）》《国际审计准则（英国）第720号——注册会计师对其他信息的责任（2016年6月修订）》《国际审计准则英国）第260号——与治理层的沟通（2016年6月修订）》等项目，并根据本国法律法规和规则的规定，提出了补充要求①。

英国财务报告理事会在2014年9月发布修订的审计报告准则后，会计师事务所按照新的要求对上市公司出具加强版审计报告。英国财务报告理事会于2015年3月选取2014年6月到9月上市公司153份审计报告进行了分析，提出了分析报告②。根据英国财务报告理事会2015年3月的分析报告，现对英国第1年运用加强版审计报告的经验进行简要介绍。英国审计准则要求注册会计师在审计报告中披露重大错报风险、运用的重要性和对审计范围的描述，由于披露的重大错报风险相当于国际审计准则的"关键审计事项"，而后两者是英国审计准则特定要求，因此这里只对报告的重大错报风险以及其他领域的创新进行介绍。

二、调查范围

英国财务报告理事会选取英国主板153家公司的年度报告作为样本，尽量涵盖各个行业，并聚焦于最大公司（两份样本英格兰威尔士特许会计师协会和财务报告理事会例外）。例如，63家公司（占总样本公司的41%）的年度报告来自富时指数③100公司（FTSE100），几乎所有审计报告都由"四大"会计师事务所出具，见表4-1。

---

① https://www.frc.org.uk/auditors/audit-assurance/standards-and-guidance
② FRC：Extended Auditor's Reports：A Review of Experience in the First Year，March 2015.
③ 富时指数是英国富时集团计算并管理富时全球股票的指数系列（FTSE Global Equity Index Series），包括著名的富时100指数（FTSE 100）。富时100指数涵盖伦敦证券交易所市值最大的100支股票，大约占80%市值。富时250指数，是指在每一个季度，根据伦敦证券交易所证券交易主要排名的第101至350个最大的公司组成的指数。富时350指数是结合富时100指数和富时250指数计算的指数。

表 4-1　按会计师事务所和市场对审计报告进行分析

	富时 100 NO.	富时 100 %	富时 250 NO.	富时 250 %	合计 NO.	合计 %
德勤（Deloitte）	14	22	28	31	42	27
安永（EY）	7	11	14	16	21	14
毕马威（KPMG）	15	24	22	25	37	24
普华（PwC）	26	41	21	23	47	31
BDO	1	2	2	2	3	2
GT（UK）	0	0	2	2	2	1
Haysmacintyre	0	0	1	1	1	1
合计	63	100	90	100	153	100

按行业类别（industry section）和会计师事务所对审计报告的分析见表 4-2。

表 4-2　按行业类别和会计师事务所对审计报告进行分析

行业类别	富时 350 样本数量	德勤	安永	毕马威	普华	其他
银行和金融服务	17	5	4	4	3	1
基础材料	5	-	-	-	2	-
商业服务	1	-	-	1	-	-
商业地产	11	5	-	-	6	-
建筑服务	5	2	-	3	-	-
消费品和服务	30	9	6	3	10	2
卫生保健	4	-	1	2	1	-
工业	17	8	1	6	2	-
信息技术	7	1	2	1	3	-
保险	8	-	-	4	4	-
金属和采矿	2	-	-	2	-	-
自然资源	19	8	5	1	4	1
石油和天然气	2	-	1	-	1	-

续表

行业类别	富时350样本数量	德勤	安永	毕马威	普华	其他
监管和职业团体	2	–	–	–	–	2
零售	10	1	1	3	5	–
支持性服务	7	–	–	3	4	–
电信	5	2	–	1	2	–
公用事业	1	2	–	–	–	–
所有公司	153	42	21	37	47	6

三、报告的风险

（一）在审计报告中报告重大错报风险的数量

表4-3分析了会计师事务所报告重大错报风险的数量，强调了报告风险的最高数量和最低数量。报告风险的数量分布在1~10之间——最高风险的数量是毕马威对罗尔斯·罗伊斯公司（Rolls Royce）财务报表出具的审计报告。有意思的是，"四大"每一家事务所对富时100公司报告风险的平均数量要高于富时250公司。

表4-3　按会计师事务所对报告的风险进行分析

行业类别	德勤	安永	毕马威	普华	其他
报告的风险最高数量	7	8	10	9	6
报告的风险最高数量所在的行业	消费品和服务/自然资源	工业	工业	保险	自然资源
报告的风险最低数量	2	1	1	3	2
报告的风险最低数量所在的行业	商业地产	信息技术	保险	7个不同行业	银行和金融服务
报告风险的高低差	5	7	9	6	4
富时350报告风险的平均数量	4.0	4.1	3.6	4.9	3.8
富时100报告风险的平均数量	4.2	5.3	4.7	5.5	6
富时250报告风险的平均数量	3.9	3.6	2.9	4.2	3.4

（二）在某些审计报告中报告的标准风险

有些审计报告（主要来自普华）包括一项或两项"标准风险"，作为评估的重大错报风险：

（1）在收入确认中的舞弊风险；

（2）管理层凌驾于控制之上的风险。

普华这样做的理由是，它认为这些风险是最重要的风险，值得在审计报告中提出来。审计准则将这两个风险视为特别风险（亦即"识别和评估的重大错报风险，根据注册会计师的判断，需要特别考虑的风险"）。

然而，审计准则定义的所谓的"特别风险"，如果理所当然地被认为评估的重大错报风险，并要求在审计报告中披露，这并非英国财务报告理事会制定审计准则的意图。审计准则要求的意图是，对注册会计师而言，在审计报告中需要讨论的是对总体审计策略、审计资源的分配和指导项目组努力的重点有重大影响的风险。

在某些情况下，这些风险清晰地对审计策略有重大影响。例如，在普华对 GKN plc 出具的报告中，在收入确认舞弊和应对措施方面描述如参考格式 4-1。

参考格式 4-1　　　　　　收入确认舞弊和应对措施

关注的领域	审计范围如何应对关注的领域
收入确认舞弊 国际审计准则（英国和爱尔兰）假定收入确认存在舞弊，因为管理层可能想要达到计划的结果而面临着压力。 我们集中于该领域，因为收入确认的时间安排及其在收益表中的列报，具有固有的复杂性，要求董事会实施判断。 复杂性和判断包括（但不限于）： （1）没有合同规定而协商收入要素的定价，例如，给予客户回扣和持续性定价的讨论； （2）在特定收入风险分享伙伴（RRSPs）内以及在航天航空分部内账单和持有安排进行收入确认。	作为审计证据的基础，我们获取了有关本年度确认的收入，评价了相关 IT 系统，测试了针对确认收入完整性、准确性和时间安排的内部控制。 当考虑账户合同义务时，我们测试了收入确认的时间安排，特别是评估了集团是否依据复杂的合同安排（例如账单和持有安排）恰当记录了收入，长期合同会计处理是否已经恰当地得到应用。 我们评估了管理层的判断，通过集团与客户达成的年末和解协议，验证了他们的准确性。 通过审计与收入相关的人工分录，我们也应对了人工调整可能凌驾于标准程序之上而发生错报收入的风险，以便识别异常和非常规的事项。

注：摘自普华对 GKN plc 出具的报告。

然而，在某些情况下，此类风险似乎并不需要应对，不同于审计准则通常要求的风险。普华对 GKN plc 出具的报告就有这样的例子，见参考格式 4-2。

参考格式 4-2　管理层凌驾于控制之上的风险和应对措施

关注的领域	审计范围如何应对关注的领域
"管理层凌驾于控制之上的风险"审计准则，要求我们考虑此类情况，因为管理层处在一个独特的位置能够实施舞弊行为，他们有能力通过凌驾控制之上操纵会计记录和编制虚假财务报表，使得经营看起来更加有效率。	我们评估了集团的总体控制环境，包括对于员工举报不恰当行为的安排，访谈高级管理人员和集团公司审计职能，查阅公司董事会会议记录。 我们检查了与财务报表相关的重大会计估计和判断，以获取董事会造成偏差、可能显示由于舞弊导致的重大错报风险的证据。我们在审计计划中规划了审计不可预见性，实施的程序包括测试不重要的项目和执行余额之外的程序。 我们也测试了关键调节表和会计分录，以区分异常和非常规的项目。

注：摘自普华对 GKN plc 出具的报告。

分析报告将"收入确认舞弊"和"管理层凌驾于控制之上"定义为"标准风险"（standard risks），将其他重大错报风险定义为"报告的风险"（reported risks）。

在选择的样本公司中，包含标准风险在内，报告的风险的平均数量为 4.2，德勤是 4.0，安永是 4.1，毕马威是 3.6（低于平均数量），只有普华是 4.9（高于平均数量）。

然而，上述数据受到包含在审计报告内的标准风险的影响。如果将标准风险从报告的风险中移除，报告的风险的平均数量从 4.2 降到 3.5，德勤是 4.0，安永是 3.8，毕马威是 3.6，都高于平均数量；而普华是 2.9，低于平均数量。

（三）按行业类别报告的重大错报风险的数量

表 4-4 分析了按行业类别报告的重大错报风险的数量。英国财务报告理事会分析了来自富时 100 和富时 250 的样本，以及全部样本。

表 4-4　　　　　　　　按行业类别对报告的风险进行分析

行业类别	富时 100 公司			富时 250 公司			所有(富时 350)公司		
	公司数量	报告风险的数量		公司数量	报告风险的数量		公司数量	报告风险的数量	
		合计	非标准		合计	非标准		合计	非标准
银行和金融服务	5	5.8	4.8	12	3.4	3.0	17	4.1	3.5
基础材料	2	5.0	5.0	3	2.7	2.0	5	3.6	2.8
商业服务	1	4.0	4.0	—	—	—	1	4.0	4.0
商业地产	2	3.0	3.0	9	3.8	2.4	11	3.6	2.5
建筑服务	1	2.0	2.0	4	3.0	3.0	5	2.8	2.8
消费品和服务	15	5.0	4.5	15	4.5	3.8	30	4.6	3.7
卫生保健	3	4.7	4.7	1	1.0	1.0	4	3.8	3.3
工业	4	6.0	6.0	13	3.4	3.0	17	4.1	3.7
信息技术	2	4.5	2.5	5	3.6	2.8	7	3.9	2.7
保险	5	5.4	4.2	3	2.7	2.0	8	4.5	3.4
金属和采矿	—	—	—	2	4.5	4.5	2	4.5	4.5
自然资源	10	5.2	4.7	9	3.8	3.4	19	4.4	4.0
石油和天然气	1	8.0	8.0	1	6.0	4.0	2	7.0	5.5
监管和职业团体	—	—	—	2	3.0	2.5	2	3.0	2.5
零售	6	5.3	4.6	4	3.4	3.0	10	4.7	3.6
支持性服务	4	4.0	3.3	3	3.7	2.3	7	3.9	2.9
电信	2	6.5	6.5	3	4.7	4.0	5	5.4	4.4
公用事业	—	—	—	1	4.0	4.0	1	4.0	4.0
所有公司	63			90			153		
所有行业类别风险的平均数量		5.0	4.5		3.6	3.0		4.2	3.5

从表 4-4 可以看出，来自富时 100 公司报告的风险的平均数量（5.0），要比来自富时 250 公司报告的风险的平均数量（3.6）要高得多。可能是，富时 100 公司与富时 250 公司相比，反映了公司规模和复杂性的差异，大型公司导致报告更多的风险。

（四）报告了哪些风险

从图 4-1 可以看出，报告的风险及其出现的频率。

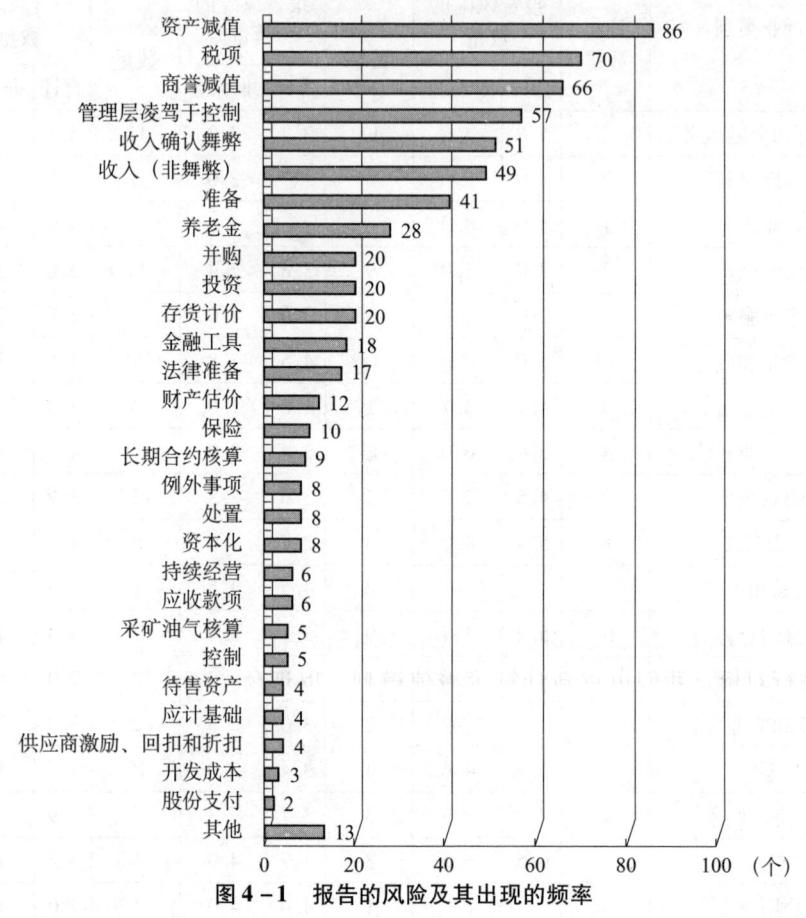

图 4-1　报告的风险及其出现的频率

前 15 项出现次数最高的风险，合计 565 个，占全部风险（650 个）的 87%。资产减值和商誉减值占报告的风险的 23%。紧接着次高的是税项，许多税项问题可能由海外司法管辖区产生，或者由递延税收余额（包括递延税收资产的可收回性）产生。金融工具只占总数的 3%，这可能是金融工具估值伴随着减值考虑，或者银行样本量太小。"收入确认舞弊"和"管理层凌驾于控制之上"属于标准风险。

下面是审计报告中出现次数最高 4 个非标准风险的举例，见参考格式 4-3 至参考格式 4-6。

参考格式 4-3　　　　　　　　**资产减值（不包括商誉）**

厂场、土地和设备减值（每年费用 530 万英镑，年末净账面价值 268 000万英镑）
索引至第 44 页（审计委员会声明），第 73 页和第 75 页（会计政策）、第 79 页和第 84 页（财务报表披露） 风险 　　经济气候和竞争水平仍然对集团是一个挑战。集团完成了战略评价，详细情况已在半年报中披露。结果，决定关闭或削减某些经营，存在着减值费用错报的风险。确定减值的水平涉及预测、未来现金流量折现和可收回金额的估计，这些都有固有的不确定性。这是我们审计集中关注的关键判断之一。 　　我们的应对： 　　我们的审计程序（除其他程序之外）包括，考虑与下列不同类型资产相关的减值风险： 　　针对商店内部继续交易的资产，我们严格评估和质疑集团的减值模型。这包括对折现的现金流量预测的考虑，与商店历史业绩和集团预算相比，评估未来现金流量预测。我们评估了折现率的恰当性，包括和国内相似的零售商进行对标。我们也重新计算了减值模型，以评估关键假设（包括增长率和折现率）的敏感性。

注：摘自毕马威对 Greggs plc 出具的报告。

参考格式 4-4　　　　　　　　**商誉减值**

关注的领域	我们的审计范围如何应对关注的领域
商誉减值复核 我们关注该领域，因为集团持有重大的商誉和购买的无形资产余额。集团在识别和汇集现金产出单元（CGUs），以及在年度商誉减值复核时对使用的假设存在着判断。	依据检查的管理层识别和汇总现金产出单元，并依据评价的基础假设，通过评估预测、市场状况和敏感性分析，并通过评估预测和预算的历史准确性，我们测试了管理层减值分析。我们评估了管理层对折现率和保持的增长率的计算，并测试了估值模型的完整性。

注：摘自毕马威对 Pearson plc 出具的报告。

参考格式 4-5　　　　　　　　　税项

对由于贸易损失产生的递延所得税资产账面价值的评估。我们评价了预测模型的完整性，考虑了管理层使用的与产出未来应税利润可能性相关的假设和估计的恰当性，以支持递延资产的确认。我们评价了预测历史的准确性和预测模型的完整性，作为实施这些程序的结果，我们形成了对集团在未来期间享受税收减免能力的看法。

注：摘自安永对 International Hotel Group PLC 出具的报告。

参考格式 4-6　　　　　　　　　收入确认

风险	我们的审计范围如何应对风险
收入确认 重大长期合同，由于判断产生的财务影响（包括对未来关键节点成功的判断），伴随在资产负债表日确定合同完成百分比，以及伴随完成合同的风险； 提交货物，由于与风险和报酬转移相关的复杂的合同条款，以及由此应对确认收入恰当的时点。	我们的审计工作评估了针对长期合同核算的内部控制设计和实施的恰当性。我们复核了合同风险登记簿和合同取得进展的证据，以证实迄今为止收入和利润的确认是建立在管理层对合同完成程度当前最好的估计基础上。通过查阅包括签订的合同条款和最新的项目状态报告等证据，我们了解和质疑了管理层的假设，并与合同工程师讨论了合同进度和未来风险。通过考虑以前期间管理层估计的历史准确性，我们也评估了管理层估计的可靠性。 在应对由于复杂合同条款导致的不恰当收入截止的风险时，我们复核了合同证据，以了解如何收集具体条款，以及如何运用恰当的会计政策。我们然后对年末确认的销售执行了样本测试，以证实相关合同恰当的条款已经满足，与合同相关的风险和报酬已经转移给客户。我们使用外部证据，例如可以获取的发运凭证或客户接收单，以证实收入已经在适当的期限得到确认。

注：摘自德勤对 Chemring Group PLC 出具的报告。

（五）风险报告的细致程度

前已述及，审计准则要求注册会计师出具个性化的审计报告，以某种方式将解释的事项直接与被审计单位的具体情况挂钩，不用标准语言表达一般或抽象的事项。英国财务报告理事会对 153 份审计报告进行了评价，总体结论是，其中 61% 风险是按照更为细致的方式描述的，39% 的风险在本质上使用了标准化语言表达一般事项，见表 4-5。

表 4-5　按会计师事务所对报告的风险的细致程度进行分析

	以更为细致的方式描述风险	以更为标准的语言描述一般风险
德勤	50%	50%
安永	52%	48%
毕马威	89%	11%
普华	49%	51%
其他事务所	83%	17%
合计	61%	39

四、提及利用专家的工作或提及利用组成部分注册会计师的工作

（一）提及利用专家的工作

审计准则规定了注册会计师利用专家的工作。专家，即注册会计师的专家，是指在会计或审计以外的某一领域具有专长的个人或组织，并且其工作被注册会计师利用，以协助注册会计师获取充分、适当的审计就证据。专家既可能是会计师事务所内部专家，也可能是会计师事务所外部专家。

《国际审计准则（英国和爱尔兰）第 620 号准则——利用专家的工作》禁止注册会计师在含有无保留意见的审计报告中提及专家的工作，除非法律法规要求这样做。这样规定的原因是，在二元意见的背景下，这种提及可能不恰当地暗示降低注册会计师对审计意见的责任。

加强版审计报告的发展回避了这样的问题：禁止提及专家的工作是否继续恰当，是否会过度束缚注册会计师清晰描述审计工作的方式。

在被调查的审计报告中，有 72 份审计报告（47%）提及了专家的工作。这种实务被会计师事务所普遍接受，不再局限在一个或多个会计师事务所的审计报告。按会计师事务所对提及专家的分析见表 4-6。

表 4-6　按会计师事务所对提及专家的工作进行分析

	估值	税项	精算	法律	其他	公司数量
德勤	7	14	4	3	8	24
安永	7	2	2	1	4	11
毕马威	13	9	10	-	7	24
普华	2	4	-	3	1	10
其他	2	1	1	1	-	3
合计	31	30	17	8	20	72

在加强版审计报告中提及专家的工作,要比包含二元意见的审计报告中似乎更为恰当。这是因为,从本质上讲,加强版审计报告能够解释利用专家的背景。

(二)提及利用组成部分注册会计师的工作

组成部分注册会计师,是指基于集团审计目的,按照集团项目组的要求,对组成部分财务信息执行相关工作的注册会计师。《国际审计准则(英国和爱尔兰)第 600 号准则——集团财务报表审计的特殊考虑(包括组成部分的工作)》禁止项目合伙人在包含无保留意见的审计报告中提及组成部分注册会计师的工作。这样规定的理由是,在二元审计意见的背景下,此类提及会不恰当地暗示降低项目合伙人对审计意见的责任。

加强版审计报告的开发也回避了这样的问题:禁止提及组成部分注册会计师的工作是否继续恰当,是否会过度束缚注册会计师清晰描述审计工作的方式。

在被调查的审计报告中,有 84 份审计报告(55%)提及了组成部分注册会计师的工作。这种实务被会计师事务所普遍接受,不再局限在一个或多个会计师事务所的审计报告。提及组成部分注册会计师的工作的分析见表 4-7。

表 4-7 按会计师事务所对提及组成部分注册会计师的工作进行分析

	审计报告(份)	占被调查报告总数的百分比
德勤	14	33%
安永	2	10%
毕马威	28	76%
普华	38	81%
其他	2	33%
合计	84	55%

同样,在加强版审计报告中提及组成部分注册会计师的工作,要比在包含二元意见的审计报告中提及似乎更为恰当。这是因为,从本质上讲,加强版审计报告能够解释利用组成部分注册会计师工作的背景。

五、在审计报告中披露持续经营

(一)在审计报告中设置持续经营单独部分

《国际审计准则(英国和爱尔兰)第 700 号——对财务报表出具审计报

告》（2014 年 9 月生效）要求注册会计师按照上市规则的要求对持续经营进行例外报告。

然而，两家大型的事务所（德勤和普华）在审计报告中对持续经营进行单独披露，比现行审计准则要求的例外报告走得更远。结果，在 153 份审计报告样本中，89 份（占样本 58%）审计报告在单独部分披露持续经营。参考格式 4-7 是在审计报告中设置持续经营单独部分。

参考格式 4-7　　在审计报告中设置持续经营单独部分

持续经营

按照上市规则的要求，我们复核了第 71 页董事会对集团持续经营的声明，我们确认：

（1）我们断定，董事会在编制财务报表时运用持续经营会计基础是恰当的；

（2）我们没有识别出任何可能对集团持续经营能力产生重大疑虑的重大不确定性。

然而，因为并非所有的未来事项和情况能够预测，这种声明不是对集团未来持续经营能力的担保。

注：摘自德勤对 Kingfisher PLC 出具的报告。

参考格式 4-8 持续经营在审计报告中的位置非常突出，作为审计报告的第二部分紧接在审计意见之后。

参考格式 4-8　　持续经营部分紧接在审计意见之后

持续经营

按照上市规则的要求，我们复核了第 29 页陈述的董事会有关持续经营的声明，我们实施复核后没有需要报告的事项。

正如第 54 页在董事会责任声明中所指出的，董事会在编制集团财务报表时运用持续经营会计基础是恰当的。持续经营会计基础假定集团有恰当的资源保持经营，并且在签署财务报表日至少一年内，董事会打算一直经营。作为我们审计的一部分，我们断定董事会运用持续经营会计基础是恰当的。

然而，因为并非所有的未来事项和情况能够预测，这些声明不是对集团未来持续经营能力的担保。

注：摘自毕马威对 Marston's PLC 出具的报告。

（二）在审计报告中对持续经营的创新

几乎在所有的审计报告中，都有持续经营部分，措辞和上面介绍的两个例子相似。然而，也有一个更为创新的例子，见参考格式4-9。

参考格式4-9　　　　　　　持续经营部分创新

持续经营

按照上市规则的要求，我们复核了第74页陈述的董事会有关持续经营的声明，我们实施复核后没有需要报告的事项。

正如在董事会责任声明中所指出的，董事会在编制集团和母公司财务报表时运用持续经营会计基础是恰当的。持续经营会计基础假定集团和母公司有恰当的资源保持经营，并且在签署财务报表日至少一年内，董事会打算一直经营。在得出此结论时，董事会考虑了：

（1）集团监管资本的状况，在市场压力下，集团对可能发生损失的吸收能力，对于保持信心至关重要；

（2）当债务到期时，包括在市场压力的情况，集团的资金和偿债能力能够满足负债的要求。

这是我们审计关注的领域，我们断定，董事会运用持续经营会计基础是适当的。然而，因为并非所有的未来事项和情况能够预测，这些声明不是对集团和母公司持续经营能力的担保。在得出结论时，我们严格地评估了管理层评估的并经董事会批准的持续经营。作为我们评估的一部分，我们做了如下工作：

（1）我们严格评估和质疑了市场压力情形下运用此继续经营的适当性，

及其对集团资本和流动性状况的影响；

（2）了解和评估在资本和清偿计划以及 5 年经营计划的情况下关键经济和其他假设；

（3）证实集团无障碍担保品以及潜在的利用中央银行流动性便利。

注：摘自毕马威对 Marston's PLC 出具的报告。

六、审计意见的位置

英国财务报告理事会在 2014 年 9 月发布的修改的审计报告准则，并没有对审计意见的位置做任何变动。事实上，审计准则没有规定审计报告要素的顺序。然而，会计师事务所进行了有意义的探索，有的将审计意见放在突出的位置。

或许受到国际审计与鉴证准则理事会对审计报告修改建议的影响，许多会计师事务所自愿决定对审计报告要素进行重新配置，例如将审计意见放在审计报告的第一部分。表 4-8 汇总了审计意见在审计报告的位置。

表 4-8　　　　　　　　　对审计意见的位置进行分析

意见的位置	数量（份）	百分比	采用此类方法的事务所
审计意见放在第一部分，没有引言段	93	61%	普华　48% 德勤　46% BDO　2% 安永　2% Haysmacintyre　1% 毕马威　1%
审计意见放在第一部分，跟在简要的引言段后	41	27%	毕马威　88% 安永　7% 普华　5%
审计意见紧跟在审计范围之后和对公司治理守则报告之前列示（根据审计准则举例的模板）	16	10%	安永　94% BDO　6%
审计意见（对财务报表提供意见）在审计报告末尾部分列示	3	2%	GT　67% 安永　33%
合计	153	100	

"四大"中有三家（德勤、毕马威和普华）重新配置了审计报告要素，将审计意见放在审计报告的第一部分。英国财务报告理事会理解，这样做的原因是，希望将最重要的信息放在审计报告的开始。

英国公司法要求审计报告要有"引言段"，指出接受审计的财务报表以及编制财务报表时使用的财务报告框架。有 41 份审计报告，注册会计师将审计意见放在第一部分，并且有简要的引言段（主要来自毕马威出具的报告）。其他审计报告的"引言段"，没有明确指出接受审计的财务报表以及编制时使用的财务报告框架。

英国财务报告理事会理解，没有改变审计意见位置的会计师事务所有一个担忧，如果这样做，审计报告的剩余部分可能就没有人阅读。

七、对第 1 年运用加强版审计报告效果的评价

（一）总体结论

注册会计师看起来不仅满足了 2014 年 9 月修订的审计准则的要求，并在许多方面对审计报告进行了根本性和进一步的变动。被调查的审计报告显示，每一家会计师事务所对加强版审计报告采用了不同的方法，并在许多方面进行了创新。英国财务报告理事会认为创新的范围和采用方法的多样性令人鼓舞。

审计报告在下列领域进行重大创新：
（1）披露报告给公司审计委员的未调整差异的重要程度；
（2）报告与识别出的风险相关的详细审计结果；
（3）将"与持续经营相关的重大不确定性"作为单独部分列示；
（4）对审计流程进行更详细和广泛的解释；
（5）通过使用表格和图形改进审计报告的列示方式；
（6）将审计意见放在审计报告开始而非末尾；
（7）将对审计范围一般性的描述移到网站。

（二）来自投资者的观点

投资者对加强版审计报告观点，可以参见 2014 年举办的投资者管理协会（"投资者管理协会"，现在的名称为"投资协会"）审计报告奖中的评价。在投资者管理协会颁奖仪式上，评委认可在审计报告方面取得的进步，特别是赞扬了那些有见解力和创新力的审计报告。

有见解力的审计报告具有如下特点：
（1）体现实体的具体情况；
（2）清晰地描画了审计范围的轮廓；
（3）对重大错报风险和注册会计师的应对提供了真正的见解，并把两者挂起钩来；
（4）向使用者提供的信息量大；
（5）向使用者提供了讨论审计业务的话题。

有创新力的审计报告具有如下特点：
（1）为了向使用者提供有见解和相关的信息，审计报告超出了审计准则的最低要求，显示了创新能力；
（2）具有新颖和创新的表达方式；
（3）在向投资者沟通细节方面具有创新的叙述方式。

第四节 英国 2015 年运用加强版审计报告的经验

英国财务报告理事会于 2016 年 1 月对 2015 年（第 2 年）应用加强版审计报告情况进行了分析①，样本扩大到 278 份审计报告。根据英国财务报告理事会 2016 年 1 月的分析报告，现对英国第 2 年运用加强版审计报告的经验进行简要介绍。英国审计准则要求注册会计师在审计报告中报告重大错报风险、运用的重要性和对审计范围的描述，由于报告的重大错报风险相当于国际审计准则的"关键审计事项"，而后两者是英国审计准则特定要求，因此这里只对报告的重大错报风险以及其他领域的创新进行介绍。

一、调查范围

调查样本来自英国主板上市公司 2015 年度报告。第 2 年，将加强版审计报告的样本扩大到 278 份审计报告（与第一年 153 份比较），几乎 80% 样本（第一年 44% 样本）涵盖了英国主板上市公司的最大公司（富时 100 和富时

---

① FRC：Extended Auditor's Reports：A Further Review of Experiencer, January 2016.

250 的样本）（其中两份样本英格兰威尔士特许会计师协会和财务报告理事会例外）。除了主要样本外，也关注到少数额外的审计报告，可以追踪到特定的问题和感兴趣的领域。一个例子是，一家实体最早根据公司治理守则采用了生存能力声明。按照会计师事务所对审计报告的分析见表4-9。

表4-9　　　　　　　按会计师事务所对审计报告进行分析　　　　　　　单位：份

	富时100	富时100	富时250	富时250	合计	合计
	数量	百分比	数量	百分比	数量	百分比
德勤	18	20%	58	31%	76	27%
安永	12	14%	28	15%	40	14%
毕马威	22	25%	52	27%	74	27%
普华	36	40%	43	23%	79	29%
BDO	1	1%	2	1%	3	1%
GTUK	0	0%	5	2%	5	2%
Haysmacintyrer	0	0%	1	1%	1	0%
合计	89	100%	189	100%	278	100%

2016年的调查，重点关注报告的风险、运用的重要性和对审计范围的描述，并关注了一些感兴趣的特定领域，如持续经营会计基础、审计意见的位置等。按照行业类别对审计报告的分析见表4-10。

表4-10　　　　　　按照行业类别对审计报告进行分析

行业类别	富时350样本数量（份）
银行和金融服务	45
基础材料	6
商业服务	2
商业地产	21
建筑服务	10
消费品和服务	56
卫生保健	12
工业	21

续表

行业类别	富时 350 样本数量
信息技术	8
保险	13
金属和采矿	12
自然资源	1
石油和天然气	11
监管和职业团体	2
零售	22
支持性服务	24
电信	6
公用事业	6
所有公司	278

二、审计风险

通过与投资者和会计师事务所讨论证实，围绕风险披露加强审计聚焦的关键领域，成为投资者最感兴趣的领域；并且在某种程度上开始营造气氛，一些投资者至少使用了审计报告提供的观点和信息直接与注册会计师互动，也和审计委员会互动。因为，最根本的是，这些审计报告的目的是向投资者提供有关财务报表质量和可靠性的保证。

加强版审计报告最强有力的领域是报告的那些重大错报风险，被注册会计师认为对总体审计策略、审计资源的分配和指导项目组努力的重点产生的重大影响。此类信息按照风险类型、市场总值（market capitalization）（富时 100、富时 250）、行业类别以及时间变化进行比较分析。这种数据对投资者具有显著的分析价值。

在列示重大错报风险的领域，有一些创新的例子。安永在对 Evraz PLC 出具的报告中，报告的风险部分赢得了投资协会审计报告奖，因为它对自上年以来发生的变化进行了清晰的解释，见参考格式 4-10。

参考格式 4-10　　安永对审计变化的领域进行的解释

自去年以来发生的变化 　　我们的审计方法和对关键领域的评估发生变化，以应对影响 Evraz PLC 经营和影响财务报表环境的变化。自 2013 年审计以来，我们对关注的领域进行了下列变化： 　　（1）2014 年 12 月 31 日，待售资产的余额对集团不再重要。因此，我们将其从审计关注的领域移除。 　　（2）在集团主要经营区，经济形势的恶化和持续的政治动荡，该风险对集团业务的潜在影响已经增加。这使得我们关注这个领域。 　　（3）在应对俄罗斯卢布急剧贬值方面，外汇汇率的影响对今年是一个新的关注的领域。 　　（4）由于内部管理层报告的变化，导致集团财务报表披露重述，在应对该事项时，我们也把分部报告作为新的关注的领域。

　　罗尔斯·罗伊斯公司（Rolls Royce）的注册会计师（毕马威）继续对有关识别出的风险和审计发现提供信息，以一种透明和信息丰富的方式表达这些风险和注册会计师的应对措施。同样，中间资本集团（Intermediate Captal Group）的注册会计师（德勤），将与管理层讨论的抵押贷款义务的估值进行了透明的披露。

　　来自使用者的信息是，加强版审计报告在某些方面质量的提高，不可避免地让使用者产生更高的预期。例如，当使用者得到更为细致的风险时，他们期望得到相似的加强版信息，亦即这些风险是如何被注册会计师应对的，以及注册会计师发现了什么。

　　（一）风险类型

　　图 4-2 列示了报告的风险的次数，代表了在样本中每一风险的总数量。

　　图 4-3 代表了被调查样本报告的风险的百分比。例如，图中最普遍的风险是商誉减值（报告商誉减值的审计报告占样本报告的 43%）、税项（43%）、收入确认核算（42%）和资产减值（非商誉）（29%）。因为这些通常是管理层判断的关键领域，并且对公司的估值特别重要。

　　所有风险数量的比较见图 4-4，报告风险与第 1 年广泛一致，并有以下特点：

　　（1）审计报告中包括的"管理层凌驾于控制之上"和"收入确认舞弊"

的数量明显下降。因为修订审计准则的意图，是保证注册会计师报告对总体审计策略、审计资源的分配和指导项目组努力的重点有重大影响的风险，而不是对在审计过程中识别出的所有风险和问题的完整列报。

（2）注册会计师描述的与收入、购并和处置、例外项目相关的审计风险在比例上增加。

（3）报告的资产减值（非商誉）的风险下降。

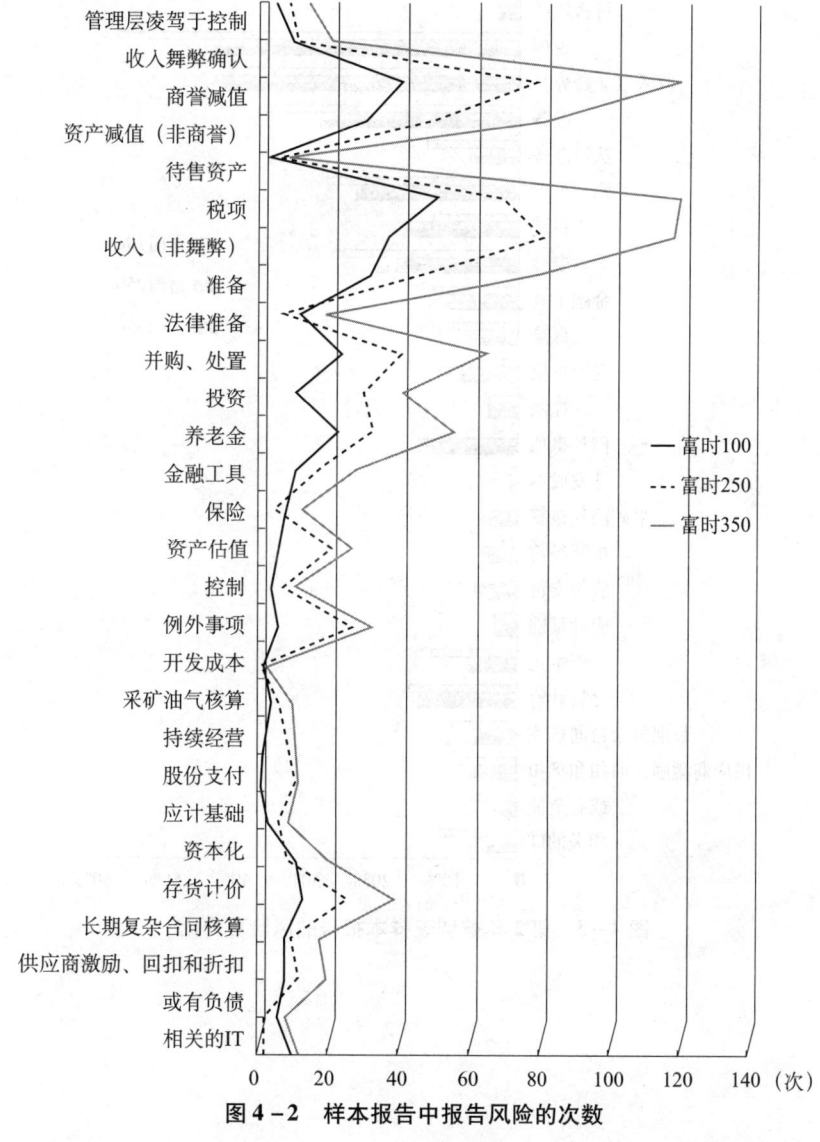

图4-2 样本报告中报告风险的次数

224 加强版审计报告：理论与应用

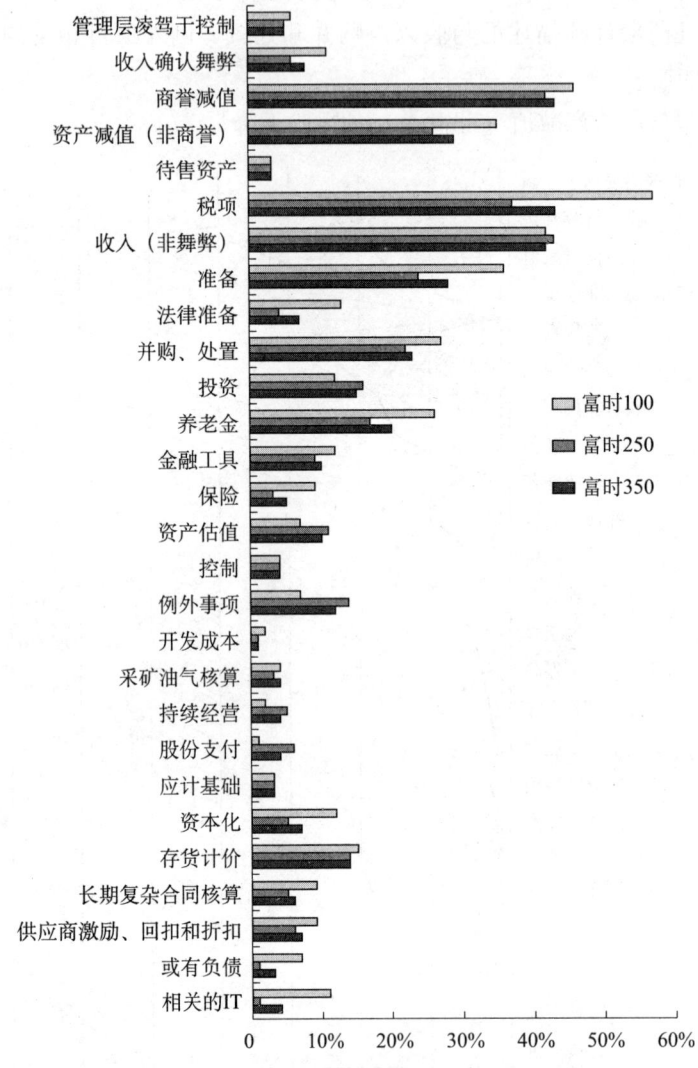

图4-3 第2年被调查样本报告的风险百分比

按每个行业比较所报告的风险的平均数量,包括逐年进行比较。图4-4显示,总体上讲,除了个别行业外,报告风险的平均数量没有显著增加或减少。

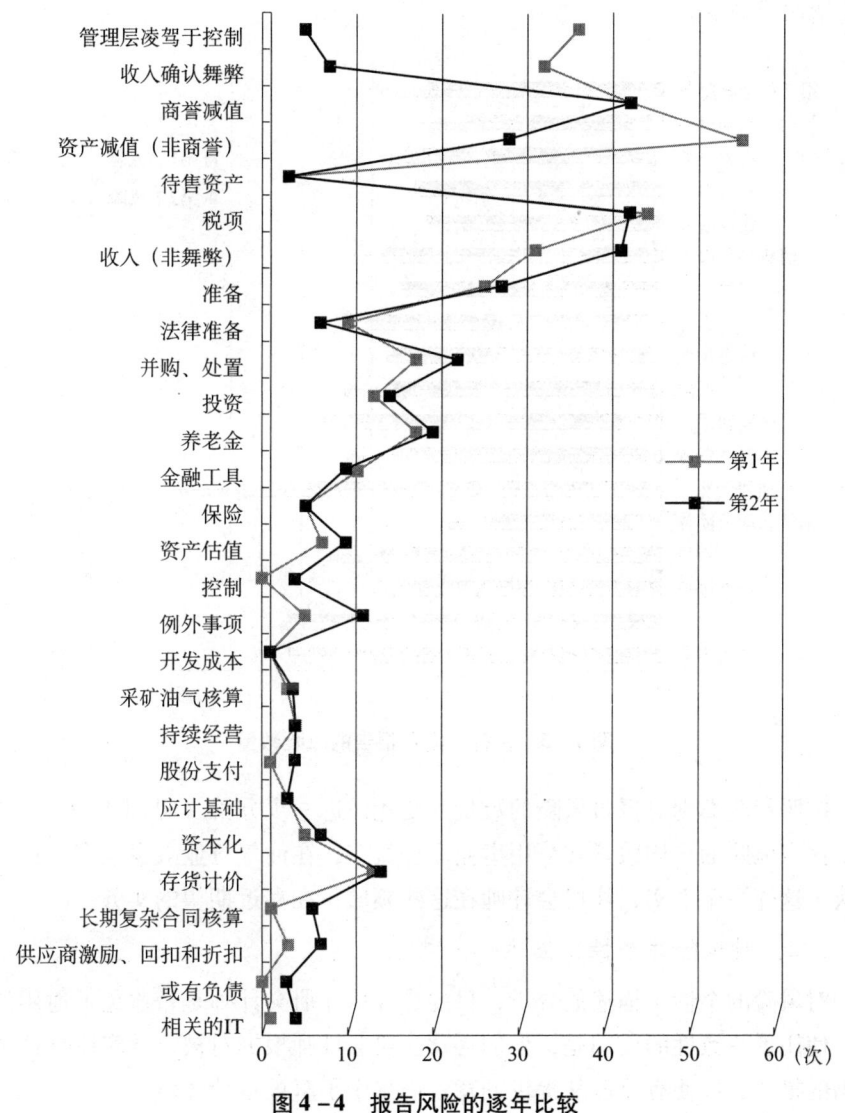

图4-4 报告风险的逐年比较

(二) 行业类别分析

按每个行业比较所报告的风险的平均数量（包括逐年进行比较平均数量）。图4-5显示，总体上讲，除了个别行业外，报告风险的平均数量没有显著的增加或减少。

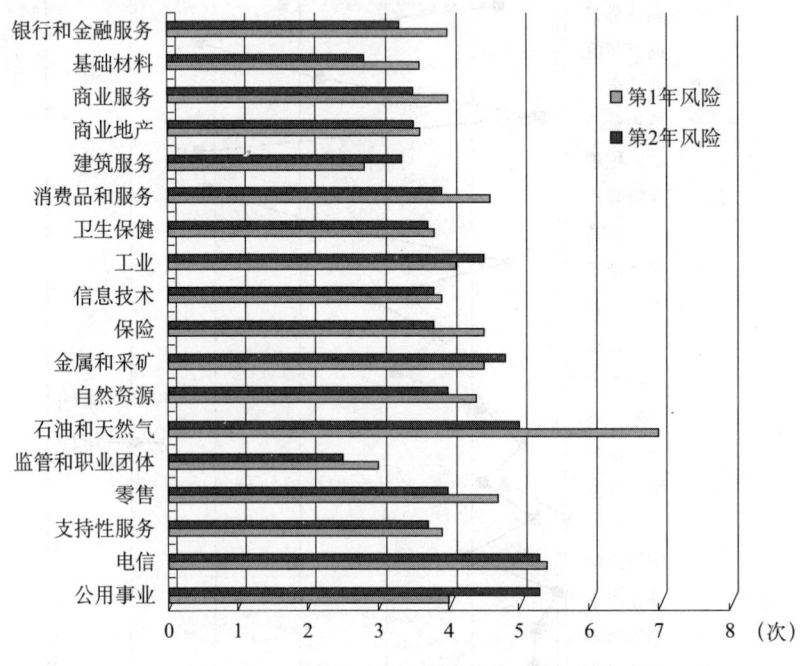

图4-5 按行业类别报告的风险数量

按照行业类别对报告风险的数量的变化做进一步分析（见图4-6），结果显示报告风险的平均数量在公用事业增加最多，在油气行业减少最多。这可能反映了这样一个事实，注册会计师在这些领域正在靠近期望的实务。

(三) 对风险的个性化描述

对风险的个性化描述的分析，目的是评估注册会计师是否避免了通用的语言。使用者一致性的反馈是，他们喜欢注册会计师根据对被审计实体具体情况作出的描述，以便有可能从提供的背景信息中了解被审计实体。

结果表明，注册会计师在以更加定制化的方式描述这些风险时取得了巨大的进步，因此，根据被审计实体的具体情况作出描述，这样避免了通用或模板的措辞。数据显示，非常高比例的风险以一种更为有意义和透明的方式进行陈

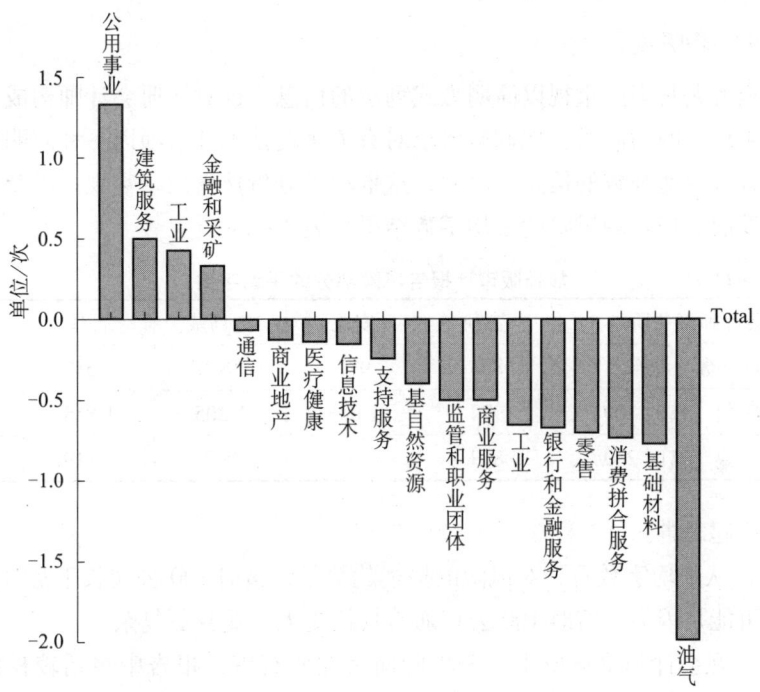

图4-6 按行业类别第1年和第2年报告风险的平均数量的变化

述,从第1年的61%上升到87%(见图4-7),这也与来自会计师事务所、投资者和分析师的反馈相一致。

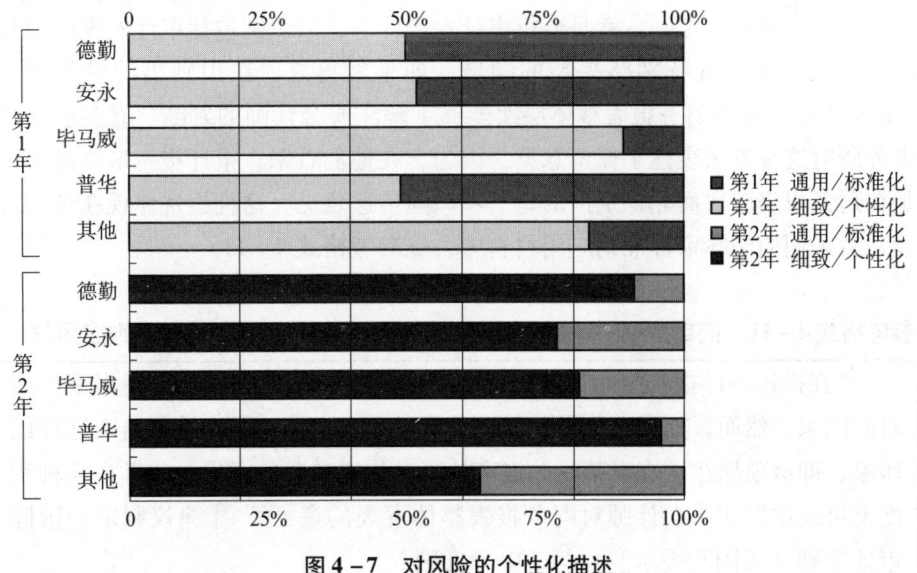

图4-7 对风险的个性化描述

(四) 简明度

投资者尤其高度重视以简明方式列示的信息。这对注册会计师构成了一项特别的挑战，因为同时，他们被要求对有关高度技术性事项以一种简明和容易理解的方式传递细致的信息。因此，这推动了分析披露的字数规模以及内容的简明化发展。报告的风险的平均字数结果见表4-11。

表4-11　　　　加强版审计报告风险部分的平均字数　　　　　单位：字

会计师事务所	德勤	安永	毕马威	普华	其他
平均字数（全部）	893	971	992	1 557	787
平均字数（富时100）	972	1 046	1 205	1 858	1 256
平均字数（富时250）	869	939	902	1 319	720

概括起来讲：

(1) 从平均字数看，对风险的描述趋势是，富时100公司长于富时250公司。这可能是因为，富时100公司通常规模更大、业务更复杂。

(2) 在会计师事务所中，普华倾向于在所有审计报告中包括较长的风险的描述。这反映了会计师事务所在报告风险时力图提供更为透明和详细的描述，但是，这突显了在满足使用者潜在的相互矛盾的期望方面面临的挑战。

(五) 报告审计发现

第1年的调查之一，就是分析审计报告样本，以识别包括审计发现的审计报告。这是投资者特别感兴趣的领域，如果做得好，在识别出的风险层次（更为细致）而非财务报表整体层次能够了解注册会计师的判断。有些会计师事务所对这种方法表达了保留意见，因为，在他们看来，审计报告最终的意图是在财务报表层次而非识别出的每一项风险传递意见。这种担忧体现在英国和爱尔兰采用的国际审计准则应用材料中，见参考格式4-11。

参考格式4-11　　摘自建议的国际审计准则(英国和爱尔兰)第701号准则应用材料

"在描述审计报告中的关键审计事项时，注册会计师可能也指出审计应对的结果。然而，如果这样做，需要注意的是，避免注册会计师给人这样的印象，即该项描述正在对某一关键审计事项传递单独的意见，或者在某种程度上可能质疑注册会计师对财务报表整体发表的意见。"［建议制定的国际审计准则（英国和爱尔兰）第701号准则］

然而，该审计准则的效果并不是禁止包括这种观察结果，而是要求注册会计师仔细考虑他们的内容。在第1年，仅识别出少量包括审计发现的审计报告（3份，占样本的2%）。这些审计报告由毕马威一个合伙人签发，意在向被审计实体和使用者展示可以提供细节的程度。这些报告尤其深受好评，并获得投资协会审计报告奖。针对毕马威对罗尔斯·罗伊斯出具的报告，评委给予积极的评价（见参考格式4-12）。

参考格式4-12　　评委对罗尔斯·罗伊斯审计报告的评价

> "在评估重大错报风险的框架下，注册会计师简要描述了风险、应对以及重要的是他们发现了什么。将注册会计师的角度，对管理层的判断是否平衡、温和乐观或有点悲观表明了观点。注册会计师进行了深入探究，并报告他们发现了什么。"（英国财务报告理事会在第1年对加强版审计报告的分析）

表4-12针对报告的审计发现列示了两年的分析结果。

表4-12　　　　　　　　对报告的审计发现进行分析　　　　　　　　单位：份

	2015			2014		
	是	否	合计	是	否	合计
富时100	24	65	89	1	62	63
	27%	73%		2%	98%	
富时250	32	157	189	2	88	90
	17%	83%		2%	98%	
合计	56	222	278	3	150	153
	20%	80%		2%	98%	

按会计师事务所	普华	毕马威	德勤	安永	其他	合计
2014	0	3	0	0	0	3
2015	44	5	4	3	0	56
2015年报告百分比	79%	9%	7%	5%	0%	

总的来说，在审计报告中报告的审计发现的数量在增加——从第1年的2%到第2年的20%。这种增加主要由一家会计师事务所普华驱动。

大家的一致意见是，报告的审计发现的数量在继续得到加强。然而在投资者群体之间也有一些失望，第 1 年罗尔斯·罗伊斯审计报告采用的方法没有得到广泛的采用—或者一些相似的创新没有出现。尽管普华在这个领域进行了加强，但是他们是将审计发现整合到应对重大风险领域的描述中实现的（见参考格式 4 – 13）。

参考格式 4 – 13　　　　　普华：审计报告的演变

> "审计报告是对财务报表整体的真实性和公允性发表意见，并不试图对财务报表的单独部分给出保证。在表达我们的工作时面临的挑战是，避免给人印象是对我们关注的每一领域给出零碎意见（mini – opinion），但代之是将我们的工作成果整合到我们对每一风险的应对的描述上。这也意味着我们能够回答"那又怎么样"的问题，而又不影响叙述的连贯。这种方法可能比我们的竞争对手细致的多，但是我们相信将会导致更高水平的见解。我们的审计合伙人正在讲述审计的完整故事。"（普华：审计报告的演变）

在纯粹实务层面上，这种描述方法可能有时使得识别注册会计师的结论和审计发现变得困难。在一些案例中，普华注册会计师在审计关注的领域强调对审计发现的评论，例如对 ARM Holding PLC 出具的报告，但是这样的例子非常少见。

那么，会计师事务所为何在第 2 年没有将毕马威的方法广泛采用呢？会计师事务所表示，他们很乐意创新，但这需要和被审计实体取得一致意见，并且没有来自被审计实体的证据证明，他们对披露审计发现的更多细节有强烈需求。

在 2015 年也发现很少的例子，注册会计师报告是否在审计期间发现错误、识别出错误的金额，以及做了什么程序。德勤对 Intermediate Capital Group 出具的报告，在披露测试可抵押贷款义务的估值时使用的可容忍门槛，以及管理层由于审计测试作出的调整，都是异乎寻常的。这也是由于报告的错报风险而获得投资协会奖项的原因之一（见参考格式 4 – 14）。德勤报告的风险如下：

参考格式 4-14　　　　　　　　德勤报告的风险

"我们对 CLO 贷款公允价值测试的结果，落在可容忍门槛 5% 以外。依据这些结果，我们相信 CLO 贷款存在错报。在将这些错报向管理层通报后，他们使用现金流量模型公允估值了 CLO 贷款，以确定 CLO 贷款的价值。管理层同意对由于 CLO 余额降低 504 000 英镑导致的错报进行更正。我们现在对此感到满意，认为年末 CLO 贷款的估值是可接受的。"（德勤对 Intermediate Capital Group 出具的审计报告，2015 年 3 月 31 日）

（六）对风险组合变化的解释

与绝大多数审计报告一样，在分析中发现很少有注册会计师解释不同年份之间风险组合变化的例子。表 4-13 分析结果表明，这种评论相对稀少。绝大多数包括的内容是，描述某些类型风险组合或审计关注领域的变化，但只是在 22% 的样本中体现出来。

表 4-13　　　　　　　　对报告的内容进行分析

报告的内容	包括内容的数量（份）	占样本报告百分比
带变化部分的概要	2	2%
带解释变化的重要性或基准	16	15%
带对上年以来范围的变化进行解释	2	2%
带对上年以来审计关注领域的变化进行解释	24	22%

按照会计师事务所进行分析，上年以来对风险组合变化有意义的解释，见表 4-14。

表 4-14　　　　按会计师事务所对风险组合变化解释进行分析

会计师事务所	包括解释变化的报告（份）	占报告样本百分比
普华	0	0%
毕马威	3	3%
德勤	15	14%
安永	12	11%
其他	0	0%

参考格式 4-15 是安永对 Land Securities 出具的报告中对变化作出的解释。

参考格式 4-15　　　安永对变化内容作出的解释

> "今年我们包括了对复杂并购和处置的会计核算以及对交易安排的考虑，鉴于许多此类交易在财务年度已经发生，将他们作为重大错报风险，去年，我们将管理层凌驾于控制之上的风险作为重大错报风险，考虑到管理层凌驾于控制之上的风险，涉及与下面所述的投资性房地产投资组合的估值和收入确认相关的重大错报风险，今年我们排除了该项单独的风险。"（安永对 Land Securities 出具的审计报告，2015 年 3 月 31 日）

甚至很少有审计报告解释为何每一年的风险是相同。但是，德勤在对 Sky PLC 出具的报告中，对没有发生变化的事项作出了解释（见参考格式 4-16）。

参考格式 4-16　　　德勤对没有发生变化的事项作出解释

> "无论集团的经营还是我们对重要性的评估，一直没有显著变化，因此，下面描述的对重大错报风险的评估，亦即对审计策略、审计资源的分配和指导项目组的努力的重点具有重大影响的错报风险，与去年相比是一样的。"（德勤对 Sky PLC 出具的审计报告，2014 年 6 月 30 日）

（七）风险的数量

在第 1 年，有相当数量的审计报告包括了"管理层凌驾于控制之上"和"收入确认舞弊"的特别风险。然而，英国财务报告理事会认为，除非这些风险符合下列特征，否则不应作为风险进行报告："这些评估的重大错报风险，对审计策略、审计资源的分配和指导项目组的努力方向具有重大影响。"表 4-15 列示了报告的错报风险的数量。

表 4-15　　　报告的错报风险数量　　　　　　　　　　单位：份

	第 2 年					第 1 年				
	德勤	安永	毕马威	普华	其他	德勤	安永	毕马威	普华	其他
报告风险的最高数量	8	8	7	8	6	7	8	10	9	9
报告风险的最低数量	2	1	1	1	2	2	1	1	3	2
富时 350 报告风险的平均数量	4.1	3.9	3.1	4.4	3.6	4	4.1	3.6	4.9	3.8

续表

	第 2 年					第 1 年				
	德勤	安永	毕马威	普华	其他	德勤	安永	毕马威	普华	其他
富时 100 报告风险的平均数量	4.5	4.3	3.8	5.3	5	4.2	5.3	4.7	5.5	6
富时 250 报告风险的平均数量	4	3.7	2.8	3.7	3.4	3.9	3.6	2.9	4.2	3.4

与按照行业类别分析的结果相一致，包括在审计报告中的风险的数量没有显著变化，尽管在范围上有轻微的收窄。这表明，总的来说，注册会计师倾向于用其他错报风险替换掉"管理层凌驾于控制之上"和"收入确认舞弊"特别风险。

数据也表明，对富时 100 和之后的富时 250 大型的上市公司而言，报告的错报风险的数量存在明显的差异。这可能反映了公司群体之间存在复杂程度的差异。

三、持续经营会计基础

2014 年，在样本中有相当数量的审计报告包含了一项单独部分"持续经营会计基础"（89 份，占样本的 58%），这远远超出《国际审计准则（英国和爱尔兰）》（2014 年 9 月）的要求。可以预料，由于公司治理层守则的变化，2014 年 10 月 1 日要求公司在年度报告中包括生存能力声明，可能激发了进一步的创新。

2015 年（第 2 年）对加强版审计报告的分析显示，在"持续经营会计基础"这个领域没有变化，156 份审计报告（占样本的 56%）包含了一项单独部分"持续经营会计基础"。和 2014 年的样本一样，这种披露大部分限于普华和德勤出具的报告，本质上是通用方式。

2015 年也识别出少数以更加定制化的方式出具的报告。

BG 集团审计报告在表达风险方面进行了创新，因为包括了单独部分"我们向审计委员会报告了什么"——实际上是审计发现部分。关于"持续经营会计基础"部分，可以让使用者理解注册会计师和审计委员会考虑的事项，见参考格式 4-17。

参考格式 4-17　　安永报告的持续经营会计基础

风险	我们对风险的应对	我们向审计委员会报告了什么
持续经营评估，特别是鉴于最近石油价格下滑、期货价格下跌。	我们的审计程序包括： 将假定的现金流量和经营计划检查一致，穿行测试经营流程，测试对外部数据的核心假设； 考虑来自集团资产处置的现金收入收款延迟产生的影响； 通过询问，证实风险方法中现金流量得到一致应用，以评估管理层在持续经营评估时使用的基础假设的敏感性； 将备用设备同基础协议和评估的资金集中风险检查一致。	根据我们执行程序的结果，我们认为，集团编制了一个稳健的评估，已经考虑恰当的敏感性和压力情况，特别是来自资产处置的现金收入收款延迟的影响；在评价评估的稳健性时，我们从以下获得保证程度：石油价格将在一段持续时间内不得不下降将变成现实。 我们考虑 BG 集团在持续经营会计基础上编制财务报表的决定是适当。

注：摘自安永对 BG 集团出具的报告，2014 年 12 月 31 日。

四、审计意见的位置

《国际审计准则（英国和爱尔兰）第 700 号准则——对财务报表出具报告》（2014 年 9 月修订）并未规定审计报告内容的顺序。这是有意为之，认为规范的模板将阻碍创新，导致样板报告。

然而，英国理事会列举的报告，是将审计意见放在董事会和注册会计师的责任以及审计范围之后。在第 1 年的调查中，大部分会计师事务所反而将审计意见放在审计报告的开始（61%），一些审计意见前面带有简短引言段（27%），只有 10% 遵循了列举的格式。

将审计意见放在审计报告的开始，这种方法似乎受到使用者的欢迎，将关键信息置于突出位置容易定位，这与许多使用者的目标相一致，也是国际审计准则修订的方向。

在 2015 年，已经有了一个惊人的变化，95% 的审计报告将审计意见放在开始，对使用者来讲，是优先考虑的格式，见表 4-16。

表 4-16　　意见的位置

意见的位置	第 2 年	第 1 年
审计意见放在第一部分，没有引言段	95%	61%

续表

意见的位置	第2年	第1年
审计意见放在简要的引言段后	4%	27%
审计意见紧跟在审计范围之后和对公司治理守则报告之前列示（根据审计准则列示的模板）	0%	10%
审计意见（对财务报表提供意见）在审计报告末尾部分列示	0%	2%

五、对第2年运用加强版审计报告效果的评价

（一）总体结论

英国财务报告理事会通过分析，发现2015年加强版审计报告有以下特点：

（1）投资者欢迎加强版审计报告，非常重视其提供的信息。如果被审计实体（包括小公司）缺少其他信息渠道，增加的价值特别对这些被审计实体重要。

（2）按照使用者对审计报告的最终需求进行了调整，并指出关键信息。包括清晰、简洁和透明地报告有关错报风险、运用的重要性和对范围的描述，以及职业判断和假设的关键领域。

（3）在审计报告中使用的语言继续演化，将一般化的风险描述去除，语言总体上更倾向于细致描述。

（4）投资者认为，注册会计师应当做的更多来加强审计报告，包括更完整提供在测试时使用的有关敏感区的信息；在报告评估的重大风险时，对内部控制质量的评估；对管理层估计恰当性的看法。

（5）从许多投资者的观点看，2015年令人失望的一个方面是，审计报告普遍缺乏随着时间推移对变化的动态分析。

（6）在2014年，少量审计报告包括审计发现（即审计程序的结果）。这不是一个强制性的要求，但是受到投资者群体的普遍欢迎。这种审计报告的数量在第2年得到增加，但是鉴于前一年有利的条件，并没有达到使用者所期望的程度。会计师事务所暗示，缺乏来自被审计实体本身的需求。

（二）来自投资者的观点

来自投资者的一致意见是，通过了解和重视财务报表主要使用者的需求，

审计报告的质量得到巩固。投资者评价：

(1) 富有见解的评论和简明要求之间保持了平衡；

(2) 清晰地指出关键问题；

(3) 符合逻辑的结构和整洁地表述；

(4) 年度报告的相关部分和财务报表有效地交叉索引；

(5) 报告关于审计工作结果而非一般流程描述的信息；

(6) 避免使用乏味的、一般的或缺乏信息的语言的报告。

第五章
中国运用加强版审计报告的经验

第一节 制定和修订的相关审计准则

一、改革的总体目标和思路

为了规范注册会计师的执业行为，提高执业质量，维护社会公众利益，促进社会主义市场经济的健康发展，财政部于2006年2月发布了48项注册会计师执业准则，自2007年1月1日起施行，实现了与国际准则的趋同。2010年11月，为适应国际审计准则明晰项目要求，发布了38项修订的审计准则，自2012年1月1日施行，保持了与国际准则的趋同。

《中国注册会计师审计准则第1501号——审计报告》（2012年1月1日）确立的审计报告模式，也属于二元审计报告模式。随着新的和修订的国际审计准则的正式发布，客观上要求我们及时借鉴新的国际审计准则，采用加强版审计报告模式，实现审计准则的持续趋同。同时，随着我国资本市场的改革，政府部门、监管者和投资者将对注册会计师执业质量提出更高的要求，希望缩小信息差距，增强审计报告的相关性和决策有用性，降低资本市场的不确定性和信息不对称带来的风险。为此，在借鉴国际审计报告改革最新成果的基础上，结合我国实际情况，中国注册会计师协会制定和修订了12项审计准则，并对5项审计准则进行符合性修订，由财政部于2016年12月23日发布，从2017年1月1日起分步骤在上市公司和其他类型公司实施。

审计报告模式改革的总体目标和思路：

(一) 提高审计报告的信息含量，增强相关性和决策有用性

在审计报告中增加关键审计事项部分，并逐项对关键审计事项作出描述。关键审计事项是指注册会计师根据职业判断认为对本期财务报表审计最为重要的事项，从注册会计师已与治理层沟通过的事项中选取。而且，关键事项是注册会计师执行审计工作中重点关注过的事项，这些事项体现了对财务报表影响的主要方面，例如：

（1）按照《中国注册会计师审计准则第1211号——通过了解被审计单位及其环境识别和评估重大错报风险》的规定，评估的重大错报风险较高的领域或识别出的特别风险；

（2）与财务报表中涉及重大管理层判断（包括被认为具有高度估计不确定性的会计估计）的领域相关的重大审计判断；

（3）本期重大交易或事项对审计的影响。

当然，在审计报告中增加关键审计事项部分，并不改变审计的根本目标，不改变被审计单位管理层和治理层作为原始信息披露者、注册会计师作为信息鉴证者的基本定位，不改变审计的基本方法和流程。

(二) 提高审计报告的沟通价值，增强审计工作的透明度

完善审计报告措辞，界定相关概念。使用者可以更准确地理解审计的基本定位、关键特征、核心概念以及注册会计师、管理层（治理层）各自的职责，弥合"期望差距"。

（1）说明注册会计师和管理层对持续经营各自的责任；

（2）说明注册会计师对年度报告中除已审计财务报表和审计报告以外的其他信息的责任；

（3）增加对"合理保证""重要性""风险导向审计"等审计核心概念的阐释；

（4）对注册会计师发现舞弊的责任、与治理层沟通的责任等进行阐释；

（5）在上市公司审计报告中披露负责执行审计工作并出具审计报告的项目合伙人的姓名，以明确对审计质量承担最终责任的人员。

(三) 强化注册会计师与审计相关的责任，回应财务使用者对持续经营、其他信息、注册会计师独立性的关注

增加审计报告要素，充实审计报告内容。除了在审计报告中引进关键审计

事项外，还增加了一些重要内容。例如：

（1）强化注册会计师对持续经营的审计投入，当持续经营存在重大不确定性时，要求在审计报告中单设段落予以突出强调，将原来强调事项段"与持续经营相关的重大不确定性"转化为审计报告的单独一部分；

（2）提高注册会计师对被审计单位年度报告中包含的其他信息的工作投入，并要求注册会计师在审计报告中单设段落报告工作的结果；

（3）要求注册会计师在审计报告中声明独立于被审计单位，并履行了职业道德方面的其他责任。

二、制定和修订审计准则的过程

我国从 2015 年初就着手制订和修订相关审计准则，经历了四个阶段：

（1）立项研究。准确把握国际审计准则的精髓，研究我国传统审计报告模式存在的问题，于 2015 年 1 月成立项目组。

（2）起草初稿。项目组于 2015 年 3 月开始起草相关审计准则。在起草过程中，通过集体讨论、实地调研、专家咨询等方式，力求将我国审计业务的实践经验与国际审计准则的先进成果相结合。

（3）研讨论证。2015 年 10 月举办审计准则修订研讨班，听取实务界对审计准则初稿的意见和建议，2015 年 11 月邀请政府相关部门、学术界、企业界、实务界的代表对初稿进行论证。

（4）征求意见。2016 年 1 月，发布审计准则征求意见稿。

（5）正式发布。2016 年 11 月正式发布新的和修订的相关审计准则，生效日期为 2017 年 1 月 1 日。

新的和修订的相关审计准则（简称新审计准则）主要包括：

1. 新制定的审计准则（1 项）

（1）《中国注册会计师审计准则第 1504 号——在审计报告中沟通关键审计事项》（新制定）的内容主要体现在以下方面：规定了在上市实体财务报表审计中，如何确定关键审计事项，如何在审计报告中沟通关键审计事项，以及形成审计工作底稿的要求。

2. 实质性修订的审计准则（6 项）

（2）《中国注册会计师审计准则第 1501 号——对财务报表形成审计意见

和出具审计报告》（修订）的变化主要体现在以下方面：优化审计报告要素的顺序，增加审计报告的要素（关键审计事项、持续经营、其他信息），改进管理层对财务报表责任的表述，改进注册会计师对财务报表审计责任的表述，增加披露项目合伙人姓名（上市公司财务报表审计）的要求。

(3)《中国注册会计师审计准则第 1502 号——在审计报告中发表非无保留意见》（修订）的变化主要体现在以下方面：按照第 1501 号准则的规定优化审计报告要素顺序，增加审计报告要素，调整非无保留意见的措辞，增加对财务报表发表无法表示意见时与关键审计事项相关的规定。

(4)《中国注册会计师审计准则第 1503 号——在审计报告中增加强调事项段和其他事项段》（修订）的变化主要体现在以下方面：重新定义增加强调事项段和其他事项段的情形，澄清强调事项段、其他事项段和关键审计事项部分之间的关系。

(5)《中国注册会计师审计准则第 1151 号——与治理层的沟通》（修订）的变化主要体现在以下方面：修订与治理层沟通的事项（注册会计师与财务报表审计相关的责任、计划的审计范围和时间安排、审计中发现的重大问题，包括增加对识别的特别风险的沟通），对沟通的过程提供更详细的应用指南。

(6)《中国注册会计师审计准则第 1324 号——持续经营》（修订）的变化主要体现在以下方面：在审计报告中增加"与持续经营相关的重大不确定性"单独部分、强化注册会计师对评价管理层披露持续经营事项的责任。

(7)《中国注册会计师审计准则第 1521 号——注册会计师对其他信息的责任》（修订）的变化主要体现在以下方面：修订其他信息的范围和准则名称、增强注册会计师对其他信息的阅读工作力度、在审计报告单独部分报告"其他信息"。

3. 作出符合性修订的审计准则（5 项）。

(8)《中国注册会计师审计准则第 1111 号——就审计业务约定条款达成一致意见》（修订）。

(9)《中国注册会计师审计准则第 1131 号——审计工作底稿》（修订）。

(10)《中国注册会计师审计准则第 1301 号——审计证据》（修订）。

(11)《中国注册会计师审计准则第 1332 号——期后事项》（修订）。

(12)《中国注册会计师审计准则第 1341 号——书面声明》（修订）。

三、国际审计准则与中国审计准则相对应的项目

新的和修订的国际审计准则与中国审计准则相对应的项目如下（见表5-1）。

表5-1　　　国际审计准则和中国审计准则相对应的项目

新的和修订的国际审计准则	新的和修订的中国审计准则
（1）国际审计准则第700号——对财务报表形成审计意见和出具审计报告（修订）（ISA700, Revised, Forming an Opinion and Reporting on Financial Statements）	（1）中国注册会计师审计准则第1501号——对财务报表形成审计意见和出具审计报告（修订）
（2）新国际审计准则第701号——在审计报告中沟通关键审计事项（New ISA701, Communicating Key Audit Matters in the Independent Auditor's Report）	（2）中国注册会计师审计准则第1504号——在审计报告中沟通关键审计事项（新制定）
（3）国际审计准则第705号——在审计报告中发表非无保留意见（修订）（ISA705, Revised, Modification to the Opinion in the Independent Auditor's Report）	（3）中国注册会计师审计准则第1502号——在审计报告中发表非无保留意见（修订）
（4）国际审计准则第706号——在审计报告中增加强调事项段和其他事项段（修订）（ISA706, Revised, Emphasis of Matter Paragraphs and Other Matter Paragraphs in the Independent Auditor's Report）	（4）中国注册会计师审计准则第1503号——在审计报告中增加强调事项段和其他事项段（修订）
（5）国际审计准则第570号——持续经营（修订）（ISA570, Revised, Going Concern）；	（5）中国注册会计师审计准则第1324号——持续经营（修订）
（6）国际审计准则第260号——与治理层的沟通（修订）（ISA260, Revised, Communication with Those Charged with Governance）	（6）中国注册会计师审计准则第1151号——与治理层的沟通（修订）
（7）国际审计准则第720号——注册会计师对其他信息的责任（修订）（ISA720, Revised, The Auditor's Responsibility Relating to Other Information）	（7）中国注册会计师审计准则第1521号——注册会计师对其他信息的责任（修订）
对其他国际审计准则做出符合性修订（Amendments to Other ISAs）	对其他审计准则做出符合性修订

四、新的和修订的审计准则关键领域概览

如前所述,2008 年全球金融危机的爆发,以及财务报告的日益复杂,监管者、投资者和其他相关利益者迫切需要信息含量大的审计报告。借鉴国际审计准则,结合我国实际情况,新的和修订的审计准则关键领域见表 5-2。

表 5-2　　　　　　　　　新的和修订的审计准则关键领域

关键领域	制定或修订的主要原因
审计报告要素顺序	审计意见放在审计报告的开始,之后紧跟"形成审计意见的基础"。准则制定者认识到审计意见对使用者的重要性,将审计意见放在突出位置
关键审计事项	属于新增加的部分。对上市公司财务报表出具审计报告,应当描述"关键审计事项"(KAMs)。这样做的目的是,规范注册会计师如何确定关键审计事项以及如何在审计报告中进行沟通,旨在增加审计报告的透明度,根据业务的具体情况,进行量身定制的描述
持续经营	属于新增部分。持续经营令人特别感兴趣,特别在金融危机发生后,管理层和注册会计师日益关注持续经营符合公众利益。 将描述管理层和注册会计师对持续经营各自的责任包括在审计报告中; 当存在持续经营、存在重大不确定性并且得到充分的披露时,在审计报告中增加以"与持续经营相关的重大不确定性"为标题的单独部分; 新规定要求注册会计师评价被审计单位对持续经营"勉强过关"披露的充分性,即如果识别出可能导致对被审计单位持续经营能力产生重大疑虑的事项或情况,但根据获取的审计证据,注册会计师认为不存在重大不确定性,则注册会计师应当根据适用的财务报告编制基础的规定,评价财务报表是否对这些事项或情况作出充分披露
其他信息	属于新增部分。描述注册会计师在财务报表审计中与年度报告中其他信息相关的责任以及执行工作形成的结论。审计报告中应当包括一个单独部分,以"其他信息"为标题。 提供注册会计师与其他信息相关的工作的透明度
独立性和职业道德责任	明确声明注册会计师按照与审计相关的职业道德守则独立于被审计单位,并履行了职业道德方面的其他责任。声明中应当指明适用的职业道德守则的来源。 强调遵守职业道德作为审计基础的重要性,增加对注册会计师独立性的关注
注册会计师的责任	描述审计的目标、执行的审计工作以及与治理层的沟通,尤其是对审计责任和关键特征的描述得到加强和拓展。 对审计流程提供了更大的透明度,增强对注册会计师的作用和性质的理解
项目合伙人的姓名	对上市公司财务报表审计,注明项目合伙人的姓名。增加有关项目合伙人的透明度,使项目合伙人承担更大的个人责任,具备问责意识,目的是改进审计质量。 "处境危险"豁免披露

第二节 中国 2017 年运用加强版审计报告的经验

新审计准则首先于 2017 年 1 月 1 日起在 A + H 股上市公司以及 H 股上市公司财务报表审计中施行。对于股票在沪深证券交易所交易的上市公司、首次公开发行股票的申请公司（IPO 公司）、股票在全国中小企业股份转让系统公开转让的非上市公众公司（新三板公司）中的创新层挂牌公司、面向公众投资者公开发行债券的公司，其财务报表审计业务，应于 2018 年 1 月 1 日起执行新审计准则。

A + H 股公司审计报告 96 份（简称 A 类报告），H 股公司审计报告 20 份（简称 B 类报告），自愿提前采用的公司审计报告 3 份（简称 C 类报告），合计 119 份样本。上述审计报告由 12 家具有证券期货审计业务资格的会计师事务所出具，他们是：普华永道中天会计师事务所（简称普华）、安永华明会计师事务所（简称安永）、德勤华永会计师事务所（简称德勤）、毕马威华振会计师事务所（简称毕马威）、立信会计师事务所（简称立信）、瑞华会计师事务所（简称瑞华）、信永中和会计师事务所（简称信永）、天健会计师事务所（简称天健）、致同会计师事务所（简称致同）、大华会计师事务所（简称大华）、天职会计师事务所（简称天职）、大信会计师事务所（简称大信）。现对 119 份审计报告进行简要分析。

一、调查范围

被调查报告样本来自 2016 年 119 家上市公司的审计报告，按会计师事务所对审计报告的分析见表 5 - 3。

表 5 - 3   按会计师事务所对审计报告进行分析   单位：份

会计师事务所	样本报告的数量			合计	
	A 类	B 类	C 类	数量	百分比
普华	20	4	2	26	22%
安永	17	2	—	19	16%
信永	11	5	—	16	13%

续表

会计师事务所	样本报告的数量			合计	
	A 类	B 类	C 类	数量	百分比
德勤	14	-	-	14	12%
毕马威	10	2	1	13	11%
瑞华	9	1	-	10	8%
立信	7	2	-	9	7%
天健	2	3	-	5	4%
天职	3	-	-	3	3%
大华	1	1	-	2	2%
大信	1	-	-	1	1%
致同	1	-	-	1	1%
合计	96	20	3	119	100%
占比	81%	17%	3%	100%	-

在样本公司中，市场集中度非常高，普华、安永、信永、德勤、毕马威、瑞华和立信出具的审计报告占总体的比例高于5%，合计达到的90%。

按行业类别对审计报告的分析见表5－4。

表5－4　　　　　按行业类别对审计报告进行分析　　　　　单位：份

行业类别	样本报告的数量				
	A 类	B 类	C 类	合计	百分比
制造业	39	9	1	49	41%
金融业	22	-	1	23	19%
交通运输业	12	4	-	16	14%
采矿业	10	1	-	11	9%
电力、热力、燃气	5	-	-	5	4%
建筑业	4	-	-	4	3%
信息传输、软件和信息技术服务业	-	3	1	4	3%
房地产业	2	1	-	3	3%
批发和零售业	1	1	-	2	2%
文化、体育和娱乐业	1	1	-	2	2%
合计	96	20	3	119	100%

制造业、金融业、交通运输业以及采矿业的审计报告比例大于5%，4个行业合计达到83%。在119份审计报告中，*ST昆机被出具无法表示意见的审计报告，由于*ST昆机不包括关键审计事项、与持续经营相关的重大不确定性、其他信息等内容，因此在分析时将其排除在外。

二、关键审计事项的类型

按关键审计事项类型的分析，见表 5-5。在部分关键审计事项中，一个事项可能涉及多个主题，表中统计的关键审计事项主题（298 个）大于关键审计事项的合计数量（281 个）。

表 5-5　　　　关键审计事项类型分析

关键审计事项类型	合计 出现次数	合计 百分比
应收款项的可回收性	49	16%
——销售商品及提供劳务的应收账款减值	32	11%
——金融行业贷款、垫款、融出资金及应收款项等减值	17	6%
长期资产（除商誉）减值	48	16%
收入确认	38	13%
——收入确认存在的舞弊风险	10	3%
——收入确认（非舞弊）	20	7%
——建造合同	11	4%
商誉减值	27	9%
合并范围	21	7%
——结构化主体合并范围	19	6%
——其他合并范围确定	2	1%
公允价值的估值	17	6%
——金融工具估值	12	4%
——投资性房地产等估值	5	2%
存货跌价	14	5%
合并、收购、处置、重组事项	12	4%
税项	11	4%
可供出售金融资产等减值	9	3%
保养大修及质量保证金的计提	6	2%
金融工具的确认、终止和转让	6	2%
保险准备金计提	5	2%
研究开发支出资本化	5	2%
高速公路经营权	4	1%
政府补助	4	1%
租赁分类的会计处理	3	1%
其他（沟通不超过 2 次）	16	5%
合计	298	100%

应收款项的可回收性出现次数最高，49 次，主要包含两方面的内容：一是一般商品销售和提供劳务企业所产生的应收款项（32 次）；二是金融行业的应收款项，主要包括银行的贷款、垫款及应收款项以及证券公司的融出资金等（17 次）。

长期资产（除商誉）减值出现次数位居第二，48 次，主要包括固定资产、无形资产、在建工程、长期股权投资等非流动资产的减值。

收入确认出现次数位居第三，38 次，主要包含一般商品销售和提供劳务产生的收入和建造合同收入。在一般商品销售和提供劳务产生的收入中，分为收入确认舞弊风险和收入确认（非舞弊）风险。

此外，商誉减值由于其复杂性并涉及管理层的假设和判断，出现次数也较高，达到 27 次。合并范围，特别是金融行业有关结构化主体的合并范围事项也被多次提及。公允价值估值则主要包括金融工具估值和投资性房地产估值，沟通次数为 17 次。存货跌价、合并、收购、处置或重组事项、税务相关事项（主要是递延所得税资产的确认）以及可供出售金融资产等减值也都是关键审计事项中沟通的重点。

下面针对样本次数大于 5% 的制造业、金融业、交通运输业和采矿业关键审计事项作进一步分析，见表 5-6、表 5-7、表 5-8 和表 5-9（表中关键审计事项的报告次数和百分比的含义，以制造业和收入确认为例：报告次数是指制造业审计报告中沟通收入确认的次数；占该行业样本百分比，是指制造业中，沟通的收入确认的审计报告占该行业审计报告样本的百分比）。

表 5-6　　　　　　　　　制造业关键审计事项分析

常见类型	报告次数	占该行业样本百分比
长期资产（除商誉）减值	21	44%
收入确认	16	33%
应收款项的可回收性	15	31%
商誉减值	13	27%
存货跌价	11	23%

由于制造业涉及多个领域，因此关键审计事项的主题相对比较分散。但长期资产（除商誉）减值依然在 44% 的报告中出现，体现该行业中的被审计单位多为重资产企业这一特点，固定资产等减值事项是注册会计师重点关注的领域之一。而收入确认、应收款项的可回收性和存货跌价也体现出这一行业的明

显特征。

表 5 – 7　　　　　　　　金融业关键审计事项分析

常见类型	报告次数	占该行业样本百分比
合并范围（结构化主体合并范围）	19	83%
应收款项的可回收性（贷款、垫款、融出资金及应收款项等减值）	17	74%
金融工具的估值	12	52%
可供出售金融资产等减值	9	39%

金融业包括银行、证券公司和保险公司。结构化主体合并范围以及贷款、垫款、融出资金及应收款项等减值出现数量的比例高达到83%和74%，这是金融业关键审计事项的显著特点之一。金融工具的估值和可供出售金融资产减值也是金融业报告数量较多的关键审计事项。

表 5 – 8　　　　　　　　交通运输业关键审计事项分析

常见类型	报告次数	占该行业样本百分比
收入确认	8	50%
长期资产（除商誉）减值	7	44%
应收款项的可回收性	5	31%
高速公路经营权	4	25%

交通运输业主要包括高速公路、铁路、航空和港口等公司。航空公司及海运港口由于其收入确认涉及管理层的判断（如乘客积分导致的递延收益、运输收入完成百分比等），出现数量的比例达50%。飞机、船舶及设备等长期资产的减值也是该行业相对较为集中的事项，出现数量的比例44%。应收款项的可回收性及高速公路经营权也是该行业出现数量相对较高的事项。

表 5 – 9　　　　　　　　采矿业关键审计事项分析

常见类型	报告次数	占该行业样本百分比
长期资产（除商誉）减值	10	91%
商誉减值	5	45%
合并、收购、处置、重组事项	3	27%

采矿业主要涉及石油、煤矿等能源行业。油气资产、其他固定资产和在建工程等长期资产的减值是这一行业关注的重点，出现次数的比例达91%。而商誉减值和合并、收购、处置、重组事项也是采矿业审计报告中出现次数较多

的类型。

上述关键审计事项,有的属于"评估的重大错报风险较高的领域或识别出的特别风险",有的属于"与财务报表中涉及重大管理层判断(包括被认为具有高度估计不确定性的会计估计)的领域相关的重大审计判断",有的属于"本期重大交易或事项对审计的影响"。

关于特别风险,在审计准则中将"收入确认舞弊"和"管理层凌驾于控之上"作为特别风险。但两者是否成为报告的关键审计事项,还需要判断是否符合关键审计事项的定义和特征。表 5-10 反映了特别风险和报告的关键审计事项之间的关系。

表 5-10　　特别风险和报告的关键审计事项之间的关系

特别风险的考虑方面	可能对应的主要主题类型
风险是否属于舞弊风险	收入确认存在的舞弊风险
风险是否与近期经济环境、会计处理方法或其他方面的重大变化相关,因而需要特别关注	税项(营改增事项); 其他(折旧年限变更)
交易的复杂程度	合并、收购、处置、重组事项; 部分收入确认; 其他(复杂的会计处理)
风险是否涉及重大的关联方交易	应收款项的可回收性(关联方相关); 其他(关联交易)
财务信息计量的主观程度,特别是计量结果是否具有高度不确定性	各类减值、估值等事项; 部分收入确认、税项; 合并范围的确定; 高速公路经营权、研发支出资本化等; 质量保证金、保险准备金计提
风险是否涉及异常或超出正常经营过程的重大交易	合并、收购、处置、重组事项

关于重大审计判断,如完工百分比确认收入、存货跌价、公允价值估值等,均属于此类事项,是确定为关键审计事项的主要原因之一。

关于本期重大交易或事项对审计的影响,注册会计师在描述关键审计事项时,会索引至财务报表的相关披露,并对该关键审计事项的影响金额进行说明。这些最终被确定为关键审计事项的交易或事项全部对审计有着重大影响。

三、关键审计事项的数量

对关键审计事项数量的分析,可以从不同的角度进行考虑,见表5-11、表5-12、表5-13。

表5-11 按上市公司类型对关键审计事项的数量进行分析

类别	报告数量	关键审计事项数量	平均关键审计事项数量
A类	95	238	2.5
B类	20	35	1.8
C类	3	8	2.7
合计	118	281	2.4

由于C类公司样本太小不予考虑之外,A类公司关键审计事项的平均数量要明显高于B类公司。

表5-12 按会计师事务所对关键审计事项的数量进行分析

会计师事务所	关键审计事项总数	最多关键审计事项数	所属行业	最少关键审计事项数	所属行业	平均关键审计事项数量
普华	61	5	金融业/制造业	1	多个行业	2.3
安永	55	4	金融业/制造业	2	交通运输业/制造业	2.9
信永	36	4	制造业	1	制造业/信息传输、软件和信息技术服务业	2.3
德勤	25	3	金融业	1	多个行业	1.8
毕马威	38	4	金融业/采矿业	1	制造业	2.9
瑞华	19	3	多个行业	1	制造业	2.1
立信	21	4	金融业	1	制造业	2.3

按会计师事务所和行业类别进行分析,关键审计事项的数量区间在1~5个之间,其中金融业的数量最多。从单份报告的平均数量方面看,安永和毕马威居前两位(2.9个)。

表 5-13 按行业类别对关键审计事项的数量进行分析

所属行业	关键审计事项数量	报告数量	平均关键审计事项个数
金融业	78	23	3.4
建筑业	10	4	2.5
批发和零售业	5	2	2.5
信息传输、软件和信息技术服务业	9	4	2.3
交通运输业	35	16	2.2
采矿业	24	11	2.2
制造业	103	48	2.1
电力、热力、燃气	9	5	1.8
房地产业	5	3	1.7
文化、体育和娱乐业	3	2	1.5
合计	281	118	2.4

金融业以平均 3.4 个关键审计事项位居最高，建筑业、批发和零售业持平，信息传输、软件和信息技术业、交通运输业、采矿业、制造业平均数量差异不大，文化、体育和娱乐业平均数量最小。

四、关键审计事项的沟通

(一) 关键审计事项索引至财务报表的相关披露

《中国注册会计师审计准则第 1504 号——在审计报告中沟通关键审计事项》第十三条规定，在审计报告的关键审计事项部分逐项描述关键审计事项时，注册会计师应当分别索引至财务报表的相关披露（如有）。

在报告的关键审计事项中，绝大多数的描述均索引至了相关会计政策、财务报表附注或财务报告中的其他领域，从而使报告使用者能够结合被审计单位财务报表的披露内容，更好地理解关键审计事项。

但同时有 21 个关键审计事项并未提及管理层在财务报表中的披露位置，或者是仅概括性地描述为"请参阅财务报表附注"而未写明具体附注编号或名称，这种情况占关键审计事项总数的 7.5%。这其中，有 2 个关键审计事项与信息系统相关，在财务报表中没有相关披露可以索引，因此属于合理原因。而另外 19 个关键审计事项，管理层已明确在财务报表的会计政策，附注披露等内容中涉及，注册会计师应当索引而未索引，这一做法不符合审计准则要求。

在索引相关披露时，注册会计师采取的描述方式各有不同，如同时索引至财务报表披露的具体编号和附注名称，或者仅索引至财务报表披露的具体编号。

毕马威对中国石油出具的审计报告有关索引格式见参考格式5-1，普华对上海电气出具的审计报告有关索引格式见参考格式5-2。

参考格式5-1　毕马威对中国石油出具的审计报告有关索引格式（恰当）

> 请参阅财务报表附注"4重要会计政策和会计估计"（11）油气资产和（27）（b）固定资产和油气资产的减值估计所述的会计政策及财务报表附注"15油气资产"。

参考格式5-2　普华对上海电气出具的审计报告有关索引格式（恰当）

> 参见财务报表附注二（32）及附注四（62）。

（二）实施审计程序的结果或对关键审计事项的看法

审计准则并未强制要求沟通"实施审计程序的结果或对关键审计事项的看法"（以下简称"审计程序的结果"），但在全部281个关键审计事项中，有89个（31.67%）关键审计事项沟通了审计程序的结果，有192个（68.33%）关键审计事项没有沟通审计程序的结果，见图5-1和表5-14。

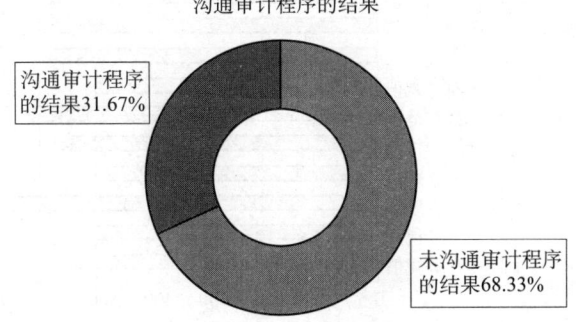

图5-1　沟通审计程序的结果的百分比

表5-14　按会计师事务所对沟通审计程序的结果进行分析

会计师事务所	包含审计程序的结果	包含审计程序的结果的百分比
普华	61	100%
安永	–	–
信永	5	14%
德勤	–	–
毕马威	–	–
瑞华	2	11%
立信	5	24%

由上表可以看出，普华对全部关键审计事项描述了实施审计程序的结果，安永、德勤和毕马威均未包含此类描述。信永、瑞华和立信等事务所部分审计报告含有此类描述。描述方式举例如下："基于所实施的审计程序，我们发现""基于上述审计程序及结果，我们认为"等。

（三）描述关键审计事项的细致程度

在描述关键审计事项时，注册会计师应当提供与被审计单位相关的个性化的信息，增加审计报告的信息含量，提高审计工作透明度。这就要求注册会计师平衡详细描述和简洁说明之间的关系，既要把问题讲清楚，又不要使人感觉冗长。对281个关键审计事项的描述，平均字数585个字（见图5-2和图5-3）。当然，由于每个关键审计事项复杂程度不一样，字数多少不一样是必然的。

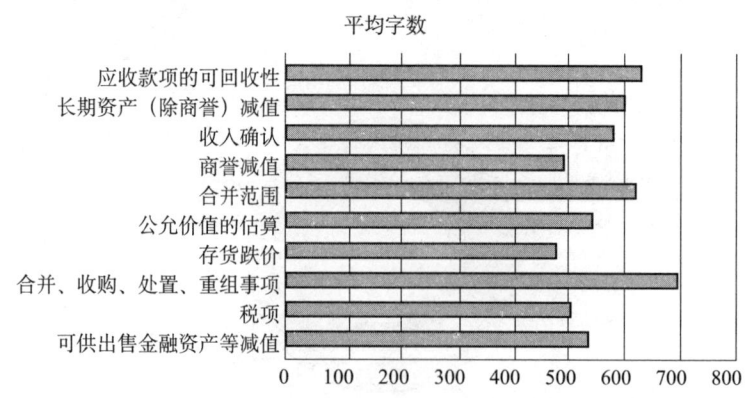

图5-2　前十大关键审计事项平均字数

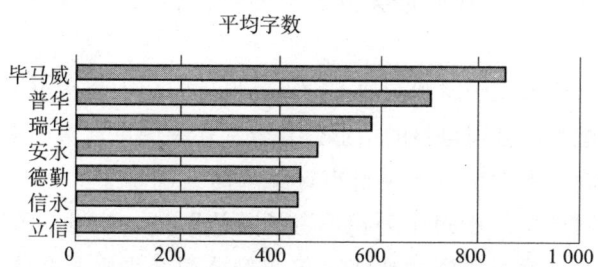

图 5-3　会计师事务所披露的关键审计事项平均字数

各会计师事务所披露的关键审计事项平均字数差距较大。

（四）提及利用专家的工作

在沟通的关键审计事项中，会计师事务所在一定程度上提及专家的工作，占关键审计事项总数量的 27%，见表 5-15。

表 5-15　按专家类型进行分析

利用专家的类型	报告数量			
	A 类	B 类	C 类	合计
内部估值专家	46	2	-	48
内部信息技术专家	10	1	1	12
内部精算专家	5	1	-	6
内部税务专家	6	-	-	6
外部评估师	3	-	-	3
小计	70	4	1	75
关键审计事项总数	238	35	8	281
占比	29%	11%	13%	27%

由于减值和估值等事项在关键审计事项中所占比例较高，相应地提到利用内部估值专家的工作数量较多。在描述时，主要措辞有："我们基于对中煤能源和煤炭行业的了解，在我们的估值专家的协助下，对管理层在折现未来现金流量模型中所采用的关键假设进行了评价""我们也利用了内部估值专家的工作，评估管理层的减值测试方法和使用的折现率的合理性"。

（五）区分集团和母公司确定和沟通关键审计事项

在编制合并财务报表的上市公司，除提供合并财务报表外，还应提供母公司财务报表。注册会计师通常会依据集团整体情况，确定和沟通关键审计事项。

有些注册会计师在确定和沟通关键审计事项时，不仅考虑了集团整体的情况，还单独考虑了母公司自身的情形，并分别在关键审计事项中进行沟通。例如，毕马威在确定光大证券的关键审计事项时，确定了"评估合并财务报表中商誉及个别财务报表中对子公司投资的减值"这一事项，而其中有关"个别财务报表中对子公司投资的减值"仅与母公司个别财务报表相关，而对集团合并财务报表没有影响。

此外，在毕马威沟通的关键审计事项中，有5个事项特别索引至母公司财务报表附注，4个事项（包含上述光大证券的事项）在描述关键审计事项时特别提及了母公司业务内容的背景介绍或是该事项对母公司财务报表的影响。

（六）同一家A+H股公司审计报告披露关键审计事项的差异

经分析，有34家A+H股公司由同一事务所同时出具A+H股审计报告；由处于同一网络的两家会计师事务所分别出具A+H股审计报告51份，例如A股报告由普华出具，H股报告由同一网络下的罗兵咸永道出具；另外10份报告由不处于同一网络下的两家会计师事务所出具审计报告，例如A股审计报告由立信出具，H股审计报告由德勤关黄陈方审计。总体情况见表5-16。

表5-16　同一家A+H股公司审计报告披露关键审计事项的差异

类型	报告数量
A股+H股由同一事务所审计（主题一致）	34
A股与H股由处于同一网络的两家事务所审计（主题少量不一致）	51
关键审计事项主题一致	48
关键审计事项主题不一致	3
A股与H股分别由不处于同一网络的两家事务所审计（主题少量不一致）	10
关键审计事项主题一致	8
关键审计事项主题不一致	2
合计报告数量	95

在A+H股由处于同一网络的两家事务所进行审计的情况下，有3家公司的审计报告披露关键审计事项主题不一致。其中有2份报告是由于会计准则及披露要求的差异导致的；另一份A股报告披露的关键审计事项个数和主题与H股报告披露的明显不同。

A+H股分别由不处于同一网络的两家事务所进行审计的情况下，有2家公司的审计报告披露的关键审计事项主题存在不一致。其中在中远海运的A股审计报告中，关键审计事项之一为"集装箱运输收入成本"，而H股审计报告中则为"年末未完航次的运费收入和成本"，两者侧重点略有不同；在伊泰煤炭的B股报告中包含关键审计事项"煤炭业务的收入确认"，而H股报告中并未就该事项进行沟通，两家事务所识别的关键审计事项存在差异。此外，尽管8家公司的审计报告披露的关键审计事项主题是一致的，但描述和详略成都存在差异。

五、持续经营

在119份审计报告中，重庆钢铁、*ST 墨龙、南大苏富特的审计报告中含有单独的持续经营部分。

应当指出的是，当审计报告包含"与持续经营相关的重大不确定性"时，注册会计师通常在关键审计事项部分提及与持续经营相关的重大不确定性部分，措辞为："除'与持续经营相关的重大不确定性'部分所描述的事项外，我们确定下列事项是需要在审计报告中沟通的关键审计事项"。有一份审计报告没有加入相关描述。

第三节　中国2018年运用加强版审计报告的经验

2018年，注册会计师对股票在沪深证券交易所交易的上市公司财务报表进行审计，需要按照新审计准则出具审计报告。截至2018年4月30日，共有3 522家上市公司公布了年度报告。为了了解注册会计师执行新审计准则的情况，选取沪深300指数[①]上市公司的审计报告进行了简要分析。

[①] 沪深300指数，由沪深证券交易所于2005年4月8日联合发布，旨在反映沪深300指数编制目标和运行状况，并能够作为投资业绩的评价标准，为指数化投资和指数衍生产品创新提供基础条件。指数成份股的选样空间：上市交易时间超过一个季度；非ST、*ST股票，非暂停上市股票；公司经营状况良好，最近一年无重大违法违规事件、财务报告无重大问题；股票价格无明显的异常波动或市场操纵；剔除其他经专家认定不能进入指数的股票。选样标准为选取规模大、流动性好的股票作为样本股。

一、调查范围

本次调查的审计报告全部来自沪深 300 指数上市公司，其中主板 232 份，中小板 53 份，创业板 15 份。按会计师事务所和客户数量份额对审计报告的分析见表 5-17。沪深 300 指数上市公司主要由立信会计师事务所（简称立信）、普华永道中天会计师事务所（简称普华）、安永华明会计师事务所（简称安永）、德勤华永会计师事务所（简称德勤）、瑞华会计师事务所（简称瑞华）、信永中和会计师事务所（简称信永）、天健会计师事务所（简称天健）、毕马威华振会计师事务所（简称毕马威）、致同会计师事务所（简称致同）、大华会计师事务所（简称大华），以及其他 24 家具有证券期货审计业务资格的会计师事务所完成审计。

表 5-17 按会计师事务所和客户数量份额对审计报告进行分析　　　　单位：份

事务所	主板 数量	主板 占比	中小板 数量	中小板 占比	创业板 数量	创业板 占比	合计 数量	合计 占比
立信	28	12%	11	21%	4	27%	43	14%
普华	28	12%	2	3%			30	10%
安永	24	11%	4	7%			28	9%
德勤	24	11%	1	2%	1	7%	26	9%
瑞华	12	5%	11	21%	2	12%	25	9%
信永	18	8%	3	6%			21	7%
天健	15	6%	3	6%	1	7%	19	7%
毕马威	15	6%	1	2%			16	5%
致同	16	7%					16	5%
大华	7	3%	4	7%	1	7%	12	4%
其他 24 家	45	19%	13	25%	6	40%	64	21%
合计	232	100%	53	100%	15	100%	300	100%

沪深 300 指数集中了沪深证券市场优质的上市公司。立信等 10 家会计师事务所拥有客户数量份额 79%。其中，立信拥有客户数量份额 14%，居第一位，远高于其他会计师事务所；普华拥有客户数量份额 10%，居第二位；安永（9%）、德勤（9%）、瑞华（8%）依次位居第三、第四和第五。

沪深 300 指数基本涵盖了各类行业的上市公司。根据中证指数有限公司按照 2012 年中国证监会《上市公司行业分类指引》对上市公司的行业分类，

2017年沪深300指数上市公司，涵盖了15个行业（没有包括住宿和餐饮业，科学研究和技术服务业，居民服务、修理和其他服务业，教育等四个行业）。按行业类别和会计师事务所对审计报告的分析见表5-18。

表5-18　　按行业类别和会计师事务所对审计报告进行分析

行业分类	合计	立信	普华	安永	德勤	瑞华	信永	天健	毕马威	致同	大华	其他
农、林、牧、渔业	2											2
采矿业	15	2	1	1	3	1	1		1	1		4
制造业	121	16	6	9	9	14	7	9	2	7	9	33
电力、热力、燃气及水的生产和供应业	11	1	1			2	3	1		1		1
建筑业	14	6	2	1	2					1		2
批发和零售业	10	1	3					2		2		2
交通运输、仓储和邮政业	17	4		5	1	1	1		2			2
信息传输、软件和信息技术服务业	20	4		2	1	1	1	2	1	1	2	5
金融业	58	5	10	11	9	1	4	4	7			7
房地产业	17	2	2	1	1	2	2	1	1	2	1	2
租赁和商务服务业	4	1		2					1			0
水利、环境和公共设施管理业	2						1					1
卫生和社会工作业	2					1						1
文化、体育和娱乐业	6	1				2	1			1		1
综合	1											1
合计	300	43	30	28	26	25	21	19	16	16	12	64

沪深300指数包括的上市公司的数量，制造业最多，121家上市公司；其次是金融业，58家上市公司；再次是信息传输、软件和信息技术服务业，20家上市公司。20家（不含）以下、10家（含）以上上市公司涉及的行业是交通运输、仓储和邮政业（17家），房地产业（17家），采矿业（15家），建筑业（14家），电力、热力、燃气及水的生产和供应业（11家），批发和零售业（10家）。

从会计师事务所按行业占有客户数量份额看，立信、瑞华拥有制造业客户最多,分别是16家和14家;立信拥有的建筑业和信息传输、软件和信息技术服务业客户最多,分别是6家和4家;普华和立信拥有的交通运输、仓储和邮政业客户最多,分别是5家和4家;普华、安永、德勤、毕马威拥有的金融业客户最多,分别是10家、11家、9家、7家,"四大"占金融客户数量份额的63.8%。最大的5家上市商业银行财务报表审计业务,普华拥有建设银行、农业银行和交通银行3家客户,毕马威拥有工商银行1家客户,安永拥有中国银行1家客户。

二、关键审计事项的数量

（一）按行业类别分析

在沪深300指数300家上市公司中,由于ST保千里被立信出具无法表示的审计报告,其审计报告中不包含关键审计事项,因此将其排除在外,剩余的样本公司合计299份审计报告。按行业类别对关键审计事项的总数量和平均数量的分析见表5-19。

表5-19　　　　按行业类别对关键审计事项的数量进行分析

行业分类	公司数量	关键审计事项数量	各行业平均关键审计事项	百分比
综合（张江高科）	1	3	3.00	0.43%
房地产业	17	50	2.94	7.09%
金融业	58	166	2.86	23.55%
批发和零售业	10	28	2.80	3.97%
农、林、牧、渔业	2	5	2.50	0.70%
租赁和商务服务业	4	9	2.25	1.28%
制造业	120	270	2.25	38.30%
建筑业	14	30	2.14	4.26%
信息传输、软件和信息技术服务业	20	42	2.10	5.96%
交通运输、仓储和邮政业	17	35	2.06	4.96%
文化、体育和娱乐业	6	12	2.00	1.70%
采矿业	15	29	1.93	4.10%
电力、热力、燃气及水的生产和供应业	11	20	1.82	2.84%
水利、环境和公共设施管理业	2	3	1.50	0.43%
卫生和社会工作业	2	3	1.50	0.43%
合计/平均数量	299	705	2.36	100%

299 份审计报告披露的关键审计事项总数量（或称总次数）为 705 个，平均每个审计报告披露 2.36 个。高于平均数量（2.36）的行业有综合（张江高科 1 家，3）、房地产（2.94）、金融业（2.86）、批发和零售（2.8）、农、林、牧、渔业（2.5）。每个行业披露的关键审计事项的数量，可能受行业状况、被审计单位规模、经营或业务的复杂性、会计政策和会计实务、经营风险、注册会计师的经验和偏好，以及管理层和治理层的态度等因素的影响。

299 家上市公司分布在主板、中小板和创业板，按行业类别和证券市场对关键审计事项总的数量和平均数量的分析见表 5-20。

表 5-20　按行业类别和证券市场对关键审计事项的数量进行分析

行业分类	主板			中小板			创业板		
	公司数量	关键审计事项数量	平均数量	公司数量	关键审计事项数量	平均数量	公司数量	关键审计事项数量	平均数量
农、林、牧、渔业	1	3	3.0	1.0	2.0	2.0			
采矿业	15	29	1.9						
制造业	85	191	2.2	29.0	66.0	2.3	6.0	13.0	2.2
电力、热力、燃气及水的生产和供应业	10	18	1.8	1.0	2.0	2.0			
建筑业	12	26	2.2	2.0	4.0	2.0			
批发和零售业	9	25	2.8	1.0	3.0	3.0			
交通运输、仓储和邮政业	15	32	2.1	2.0	3.0	1.5			
信息传输、软件和信息技术服务业	9	19	2.1	7.0	16.0	2.3	4.0	7.0	1.8
金融业	52	148	2.8	6.0	18.0	3.0			
房地产业	16	48	3.0	1.0	2.0	2.0			
租赁和商务服务业	3	7	2.3	1.0	2.0	2.0			
水利、环境和公共设施管理业	1	1	1.0				1.0	2.0	2.0
卫生和社会工作业				1.0	2.0	2.0	1.0	1.0	1.0
文化、体育和娱乐业	2	5	2.5	1.0	2.0	2.0	3.0	5.0	1.7
综合	1	3	3.0						
合计/平均数	231	555	2.4	53.0	122.0	2.3	15.0	28.0	1.9

主板市场 231 份审计报告，披露的关键审计事项 555 个，平均每份审计报告 2.4 个；中小板 53 份审计报告，披露的关键审计事项 122 个，平均每份审计报告 2.3 个；创业板 15 份审计报告，披露的关键审计事项 28 个，平均每份

审计报告 1.9 个。不考虑其他因素的影响，总体而言，主板市场上市公司的规模和复杂性要大于中小板，中小板要大于创业板，因此，每个版块披露的关键审计事项平均数量，主板最多、中小板次之，创业板最少。

（二）按会计师事务所分析

按会计师事务所和证券市场对关键审计事项平均数量的分析见表 5-21。

表 5-21　按会计师事务所和证券市场对关键审计事项的平均数量进行分析

板块分类	所有样本	立信	普华	安永	德勤	瑞华	信永	天健	毕马威	致同	大华	其他
主板	2.40	2.15	2.50	2.67	2.25	2.17	2.33	2.53	2.67	2.50	1.86	2.44
中小板	2.30	2.18	2.50	2.75	2.00	2.27	2.00	2.33	3.00		2.25	2.31
创业板	1.87	1.75			1.00	2.00		2.00			2.00	2.00
合计	2.36	2.12	2.50	2.68	2.19	2.20	2.29	2.47	2.69	2.50	2.00	2.38

主板披露的关键审计事项平均数量为 2.4 个，其中，普华（2.5）、安永（2.67）、天健（2.53）、毕马威（2.67）、致同（2.50）高于平均数量；中小板披露的关键审计事项平均数量为 2.3 个，其中，普华（2.5）、安永（2.75）、天健（2.33）、毕马威（3）、高于平均数量，致同没有中小板客户；创业板披露的关键审计事项平均数量为 1.87 个，其中，瑞华（2）、天健（2）、大华（2）高于平均数量，普华、安永、信永、毕马威、致同没有创业板客户；在所有板块证券市场样本中，披露的关键审计事项平均数量为 2.36 个，其中，其中，普华（2.5）、安永（2.68）、天健（2.47）、毕马威（2.69）、致同（2.50），高于平均数量。立信等 10 家会计师事务所以及其他 24 家会计师事务在审计报告中披露的关键审计事项最高数量和最低数量分析见表 5-22。

表 5-22　对在审计报告中披露的关键审计事项最高数量和最低数量进行分析

板块分类	立信	普华	安永	德勤	瑞华	信永	天健	毕马威	致同	大华	其他
最高数量	4	4	4	4	4	4	5	5	5	3	6
公司所在行业	金融业	金融业	制造业	房地产	金融业	金融业	房地产	金融业	房地产	制造业	制造业
最低数量	1	1	1	1	1	1	2	1	1	1	1
公司所在行业	制造，交通	制造，交通	制造，采矿	制造，采矿	制造	电力	制造，信息	制造，交通	制造	制造	制造
高低差	3	3	3	3	3	2	3	4	4	2	5

在审计报告中披露的关键审计事项最高数量是 6 个，是天职国际会计师事

务所对中联重科财务报表出具的报告,依次是天健(5)、毕马威(5)、致同(5)、立信(4)、普华(4)、安永(4)、德勤(4)、瑞华(4);在审计报告中披露的关键审计事项最低数量是 1 个,分别是立信、普华、安永、德勤、瑞华、信永、毕马威、致同、大华,天健在审计报告中披露的关键审计事项最低数量是 2 个。

在披露关键审计事项最高数量的行业,被不同会计师事务所提及最多的是金融业(5 次),其次是制造业(3 次)和房地产业(3 次)。在披露关键审计事项最低数量的行业,被不同会计师事务所提及最多的是制造业(10 次),其次是交通运输、仓储和邮政业(3 次),第三是采矿(2 次)。说明会计师事务所对不同行业中关键审计事项的认识具有相当的共识。

(三)按关键审计事项类型和出现次数分析

299 份审计报告披露了不同类型的关键审计事项,按关键审计事项类型和出现次数的分析见表 5-23、图 5-4。

表 5-23　　按关键审计事项类型和出现次数进行分析

关键审计事项类型	出现次数	百分比
收入确认	161	23%
应收款项的可收回性	126	18%
合并范围	71	10%
存货跌价准备	66	9%
商誉减值	61	9%
长期资产(非商誉)减值	45	6%
公允价值计量	43	6%
可供出售金融资产等减值	24	3%
合并、收购、处置、重组事项	16	3%
税项	14	2%
保养大修及质量保证金计提	13	2%
关联方关系及其交易	11	2%
保险准备金计提	9	1%
政府补助	8	1%
研究开发支出资本化	7	1%
会计政策变更	7	1%
金融工具的确认、终止和转让	6	1%
其他	17	2%
总计	705	100%

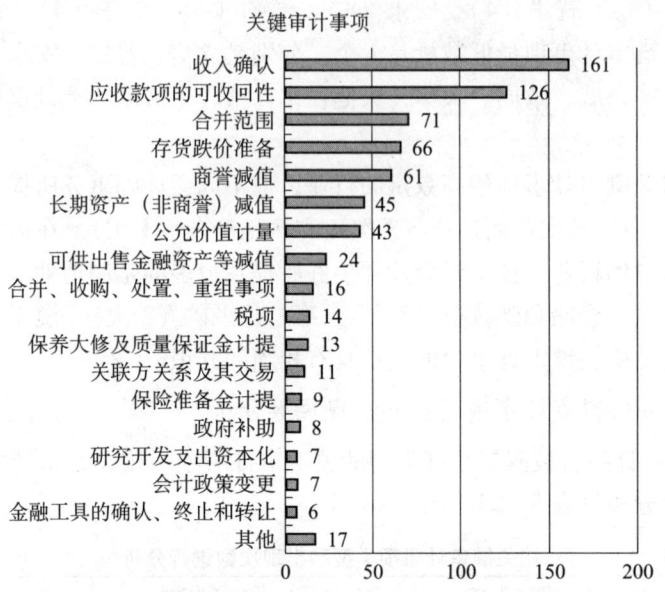

图 5-4　按关键审计事项类型和出现次数进行分析

从关键审计事项类型看，收入确认出现次数最高（161），次高的是应收款项的可回收性（126），紧接其后的是合并范围（71），存货跌价准备（66），商誉减值（61），长期资产（非商誉）减值（45），公允价值计量（43），可供出售金融资产等减值（24），合并、收购、处置、重组事项（16）、税项（14）等。合并的其他关键审计事项包括诉讼事项、与财务报告相关的信息技术、银行存款存在性和完整性、在建工程成本计量、股份支付、固定资产弃置费、会计估计变更、销售费用、委托加工成本等。

（四）按行业类别对关键审计事项类型的分析

表 5-24 列示了各行业披露的关键审计事项的百分比，图 5-5 列示了各行业审计报告披露关键审计事项的数量。下面是前 5 名披露关键审计事项数量最多的行业——制造业，金融业，信息传输、软件和信息技术服务业，交通运输、仓储和邮政业，房地产业，对这些行业披露的关键审计事项进一步的分析见表 5-25、图 5-6、表 5-26、图 5-7、表 5-27、图 5-8、表 5-28、图 5-9、表 5-29、图 5-10。

表5-24　　各行业披露的关键审计事项的百分比

行业分类	公司数量	关键审计事项数量	百分比
农、林、牧、渔业	2	5	0.7%
采矿业	15	29	4.1%
制造业	120	270	38.3%
电力、热力、燃气及水的生产和供应业	11	20	2.8%
建筑业	14	30	4.3%
批发和零售业	10	28	4.0%
交通运输、仓储和邮政业	17	35	5.0%
信息传输、软件和信息技术服务业	20	42	6.0%
金融业	58	166	23.5%
房地产业	17	50	7.1%
租赁和商务服务业	4	9	1.3%
水利、环境和公共设施管理业	2	3	0.4%
卫生和社会工作业	2	3	0.4%
文化、体育和娱乐业	6	12	1.7%
综合	1	3	0.4%
合　计	299	705	100%

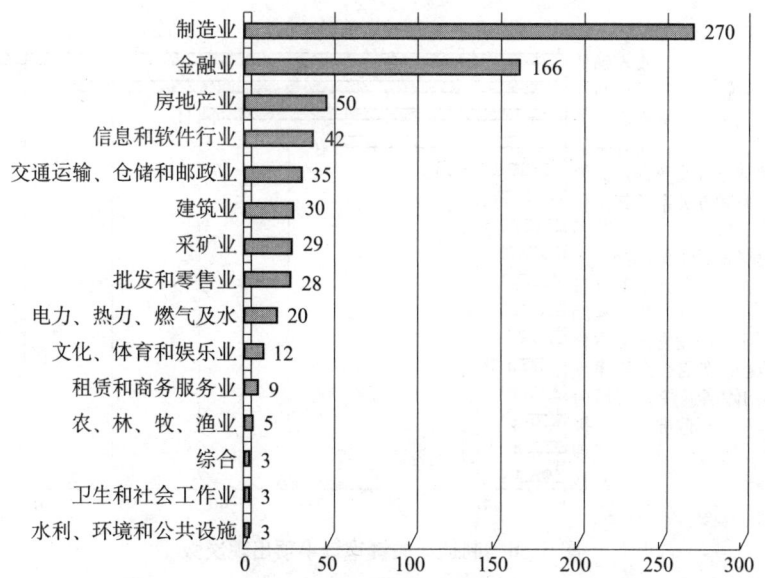

图5-5　各行业审计报告披露关键审计事项的数量

表 5-25　　按制造业进行分析

关键审计事项类型	出现次数	百分比
收入确认	70	26%
应收款项的可收回性	55	20%
存货跌价准备	41	15%
商誉减值	26	10%
长期资产（非商誉）减值	13	5%
关联方关系及其交易	8	3%
政府补助	7	3%
公允价值计量	7	3%
保养大修及质量保证金计提	7	3%
合并范围	7	3%
合并、收购、处置、重组事项	6	2%
研究开发支出资本化	6	2%
税项	4	1%
保险准备金计提	4	1%
可供出售金融资产等减值	4	1%
其他	5	2%
总计	270	100%

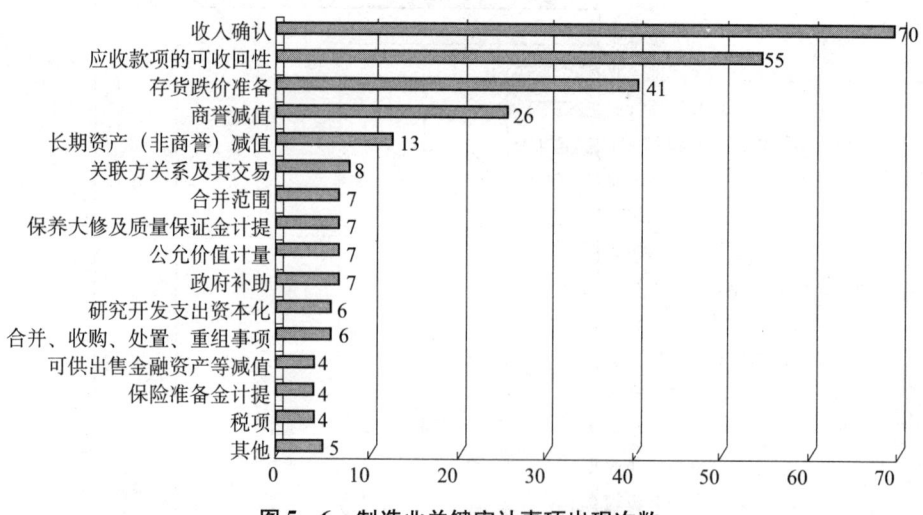

图 5-6　制造业关键审计事项出现次数

收入确认、应收款项的可收回性、存货跌价准备、商誉减值和长期资产（非商誉）占制造业关键审计事项的比重为 76%。其中收入确认比例最高，涉及完工百分比和管理层的重大判断。其他关键审计事项主题比较分散,这和制造业涉及的领域过于广泛有关。

表 5-26　　　　　　　　　按金融业进行分析

关键审计事项类型	出现频次	百分比
合并范围	52	31%
应收款项的可收回性	42	25%
公允价值计量	21	13%
可供出售金融资产等减值	18	11%
商誉减值	7	4%
会计政策变更	7	4%
收入确认	5	3%
保险准备金计提	5	3%
金融工具的确认、终止和转让	5	3%
长期资产(非商誉)减值	1	1%
保养大修及质量保证金计提	1	1%
其他	2	1%
合　计	166	100%

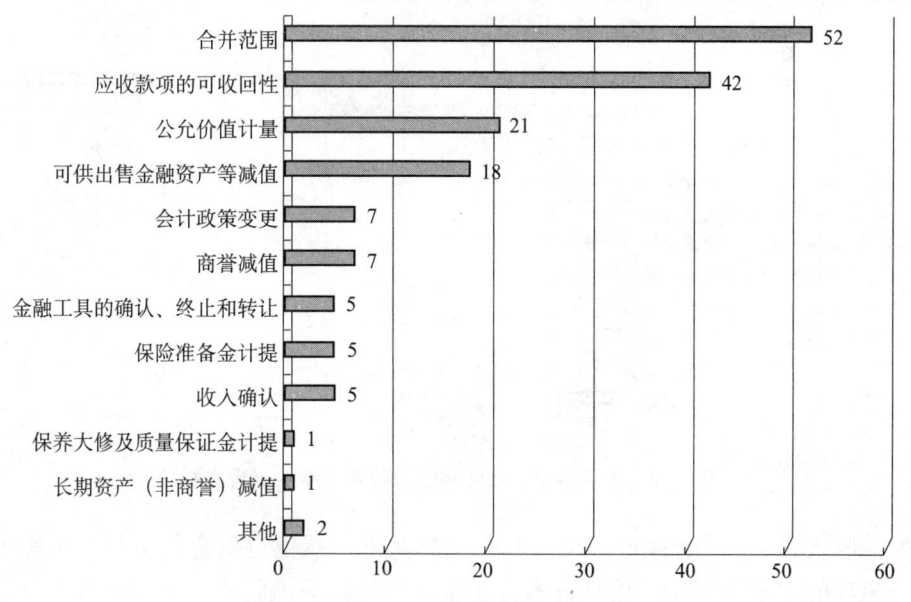

图 5-7　金融业关键审计事项出现次数

合并范围、应收款项的可收回性、公允价值计量、可供出售金融资产等减值占金融业关键审计事项的比重为80%。其中合并范围，主要是对结构化主体的合并；应收款项的可收回性，主要是金融行业贷款、垫款、融出资金及应收款项等减值所致。另外，会计政策变更，是因为金融企业采用了新金融工具准则。

表5-27　　　　按信息传输、软件和信息技术服务业进行分析

关键审计事项类型	出现次数	百分比
收入确认	16	38%
商誉减值	8	20%
长期资产（非商誉）减值	4	10%
应收款项的可收回性	3	7%
合并范围	3	7%
合并、收购、处置、重组事项	2	5%
公允价值计量	1	2%
保养大修及质量保证金计提	1	2%
金融工具的确认、终止和转让	1	2%
研究开发支出资本化	1	2%
其他	2	5%
总计	42	100%

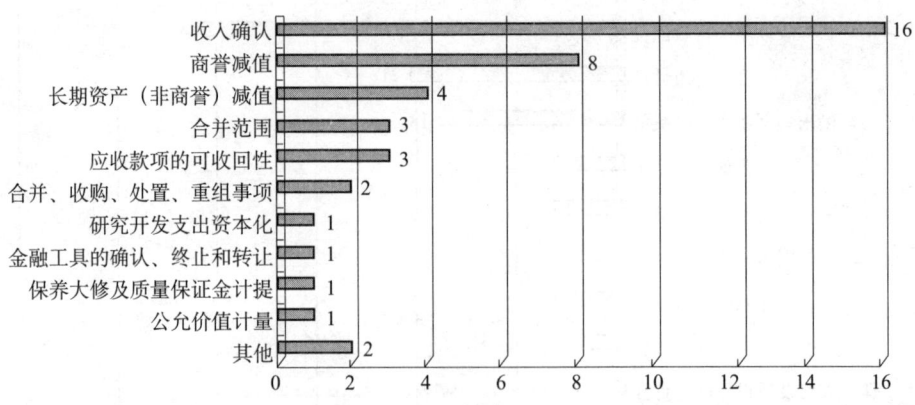

图5-8　信息传输、软件和信息技术服务业出现次数

收入确认、商誉减值、长期资产（非商誉）减值占信息技术行业关键审计事项的比重为67%。信息技术行业收入确认舞弊风险大，并购产生大量商誉，技术和设备更新换代快。

表 5-28　　　　　按交通运输、仓储和邮政业进行分析

关键审计事项类型	出现频次	百分比
收入确认	14	39%
保养大修及质量保证金计提	4	11%
长期资产（非商誉）减值	4	11%
公允价值计量	3	9%
合并范围	3	9%
应收款项的可收回性	2	6%
商誉减值	2	6%
关联方关系及其交易	1	3%
其他	1	3%
合并、收购、处置、重组事项	1	3%
合　计	35	100%

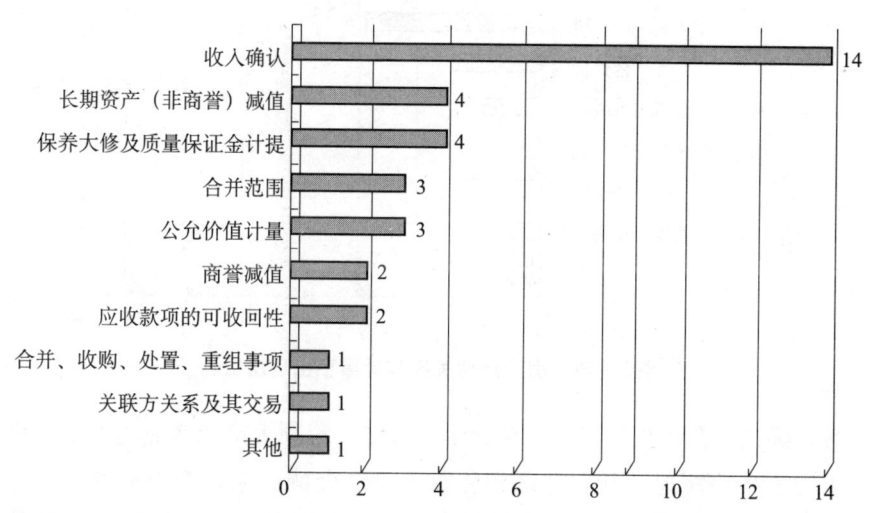

图 5-9　交通运输、仓储和邮政业关键审计事项出现次数

收入确认、长期资产（非商誉）减值、保养大修及质量保证金计提、合并范围、公允价值计量占交通运输业关键审计事项的比重为 80%。航空公司和海运港口收入确认涉及管理层的重大判断（如运输收入完成百分比、常旅客奖励积分等），飞机、船舶及设备减值以及保养大修也是该行业的显著特点。

表 5-29　　　　　　　　按房地产业行业进行分析

关键审计事项类型	出现频次	百分比
收入确认	15	30%
存货跌价准备	13	26%
公允价值计量	7	14%
税项	6	12%
合并范围	3	6%
应收款项的可收回性	2	4%
合并、收购、处置、重组事项	1	2%
商誉减值	1	2%
可供出售金融资产等减值	1	2%
其他	1	2%
合　计	50	100%

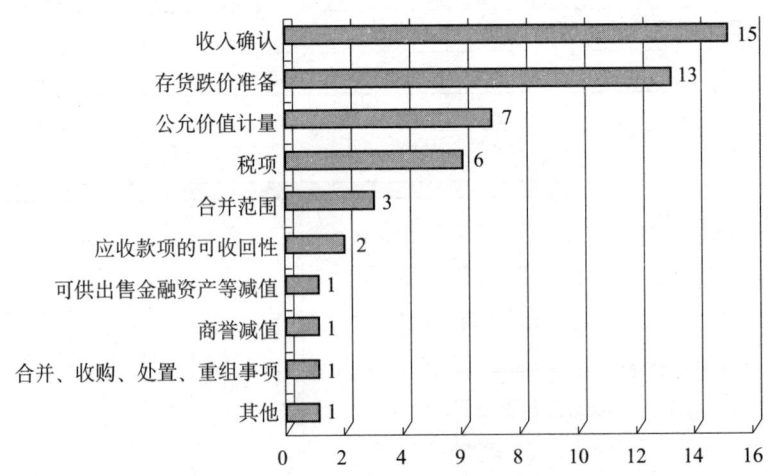

图 5-10　房地产业关键审计事项出现次数

收入确认、存货跌价准备、公允价值计量、税项占房地产业关键审计事项的比重为82%。房地产开发产品销售收入确认金额巨大且判断标准复杂，存货跌价准备计提，投资性房地产按公允价值计量，计提土地增值税等各种税项，上述均涉及管理层重大判断。

三、沟通审计程序的结果

注册会计师在审计报告中沟通关键审计事项时，有的仅沟通了针对关键审计事项实施的审计程序，有的还沟通了实施审计程序的结果或对关键审计事项的看法(以下简称"审计程序的结果")。尽管审计准则并未强制要求沟通实施审计程序的结果,但许多使用者认为这样做是有用的。对沟通审计程序结果的分析见图5-11。

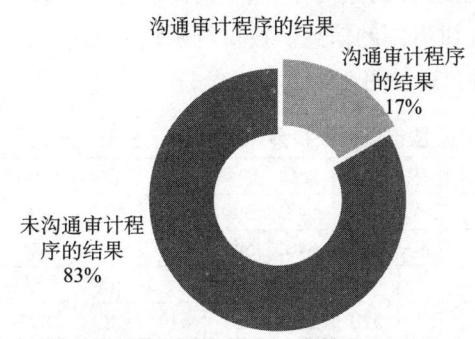

图 5-11　对沟通审计程序结果的分析

在299份审计报告中,沟通审计程序的结果的占17%,没有沟通的占83%。按会计师事务所对沟通审计程序的结果进行分析,见表5-30。

表 5-30　　　按会计师事务所对沟通审计程序的结果进行分析

审计程序的结果	立信	普华	安永	德勤	瑞华	信永	天健	毕马威	致同	大华	其他	合计
已沟通结果	6	73	0	0	0	0	0	0	3	24	13	119
未沟通结果	83	2	75	57	55	48	47	43	37		139	586
关键审计事项数量	89	75	75	57	55	48	47	43	40	24	152	705
已描述结果占比%	7%	97%	0%	0%	0%	0%	0%	0%	8%	100%	9%	17%

在705个关键审计事项中,沟通审计程序的结果的审计报告119个,其中73个由普华披露,占61.34%;24个由大华披露,占20.17%;6个由立信披露,占5.04%;3个由致同披露,占2.52%;剩余13个由其他24家会计师事务所披露,占10.92%。

四、描述关键审计事项的细致程度

对某个关键审计事项的描述是否充分属于职业判断。目的在于提供一种简明、不偏颇的解释，以使阅读者能够了解为何该事项是最为重要的事项，以及对这些事项是如何应对的。注册会计师在描述关键审计事项的细致程度时，也面临着挑战：如果文字太少、太简练，可能没有把事情讲清楚；如果文字太多，描述冗长，可能使阅读者感到厌烦。因此，注册会计师应当以一种简明且可理解的描述方式提供有用的信息。按市场板块和会计师事务所对关键审计事项字数的分析见表5-31、图5-12。

表5-31　　　　　按市场板块和会计师事务所进行分析

行业	平均	立信	普华	安永	德勤	瑞华	信永	天健	毕马威	致同	大华	其他
主板	609	557	754	578	543	590	504	497	896	600	705	563
中小板	578	517	769	526	646	541	579	470	845		703	602
创业板	602	645			464	493		409			533	668
合计	603	553	755	570	546	561	514	489	892	600	690	579

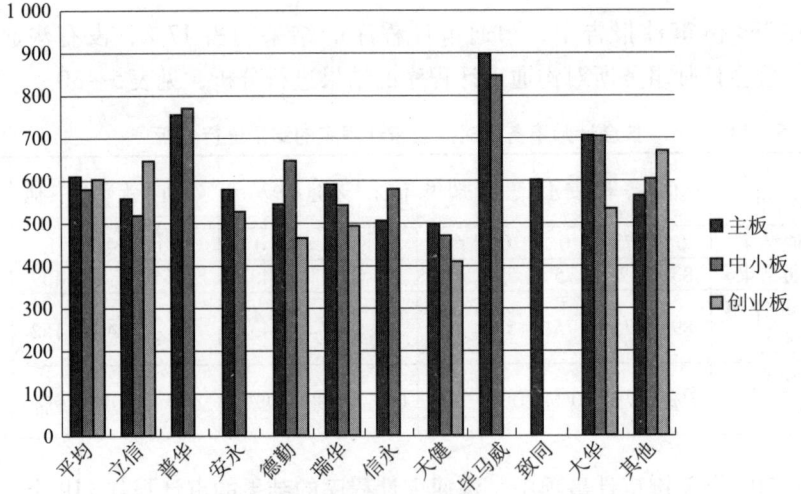

图5-12　按市场板块和会计师事务所进行分析

每个关键审计事项的平均字数为609个，普华平均字数754个，立信、安永、德勤、瑞华和其他24家会计师事务所略低于平均数字。从市场板块来看，主板平均字数高于中小板和创业板，这和使用者的预期可能是一致的，因为主板的上市公司的规模和复杂性要高于中小板和创业板。

按关键审计事项类型对描述的细致程度进行分析，见表5-32、图5-13。

表 5-32　　　　　　　按关键审计事项类型进行分析

关键审计事项类型	平均字数	出现频次	百分比
收入确认	612	161	23%
应收款项的可收回性	651	126	18%
合并范围	609	71	10%
存货跌价准备	550	66	9%
商誉减值	593	61	9%
长期资产（非商誉）减值	611	45	6%
公允价值计量	584	43	6%
可供出售金融资产等减值	553	24	3%
合并、收购、处置、重组事项	660	16	2%
税项	551	14	2%
保养大修及质量保证金计提	529	13	2%
关联方关系及其交易	545	11	2%
保险准备金计提	569	9	1%
政府补助	484	8	1%
研究开发支出资本化	475	7	1%
会计政策变更	872	7	1%
金融工具的确认、终止和转让	575	6	1%
其他	434	17	3%
合计平均	599	705	100%

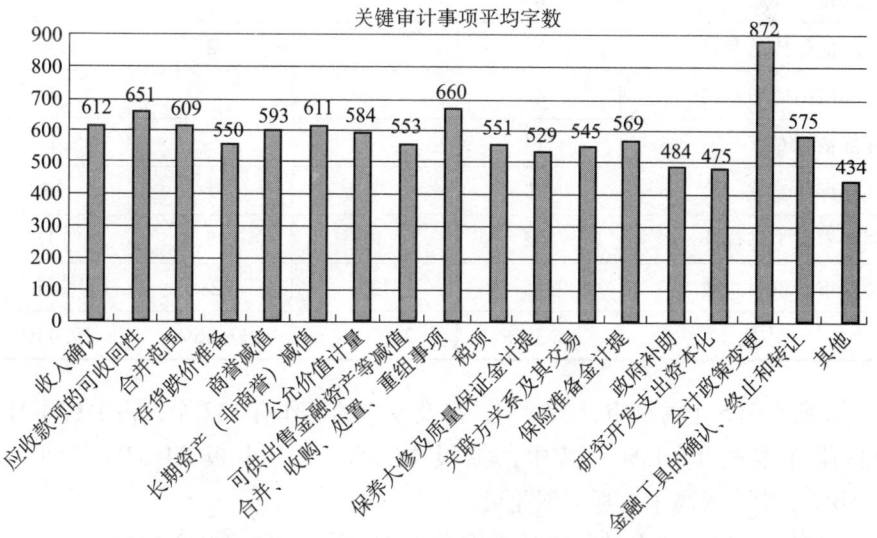

图 5-13　按关键审计事项类型进行分析

会计政策变更，合并、收购、处置、重组事项，应收款项的可收回性，收入确认，长期资产（非商誉）减值等关键审计事项的平均字数高于关键审计事项总体的平均字数；合并范围的平均字数和关键审计事项总体的平均字数相同；其他关键审计事项的平均字数小于关键审计事项总体的平均字数。这和使用者的感受是一致的，因为会计政策变更，合并、收购、处置、重组事项，应收款项的可收回性、收入确认、长期资产（非商誉）、合并范围等关键审计事项涉及复杂的判断，需要用更多的笔墨来进行描述。

五、提及专家的工作

注册会计师在审计中可以利用在会计或审计以外的某一领域具有专长的个人或组织协助工作，这些具有专长的个人或组织称为专家。按照注册会计师利用专家的类别的分析见表 5-33。

表 5-33　　　按照注册会计师利用专家的类别进行分析

专家分类	主板	中小板	创业板	合计
内部估值专家	49	17	2	68
内部精算专家	5			5
内部税务专家	6			6
内部信息技术专家	20	6	2	28
内部信用模型专家	4			4
外部精算专家	1			1
外部评估专家	17	7	1	25
利用专家工作合计	102	30	5	137
关键审计事项总数	555	122	28	705
占比	18.38%	24.59%	17.86%	19.43%

在所有 705 个关键审计事项中，提及专家的工作有 137 个，占关键审计事项总体样本的 19.43%。其中，主板 18.38%、中小板 24.37%、创业板 17.86%。中小板高于主板和创业板。

根据《中国注册会计师审计准则第 1421 号——利用专家的工作》（2012

年1月1日生效），注册会计师不应在无保留意见的审计报告中提及专家的工作，除非法律法规另有规定。在发布新审计准则后，是否继续禁止在审计报告中提及利用专家的工作，并没有做出明示，也没有修改相关审计准则，但注册会计师在这方面进行了有益的探索。

第四节　对加强版审计报告特殊问题的考虑

一、关键审计事项的类型

什么事项构成关键审计事项，并符合关键事项的性质和特征呢？

《中国注册会计师审计准则第1504号——在审计报告中沟通关键审计事项》第七条规定："关键审计事项，是指注册会计师根据职业判断认为对本期财务报表审计最为重要的事项。关键审计事项从注册会计师已与治理层沟通过的事项中选取。"第九条规定："注册会计师应当从与治理层沟通的事项中确定在执行审计工作时重点关注过的事项。在确定时，注册会计师应当考虑下列方面：（1）按照《中国注册会计师审计准则第1211号——通过了解被审计单位及其环境识别和评估重大错报风险》的规定，评估的重大错报风险较高的领域或识别出的特别风险；（2）与财务报表中涉及重大管理层判断（包括被认为具有高度估计不确定性的会计估计）的领域相关的重大审计判断；（3）本期重大交易或事项对审计的影响。第十条规定："注册会计师应当从根据本准则第九条的规定确定的事项中，确定哪些事项对本期财务报表审计最为重要，从而构成关键审计事项。"因此，"评估的重大错报风险较高的领域或识别出的特别风险""与财务报表中涉及重大管理层判断"和"本期重大交易或事项对审计的影响"构成了关键审计事项类型的基础。2018年，沪深上市公司在第1年采用新审计报告准则，对关键审计事项类型的披露是否符合要求，与其他国家和地区相比，是否存在较大的差距？

《中国注册会计师审计准则第1151号——与治理层的沟通》（修订）要求注册会计师与治理层沟通各种问题，包括与注册会计师审计相关的责任、计划的审计范围和审计的时间安排、来自审计的重大发现和注册会计师的独立性。

就此而言，要求注册会计师沟通识别出的特别风险，作为沟通计划的范围和审计的时间安排概要的一部分。

从与治理层沟通的那些事项看，注册会计师需要确定要求特别关注的事项。从要求特别关注的事项的角度，注册会计师需要确定哪些是最重要的事项，并因此成为关键审计事项。

重大管理层的判断和重大异常交易的领域，可能通常识别为特别风险，因此，特别风险通常是要求注册会计师特别关注的领域。然而，这可能并非所有特别风险的情况。例如，《中国注册会计师审计准则第1141号——注册会计师在财务报表审计与关舞弊相关的责任》假定，存在着收入确认方面的舞弊风险和管理层凌驾于控制之上的风险，相应地，要求注册会计师将评估的舞弊导致的重大错报风险作为特别风险。取决于这些风险的性质，这些风险可能并不需要特别关注，因此，并不视为关键审计事项。

图5-14、图5-15、图5-16、图5-17、图5-18列示了中国内地（2018年沪深300家公司）、中国香港地区（2017年香港恒生指数50家公司）、新加坡（2017年新加坡证券交易所499家公司）、英国（2014年富时350指数153家公司）首次采用新审计报告准则时披露的出现次数前10位关键审计事项类型，以及新西兰（2017年在证券市场和其他市场168家公司）的关键审计事项分布。

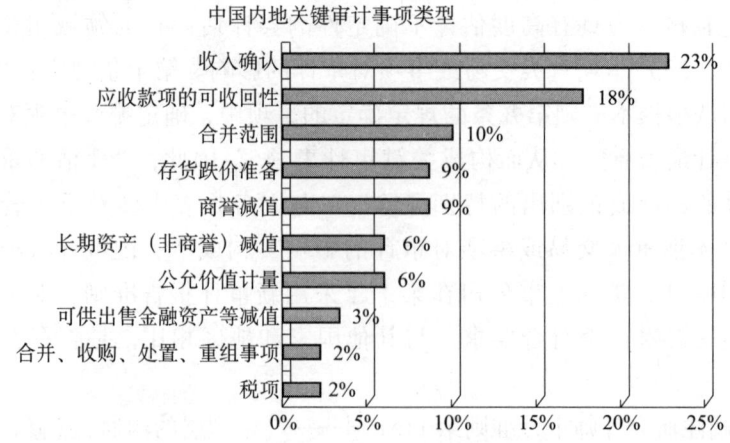

图5-14 沪深300指数上市公司出现前10位的关键审计事项

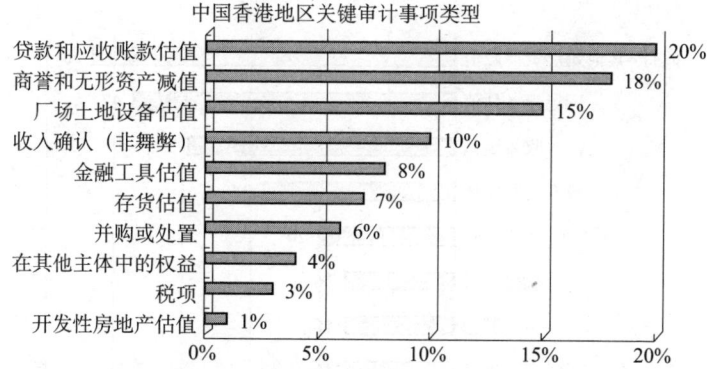

图 5-15　香港恒生指数上市公司出现前 10 位的关键审计事项

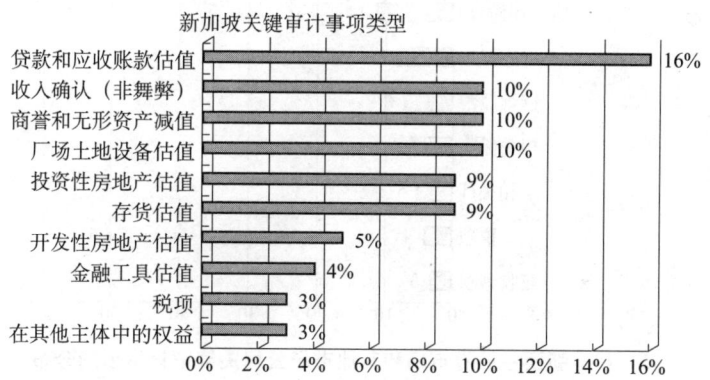

图 5-16　新加坡证券交易所上市公司出现前 10 位的关键审计事项

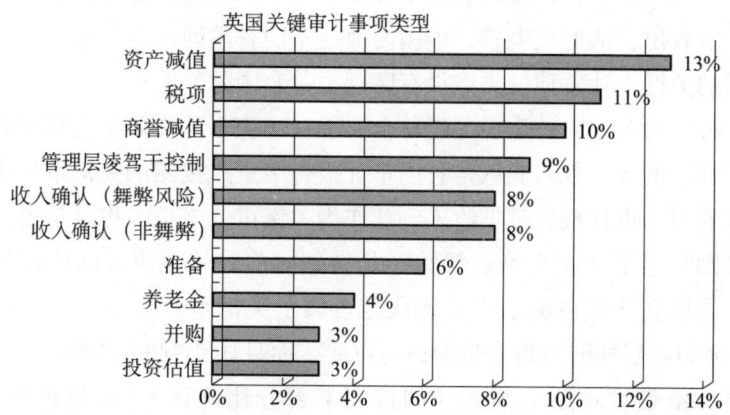

图 5-17　英国富时 350 指数上市公司出现前 10 位的关键审计事项

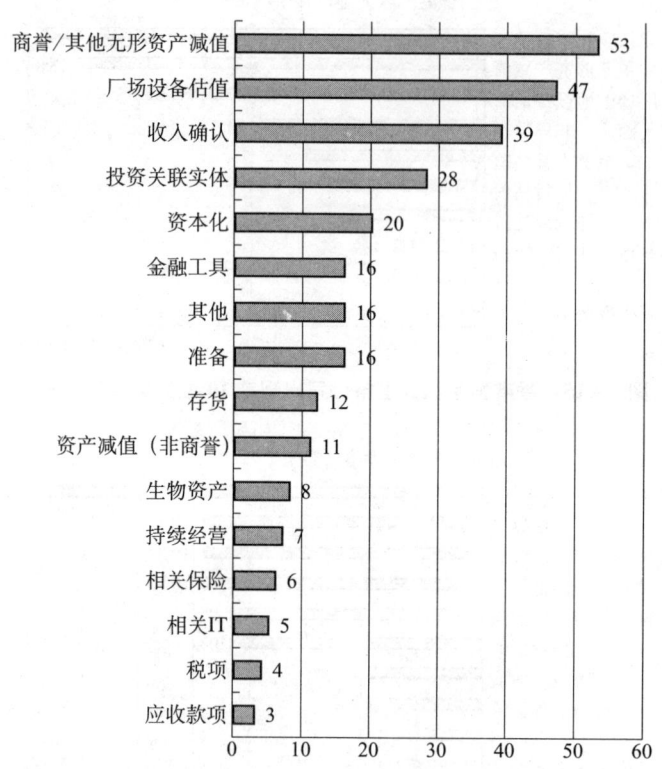

图 5-18　新西兰证券市场和其他市场公司关键审计事项的分布

　　由于各国或地区上市公司的行业状况、公司规模、组织结构、业务和经营性质有着较大的差异，披露的关键审计事项类型和频率可能差异也很大。由上述图示可以看出，从形式上看，中国内地与中国香港地区、新加坡、英国和新西兰披露的关键审计事项的类型没有区别，符合国际经验。

　　对于披露的关键审计事项是否符合要求，还应当从本质上去判断是否符合定义和特征。例如，收入确认是各国审计报告中重点披露的关键审计事项，但并不意味着每一审计报告都把收入确认作为关键审计事项。也就是说，不能因为审计准则规定了"收入确认舞弊"是特别风险，就把收入确认作为关键审计事项。注册会计师在确定收入确认是否属于关键审计事项时，不仅要判断"收入"金额对当期财务报表是否最为重要，而且还要判断"确认"存在的风险，如高度依赖管理层的判断（如按完工百分比确认）、高度依赖 IT 系统（如复杂的计费系统），高度依赖销售形式（如采用客户买断方式销售商品）等。

在确定关键审计事项时需要注意：关键审计事项不是替代或补充报表编制者在财务报表中报告的观点，不是对不完整披露差距的弥补，不是视为经营风险或被审计单位需要解决的问题，不是代替注册会计师发表非无保留意见或对某一关键审计事项发表单独的意见。2018 年，中国注册会计师将收入确认视为关键审计事项的例子见参考格式 5-3、参考格式 5-4、参考格式 5-5、参考格式 5-6、参考格式 5-7、参考格式 5-8，有的描述比较恰当，有的描述不符合关键审计事项的特征。

参考格式 5-3　　　关键审计事项：收入确认（恰当）

收入确认

2017 年度合并财务报表中主营业务收入 806 237.90 万元，同期增长 15.98%。财务报表对营业收入的披露请参见附注三（二十八）、附注五（六十一）及附注十六（四）。

上海机场航空性业务收入如起降费、停场费、客桥费、旅客服务费、安检费等相关收费，在劳务已经提供、收到价款或取得收取价款的依据时确认营业收入；

经营权转让收入，上海机场授权若干经营方于浦东机场内经营零售、餐饮、广告、贵宾服务等业务并向其收取经营权转让费。经营权转让费按经营方销售额的一定比例或约定的最低保底金额孰高按月予以确认收入；

能源转供收入于能源提供时确认；

设备、场地等租赁收入根据相关合同或协议约定的收费时间和方法计算确定；

停车费收入于停车服务提供时确认。

由于收入是上海机场的关键业绩指标之一，收入确认的准确性和完整性对上海机场的利润影响较大。因此我们将收入确认作为上海机场的关键审计事项。

注：摘自立信对上海机场 2017 年财务报表出具的报告。

参考格式 5-4   关键审计事项：收入确认（恰当）

收入确认

如财务报表附注七、45 所述，特变电工在与交易相关的经济利益很可能流入，相关收入能够可靠计量且满足各项经营活动的特定收入确认标准时，确认相关收入。2017 年度特变电工营业收入为 3 828 120.17 万元，其中产品销售收入约占特变电工总收入的 61.07%，建造合同收入约占特变电工总收入的 30.48%。我们将产品销售收入及建造合同收入的确认列为关键审计事项：

（1）将产品销售收入确认列为关键审计事项，主要由于产品销售收入的发生和完整，会对特变电工经营成果产生很大影响；

（2）将建造合同收入确认列为关键审计事项，主要由于相关核算涉及重大会计估计和判断。特变电工对于所提供的建造服务，在建造合同的结果能够可靠估计时，采用完工百分比法确认相关建造合同收入，以累计实际发生的工程成本占合同预计总成本的比例确定合同完工进度。在应用完工百分比法时，确定完工进度及合同预计总成本主要依赖管理层的重大会计估计和判断。

注：摘自信用中和对特变电工 2017 年财务报表出具的报告。

参考格式 5-5   关键审计事项：收入确认（恰当）

收入确认

请参阅合并财务报表附注"三、重要会计政策和会计估计"注释 24 所述的会计政策及"五、合并财务报表项目附注"注释 38。

贵公司及其子公司（以下简称"贵集团"）的收入主要来自于语音通话、增值服务、宽带及移动数据服务、数据及其他互联网应用、电路及网元租赁以及销售通信产品收入。

由于电信公司的计费系统复杂，且需要在数个系统中处理当年销售不同产品组合而产生大量业务数据，因此在合并财务报表中收入确认的准确性存在电信行业的固有风险。

贵集团销售的捆绑套餐中包含不同产品要素,包括提供电信服务和销售手机等通信产品,在确定各要素的收入计量方法和确认时点时会涉及重大的管理层判断。同时为了实现交易价格在这些要素间的恰当分摊,贵集团的信息系统设置较为复杂。

由于收入是贵集团的关键绩效指标之一,且其涉及复杂的信息技术系统和管理层判断,使得收入存在可能被确认于不正确的期间或被操控以达到目标或预期水平的固有风险,我们将贵集团收入确认识别为关键审计事项。

注:摘自毕马威对中国联通2017年财务报表出具的报告。

参考格式 5-6　　关键审计事项:收入确认(恰当)

收入确认

万华化学公司的销售收入主要来源于在中国国内及海外市场向最终客户销售聚氨酯、石化等化工产品。根据财务报表附注十六、6(2)主营业务收入分地区分部报告所示,2017年度国内主营业务收入为人民币 36 955 938 911.84元,占合并报表主营业务收入的 70.07%。根据万华化学公司与国内客户签订的合同约定,万华化学公司需要将其化工产品运抵客户指定的交货地点并经客户签收确认,客户签收确认后享受自行销售或使用相关产品的权利并承担该产品可能发生毁损的风险。万华化学公司根据国内客户实际签收的日期确认国内销售收入。

万华化学公司的内销客户遍布全国,签收单据需要经过一段时间流转方能由业务员交回万华化学公司,并进行相关会计处理;年末结账时,对于尚未收回的签收单据,业务部门会根据历史经验估计相关订单是否已于资产负债表日由相关国内客户签收确认,并反馈财务部进行账务处理。由于国内销售金额重大,且万华化学公司就国内销售的确认的时点进行预估,实际签收日期与销售确认日期可能存在时间性差异,因此我们将国内收入是否计入恰当的会计期间作为关键审计事项。

注:摘自德勤对万华化学2017年财务报表出具的报告。

参考格式 5-7　　关键审计事项：收入确认（恰当）

收入确认

福耀集团的销售收入主要来源于在中国国内及海外市场向汽车生产商和售后维修供应商销售汽车玻璃。于 2017 年度，向中国国内汽车生产商的汽车玻璃（"国内配套"）的销售收入为人民币 11 092 937 160 元，约占福耀集团合并营业收入的 59%。

根据财务报表附注二（22）（a），福耀集团将产品按照协议合同规定运至约定交货地点，由购买方确认接收后，确认收入。购买方在确认接收后享有自行销售和使用产品的权利并承担该产品可能发生价格波动或毁损的风险。其中，国内配套销售收入在国内汽车生产商根据销售合同条款的规定领用并确认接收产品时予以确认；其他客户包括海外汽车生产商和售后维修供应商等的销售收入，于产品按照协议合同运至约定交货地点并由购买方确认接收后确认。

我们着重关注国内汽车生产商销售收入确认的截止性，主要由于国内配套产品的领用并确认接收的单证由分布在国内不同地区的众多国内汽车生产商提供。国内汽车生产商领用接收产品的时点和销售确认时点可能存在时间性差异，进而可能存在销售收入未在恰当期间确认的风险。

注：摘自普华对福耀玻璃 2017 年财务报表出具的报告。

参考格式 5-8　　关键审计事项：收入确认（不恰当）

收入确认

X 公司主要从事 X 经营活动。2017 年主营业务收入为 73 亿元（详见财务报表附注 ×），占当期营业收入的比重为 90%。因营业收入系 X 公司关键业绩指标之一，我们将 X 公司应用收入识别为关键审计事项。

由上面六个收入确认的示例看，恰当的描述方式，不仅要讲清楚收入金额在本期财务报表审计中的重要性，还要讲清楚收入确认系统、流程、程序或步骤有哪些特点，潜藏着哪些重大错报风险，这样，注册会计师的应对程序或措施就有的放矢。

二、关键审计事项的数量

注册会计师在每一份审计报告中披露关键审计事项的数量多少恰当呢？

《中国注册会计师审计准则第1504号——在审计报告中沟通关键审计事项》没有做出规定，但《中国注册会计师审计准则第1504号——在审计报告中沟通关键审计事项》应用指南给了注册会计师判断的权利。第九条指出："注册会计师确定关键审计事项的决策过程，旨在从与治理层沟通的事项中筛选出数量较少的事项，这基于注册会计师就哪些事项对本期财务报表审计最为重要作出的判断。"第三十条指出："从需要重点关注的事项中，确定哪些事项以及多少事项对本期财务报表审计最为重要属于职业判断问题。需要在审计报告中包含的关键审计事项的数量可能受被审计单位规模和复杂程度、业务和经营环境的性质，以及审计业务具体事实和情况的影响。总体来说，最初确定为关键审计事项的事项越多，注册会计师越需要重新考虑每一事项是否符合关键审计事项的定义。对关键审计事项作冗长的列举可能与这些事项是审计中最为重要的事项这一概念相抵触。"那么，每一份审计报告披露的关键审计事项数量是否有合适的标准？

表5-34列示了首次采用新审计报告准则的国家和地区审计报告披露的关键审计事项最高数量、最低数量和平均数量。

表5-34 首次采用新审计报告准则披露关键审计事项的数量

国家或地区	关键审计事项最高数量	关键审计事项最低数量	关键审计事项平均数量	样本数量	备注
中国内地（2017）	5	1	2.4	A+H股、H股和其他合计119家公司	
中国内地（2018）	6	1	2.36	沪深300指数299家公司	
中国香港（2017年报）①	8	0	2.2	恒生指数成份股50家公司	
英国（2014年报）	10	1	4.2	富时350指数153家公司	

---

① PWC：Enhanced Auditor's Report：Review of First Year Experience in Hong Kong，July 2017.

续表

国家或地区	关键审计事项最高数量	关键审计事项最低数量	关键审计事项平均数量	样本数量	备注
英国（2015年报）	8	1	3.9	富时350指数278家公司	
新加坡（2017年报）①	8	0	2.3	在新加坡证券交易所挂牌的499家公司	
新西兰（2017年报）②	5	0	2.2（德勤、安永、毕马威、普华和其他会计师事务所简单平均数）	在新西兰证券市场和其他市场的168家公司	

中国注册会计师对A+H股、H股公司以及沪深300指数公司财务报表的审计，披露的关键审计事项的平均数量接近于中国香港地区、新加坡、新西兰，但比英国（第1年4.2）低得多；中国注册会计师在审计报告中披露的关键审计事项的最低数量为1个，而中国香港地区、新加坡、新西兰披露的关键审计最低数量为0的公司（属于只有现金的公司或经营业务非常有限的公司）；中国注册会计师在审计报告中披露的关键审计事项的最高数量为6个，而中国香港地区、英国、新加坡、新西兰披露的关键审计最高数量分别为8个、10个（第1年）、8个和5个。由此可见，关键审计事项没有所谓的"正确"或"恰当"的数量，它受各种因素的影响。审计报告改革的初衷和使用者的愿望，倾向于审计报告提供充分的信息以增强相关性和决策有用性。

国际审计与鉴证准则理事会早在2012年6月公布的《改进的审计报告》中，设计了5个"注册会计师评论"（关键审计事项前身），它暗示这样的观点，在"注册会计师评论"中，"注册会计师评论"数量从2个到10个，对公众利益实体通常认为是恰当，这取决于实体的性质、规模和复杂性。

国际审计与鉴证准则理事会指出，它并不打算详细说明要提及的"注册

---

① PWC：Enhanced Auditor's Report：Survey of First Year Experience in Singapore，2017.
② XRB, FMA：Key Audit Matters：A Stock Take of the First Year in New Zealand，November 2017.

会计师评论"（关键审计事项前身）的最低数量，也并不打算限制最高数量。总体上讲，在"注册会计师评论"中列示一长串事项，可能降低注册会计师沟通这些事项的效力。

通过分析可以得到这样的结论，在每一审计报告中，如果包含的关键审计事项数量太少，起不到审计报告改革的作用；如果罗列太多，和"最为重要的事项"相冲突，并且导致审计报告冗长。根据国际审计与鉴证准则理事会设计的初衷和各国执行新审计准则的实践，除非出现极端情况（例如，只有现金的公司或经营业务非常有限的公司），结合被审计单位的情况，在每一审计报告中包含2~10个关键审计事项是合理的。

三、沟通审计程序的结果或对关键审计事项的看法

使用者可能非常希望注册会计师在关键审计事项中披露审计程序的结果或对关键审计事项（简称审计程序的结果）的看法，但无论是中国注册会计师出具的审计报告，还是国外注册会计师出具的审计报告，多数没有作出这种沟通。那么，注册会计师是否应当对审计程序的结果进行披露呢？

《中国注册会计师审计准则第1504号——在审计报告中沟通关键审计事项》第七条规定："在审计报告的关键审计事项部分逐项描述关键审计事项时，注册会计师应当分别索引至财务报表的相关披露（如有），并同时说明下列内容：(1)该事项被认定为审计中最为重要的事项之一，因而被确定为关键审计事项的原因；(2)该事项在审计中是如何应对的。"由此可见，审计准则并没有要求进行沟通。

《中国注册会计师审计准则第1504号——在审计报告中沟通关键审计事项》应用指南第四十六条指出："在审计报告中描述一项关键审计事项在审计中如何应对时，描述的详细程度属于职业判断问题。根据本准则的要求，注册会计师可以描述下列要素：(1)审计应对措施或审计方法中，与该事项最为相关或对评估的重大错报风险最有针对性的方面；(2)对已实施审计程序的简要概述；(3)实施审计程序的结果；(4)对该事项作出的主要看法。"第五十一条指出："注册会计师在审计报告中描述关键审计事项时，也可能指出注册会计师采取的应对措施的结果。然而，如果这样做，注册会计师需要避免留下这种描述是针对单一关键审计事项发表单独意见的印象，也需要避免使预期

使用者对财务报表整体的审计意见产生疑问。"由指南可知，注册会计师可以在关键审计事项中披露审计程序的结果，但避免给人错觉是对关键审计事项发表单独意见。

英国在 2014 年首次采用修改的审计报告准则时，沟通审计程序结果的关键审计事项占所有关键审计事项的 2%，在 2015 年提高到 20%（见表 5-35）。中国在 2017 年对 A+H 股和 H 股首次按照新审计报告准则出具审计报告时，沟通审计程序结果的关键审计事项占所有关键审计事项的 31.67%（见图 5-19），在 2018 年对沪深 300 指数 299 家公司出具审计报告时，沟通审计程序结果的关键审计事项占所有关键审计事项的 17%，没有增长反而下降（见图 5-20）。

表 5-35　英国 2014 年和 2015 年沟通审计程序的结果的百分比

	2015			2014		
	是	否	合计	是	否	合计
富时 100	24	65	89	1	62	63
	27%	73%		2%	98%	
富时 250	32	157	189	2	88	90
	17%	83%		2%	98%	
合计	56	222	278	3	150	153
	20%	80%		2%	98%	

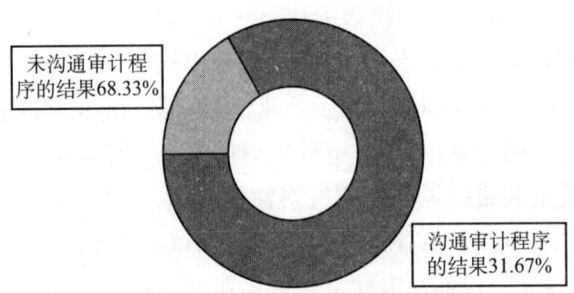

图 5-19　中国在 2017 年沟通审计程序的结果的百分比

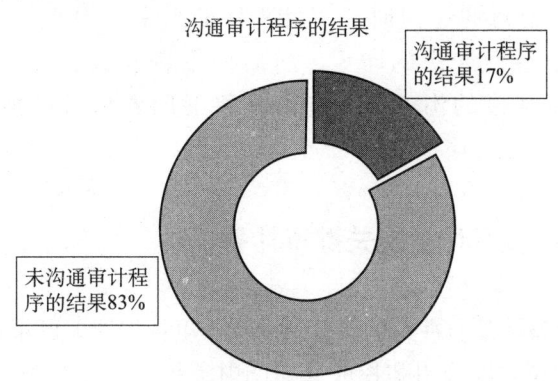

图 5-20　中国在 2018 年沟通审计程序的结果的百分比

有些注册会计师自愿披露审计程序的结果。一些审计程序结果的例子，如："根据我们所实施的审计程序，我们未发现""我们获取的证据，能够支持管理层在确定可变现净值时作出的判断""根据已实施的程序，就经抽查的样本而言，我们认为符合""基于实施的审计程序，相关证据能够支持""基于我们的工作，管理层采用的估值方法和参数是可接受的"。

多数使用者赞成披露审计程序的结果：

（1）避免使关键审计事项的沟通留下悬而未决的印象；

（2）额外的透明度和洞察力是有价值的，通过注册会计师描述审计程序的结果，使审计报告更容易阅读和理解；

（3）对关键审计事项的沟通形成闭环，而不是给阅读者留下"那又怎么样"；

（4）增强审计报告的透明度和有用性，符合审计报告改革的目标。

但有些使用者和注册会计师不赞成沟通审计程序的结果：

（1）沟通某个关键审计事项的结果，可能被误解为单独的意见，并从对财务报表整体意见中分解出来；

（2）非无保留意见反映了注册会计师已经断定没有重大错报，沟通审计程序的结果没有必要；

（3）使用者可能阅读太多审计程序的结果；

（4）没有必要，因为关键审计事项不替代非无保留意见。

通过上述分析可知，是否沟通审计程序的结果取决于注册会计师的判断和会计师事务所的行事风格。如果注册会计师及其会计师事务所养成良好的披露文化，愿意通过沟通"审计程序的结果"对审计工作形成闭环，不给阅读者留下悬而未决的印象，将对使用者非常有用。但应当注意的是，对审计程序结果的沟通，不能给人留下形象是对单独事项发表零碎意见。

四、合并报表审计下的关键审计事项

当要求注册会计师对涉及的合并财务报表审计沟通关键审计事项时，并且也要求注册会计师对母公司和控股公司的财务报表（下文称之为个别财务报表）发表意见时（在同一个审计报告或个别的审计报告），注册会计师是否需要对涉及的个别财务报表审计沟通关键审计事项？

借鉴国际审计与鉴证准则理事会 2016 年发布的《问题与解答》[①]，结合我国相关审计准则对此问题进行讨论。

关键审计事项准则适用于上市实体通用目的财务报表审计。适用的财务报告框架编制基础的要求决定了财务报表的形式和内容，并决定了什么构成一整套财务报表。

相应地，决定是否要求对涉及的个别财务报表审计沟通关键审计事项，取决于在适用的财务报告编制基础下是否将个别财务报表视为一整套通用目的的财务报表。

如果个别财务报表不是在适用的财务报告编制基础下的一整套通用目的的财务报表，注册会计师可以自愿沟通关键审计事项。

针对合并和个别财务报表的列示，有许多可能的场景。例如，合并和个别财务报表可能在每个年度报告列示，作为独立部分财务报表在一份文件中列示（即在一个年度报告的不同部分），或者在一个年度报告中并排列示（被称为四栏式）。

当确定要求对涉及个别财务报表审计沟通关键审计事项时，对列示关键审计事项的要求见表 5-36。

---

① IAASB：Question and Answer, November 2016.

表 5 – 36　　　　　涉及个别财务报表审计的关键审计事项

在每个文件中列示合并和个别财务报表	在一份文件中列示合并和个别财务报表	在一份文件中并列列示财务报表（四栏式）
在这种情况下，假定注册会计师可能对合并和个别财务报表出具报告，因为相关已审计财务报表包含在每个文件中。 　　对涉及每套财务报表审计的关键审计事项，应当在每一个审计报告中清晰地描述，因为每一审计报告应当符合《中国注册会计师审计准则第 1501 号——对财务报表形成审计意见和出具审计报告（修订）》的要求，并且第 1501 号准则（修订）要求将《中国注册会计师审计准则第 1504 号——在审计报告中沟通关键审计事项（新制定）》全部运用于上市实体的通用财务报表。	在这种情况下，有两种可能性： 　　（1）一份审计报告针对两套财务报表。在这种情况下，考虑右列将会适用。 　　（2）针对每一套财务报表，分别出具审计报告。在这种情况下，审计报告可能需要单独存在，亦即，注册会计师对每一份审计报告需要完全遵守第 1501 号准则（修订）的要求。相应地，在对个别财务报表出具的审计报告中，只包括索引到针对合并财务报表出具的审计报告中的关键审计事项，这样足以达到目的。	因为注册会计师在这种情况下可能针对合并和个别财务报表出具一份审计报告，该份审计报告可能会包括与两套财务报表相关的关键审计事项。这可能以各种方式列示： 　　（1）指出每一关键审计事项如何适用于每一个审计，亦即，适用于合并和个别财务报表审计。 　　（2）在合并财务报表列示一部分关键审计事项，在个别财务报表列示另一部分关键审计事项（注册会计师可能交叉索引至与各自部分相关的关键审计事项，如果注册会计师认为这样做是适当的和有用的）。

　　无论合并和个别财务报表以及相关审计报告如何列示，注册会计师可能需要确定涉及的合并财务报表的关键审计事项，以及确定涉及个别财务报表的关键审计事项。在作出决定时，注册会计师可能区分对两个审计而言导致关键审计事项的事项。例如，一个正在经历恶化财务业绩的现金产出单元，可能影响两个审计，但以不同的方式——对合并财务报表审计估计商誉的减值，对个别财务报表审计，估计投资的潜在价值。相应地，当在审计报告中描述此类关键审计事项时，应当对每一个各自的审计量身定制描述。

　　参考格式 5 – 9 例举了针对合并和个别财务报表出具一份审计报告涉及的关键审计事项。

参考格式 5-9　对合并和个别财务报告出具报告涉及的关键审计事项

关键审计事项	在审计中如何应对该事项
2016 年 12 月 31 日，贵集团合并财务报表中商誉的账面价值为人民币 1 507 百万元，贵公司财务报表中对子公司投资的账面价值为人民币 6 677 百万元，占贵集团和贵公司净资产的比例分别为 3% 和 14%，上述商誉和对子公司投资主要是贵集团分别于 2011 年度和 2015 年度因收购光大证券（国际）有限公司和新鸿基金融集团有限公司形成的。 合并财务报表中商誉及个别财务报表中对子公司投资的账面价值可能存在无法通过使用各相关资产及资产组（即独立产生现金流入的可认定最小资产组合）所产生的预计未来现金流量以全部收回的风险。为评估商誉的可收回金额，管理层委聘外部估值专家基于管理层编制的现金流量预测采用预计未来现金流量折现的模型计算各相关资产及资产组的预计未来现金流量现值。 由于商誉及对子公司投资的账面价值分别对合并财务报表及个别财务报表的重要，同时在确定是否应计提减值时涉及重大的管理层判断和估计，特别在预测未来现金流量方面包括对预测收入、长期平均增长率和利润率以及确定恰当的折现率所作的关键假设，这些关键假设具有固有不确定性且可能受到管理层偏向的影响，因此，我们将评估合并财务报表中商誉及个别财务报表中对子公司投资的减值识别为关键审计事项。	与评估合并财务报表中商誉及个别财务报表中对子公司投资的减值相关的审计程序中包括以下程序： ● 基于我们对贵集团业务的了解和企业会计准则的规定，评价管理层对各资产及资产组的识别以及如何将商誉和其他资产分配至各资产组； ● 评价管理层委聘的外部估值专家的胜任能力、专业素质和客观性； ● 利用本所内部估值专家的工作，基于企业会计准则的要求，评价预计未来现金流量现值时采用的方法和假设； ● 通过将关键参数，包括预测收入、长期平均增长率及利润率与相关子公司的过往业绩、董事会批准的财务预算、近期的商业机会报告、行业研究报告和行业统计数据等进行比较，质疑管理层在预计未来现金流量现值时采用的假设和关键判断； ● 基于同行业可比公司的市场数据重新计算折现率，并将我们的计算结果与管理层计算预计未来现金流量现值时采用的折现率进行比较，以评价其计算预计未来现金流量现值时采用的折现率； ● 对预测收入和采用的折现率等关键假设进行敏感性分析，以评价关键假设的变化对减值评估结果的影响以及考虑对关键假设的选择是否存在管理层偏向的迹象； ● 通过与市场上可比企业采用市净率的估值结果进行比较，评价各相关资产和资产组的预计未来现金流量现值的计算结果； ● 评价在财务报表中有关商誉和对子公司投资的减值评估的披露是否符合企业会计准则的要求。

注：摘自毕马威华振对光大证券 2016 年财务报表出具的报告。

五、在重新出具报告或修改以前出具的报告情况下对关键审计事项的影响

如果注册会计师重新出具审计报告，或者修改以前的审计报告，在此情况下，可能会对以前在审计报告中沟通的关键审计事项产生影响。那么注册会计师如何进行处理呢？

借鉴国际审计与鉴证准则理事会 2016 年发布的《问题与解答》，结合我国相关审计准则对此问题进行讨论。根据《中国注册会计师审计准则第 1332 号——期后事项》，在某些情况下，可能要求注册会计师出具新的审计报告，或者修改以前出具的审计报告。例如，在财务报表公布后，注册会计师知悉了某项事实，如果在审计报告日知悉该项事实，可能导致修改审计报告。在此情况下，如果管理层修改财务报表，第 1332 号准则要求在新出具或修改的审计报告中包含强调事项段（EOM）或其他事项段（OM），提及财务报表附注（更为广泛地讨论修改以前公布的财务报表的原因），并提及注册会计师出具的早期的审计报告。

尽管要求注册会计师在审计报告中包含强调事项段或其他事项段，以遵守第 1332 号准则的要求，但是《中国注册会计师审计准则第 1503 号——在审计报告中增加强调事项段和其他事项段（修订）》指出，当沟通关键审计事项时，强调事项段或其他事项段不能替代关键审计事项。在某些情况下，如果注册会计师重新出具报告，可能由此考虑导致新审计报告或重新出具审计报告的事项：

（1）导致应当沟通的额外关键审计事项；

（2）与以前沟通的关键审计事项相关，是否有必要对该关键审计事项的描述进行修改。

以前作为关键审计事项沟通的其他事项，可能不会受到影响，因为此类事项以前被确定为在审计中最重要的事项，用于原审计报告的目的。

当考虑是否可能有必要对关键审计事项进行更新时，除了按照第 1332 号准则增加强调事项段或其他事项段，并考虑是否与沟通关键审计事项目标相关。除了包括在强调事项段的内容外（例如，超出提及所强调的事项和财务报表相关披露），对关键审计事项的描述，旨在向财务报表预期使用者提供额外信息。注册会计师也可能考虑交叉索引在强调事项段和其他事项段中的各自的描述以及在审计报告中被更新的关键审计事项，澄清两者都涉及到同样的事项。

六、注册会计师对其他信息报告的责任

(一) 不同实体的报告责任

当在年度报告中列示其他信息时,《中国注册会计师审计准则第 1521 号——注册会计师对其他信息的责任(修订)》适用于所有类型实体的审计。第 1521 号准则要求注册会计师在审计报告中包含标题为"其他信息"(或其他适当的标题)的一个单独的部分,并要求在审计报告日明确:

(1) 对于上市实体,注册会计师已经获得、或者期望获得其他信息;

(2) 对于上市实体以外的其他实体,注册会计师已经获得部分或全部其他信息。

不同实体的报告责任见表 5-37。

表 5-37　　　　　不同实体对其他信息的报告责任

审计报告应当包含其他信息部分,该部分应当包括: (1) 说明管理层对其他信息负责; (2) 说明注册会计师的审计意见未涵盖其他信息,因此,注册会计师对其他信息不发表(或不会发表)审计意见或任何形式的鉴证结论; (3) 描述注册会计师对其他信息有关的阅读、考虑和报告的责任。 此外,下列信息是否包括在内,取决于被审计实体是否是上市实体,以及截至报告日注册会计师收到的信息。		
收到其他信息的状态	上市实体	非上市实体
在审计报告日,注册会计师已经获得部分或全部其他信息。	(1) 指出在审计报告日前获得的其他信息; (2) 关于在审计报告日前获得的其他信息: —说明注册会计师无任何需要报告的事项; —如果注册会计师认为其他信息存在尚未更正的重大错报,说明其他信息尚未更正的重大错报。	适用于上市实体的要求,同样适用于非上市实体。

续表

收到其他信息的状态	上市实体	非上市实体
在审计报告日后，注册会计师期望获得其他信息。	指出在审计报告日后期望获得的其他信息。	不要求报告，尽管注册会计师有责任对其他信息实施必要的程序。

（二）在重新出具报告或修改以前出具的审计报告时对其他信息的报告责任

根据《中国注册会计师审计准则第 1332 号——期后事项》，在某些情况下，可能要求注册会计师出具新的审计报告或修改以前出具的审计报告。例如，在财务报表公布后，注册会计师可能知悉了某项事实，如果在审计报告日知悉该事实，可能导致注册会计师修改审计报告。

在这种情况下，当注册会计师提供新的审计报告或修改以前出具的审计报告时，可能需要重新考虑注册会计师与其他信息相关的责任，责任的性质和范围取决于注册会计师是否将针对期后事项的审计程序限制在对财务报表修改。

（1）允许注册会计师将期后事项的审计程序限制在引起修改期后事项的影响内。在这种情况下，与注册会计师相关的责任：一是考虑对以前出具的审计报告中报告的其他信息的影响；二是确定是否有必要对原来审计报告中的其他信息部分更新。针对注册会计师以前报告的其他信息，注册会计师需要考虑是否对与期后事项相关的其他信息进行适当更新，并考虑是否可能需要修改审计报告的其他信息部分，以提及修改的其他信息。注册会计师不应在原审计报告日后报告获得的任何其他信息。

（2）注册会计师不将期后事项的审计程序限制在财务报表修改的范围内。在这种情形况下，在重新出具的审计报告中的其他信息部分，将会涵盖在重新出具审计报告日后获得的所有信息。对于上市实体审计，需要将其他信息部分予以更新，并指出在审计报告日后期望获得的任何信息。

（三）IPO 财务报表审计对其他信息的披露

IPO 公司的招股说明书不适用其他信息准则的相关规定，除非另有规定，不需要在招股说明书引用的财务报表审计报告中增加"其他信息"部分[①]。

然而，需要说明的是，IPO 公司的招股说明书不适用其他信息准则的规

---

① 中国注册会计师协会：中国注册会计师审计准则问题解答第 15 号——其他信息，2018 年 4 月 24 日。

定，并不意味着注册会计师不需要对招股说明书中的其他信息执行相应的工作。注册会计师仍然应当按照证券监管者的相关规定和要求执行相应的工作并记录在审计工作底稿中。

七、IPO 财务报表审计确定和披露关键审计事项的原则

前已述及，注册会计师应当确定哪一事项是对本期财务报表审计最为重要的事项。注册会计师确定的关键审计事项仅限于那些对本期财务报表审计最为重要的事项，即使列示的是比较财务报表。注册会计师将关键审计事项限于对本期财务报表最为重要的事项的决策，主要是因为了解到，使用者在作出理智的决策时，感兴趣的是最近的信息。因此，更有可能看重来自本期财务报表审计中最重要的信息。进一步讲，在沟通与前期相关的关键审计事项时存在实务上的挑战，可能使得审计报告进一步冗长，可能导致混乱不清的列示。当然，如果法律法规要求注册会计师针对较财务报表审计列示相应各期的关键审计事项，注册会计师有义务这样做。

IPO 财务报表审计是一个特殊的领域，如何确定和披露关键审计事项，中国注册会计师协会专门作出解答。①

（一）报告期内各期均适用关键审计事项准则

在针对 IPO 财务报表出具的审计报告中，其报告期内各期均适用关键审计事项准则。

就过渡期而言，中国证监会《资本市场主体全面实施新审计报告相关准则有关事项的公告》（中国证券监督管理委员会公告〔2017〕19 号）规定：对于 IPO 公司，其财务报表审计业务自 2018 年 1 月 1 日起实施新审计报告相关准则，适用关键审计事项准则的期间为 2017 年及其以后的会计期间，2017 年以前的会计期间自愿适用。根据上述规定，如果注册会计师在 2017 年以前的会计期间自愿适用关键审计事项准则，则应当从自愿适用的期间及其之后的期间全面执行新审计报告准则中针对上市实体审计业务作出的规定。例如，如果 IPO 申报期为 2015 年度、2016 年度、2017 年度及 2018 年 1～3 月期间，则 2017 年度和 2018 年 1～3 月均适用关键审计事项准则及新审计报告准则中针对

---

① 中国注册会计师协会：《中国注册会计师审计准则问题解答第 14 号——关键审计事项》，2018 年 4 月 24 日。

上市实体审计业务的其他规定，对于 2015 年度、2016 年度的审计，注册会计师可以自愿采用关键审计事项准则；如果注册会计师针对 2015 年度、2016 年度自愿采用关键审计事项准则，则需要同时适用关键审计事项准则及新审计报告准则中针对上市实体审计业务的其他规定。

（二）各期分别确定关键审计事项，但可以多期合并披露关键审计事项

在 IPO 财务报表审计业务中，注册会计师应当在适用关键审计事项准则的各期分别确定关键审计事项。注册会计师在具体描述关键审计事项时，可以将报告期内两期或多期均出现的同一关键审计事项合并列示，标明该关键审计事项适用的具体期间，以减少重复。

（三）各期关键审计事项在审计报告中的披露应视各期实际情况而定

对于如何描述不同期间的关键审计事项，《〈中国注册会计师审计准则第 1504 号——在审计报告中沟通关键审计事项〉应用指南》第 44 段规定：将某事项直接联系到被审计单位的特定情况，也可能有助于最大程度上降低这种描述随着时间的推移而变得过于标准化和有用性降低的可能性。例如，由于某行业的特定情况或财务报告的复杂程度，某些事项可能对于该行业的多个实体普遍构成关键审计事项。注册会计师在描述为何认为该事项是最为重要的事项之一时，应注意强调被审计单位的特定方面（例如，影响本期财务报表中作出的判断的情形），以使这种描述对预期使用者而言更为相关。这对于描述某一在多个期间重复发生的关键审计事项而言也可能是重要的。

针对不同期间的同一关键审计事项，注册会计师在某一特定期间所采取的审计应对措施可能受被审计单位具体情况、经济状况、行业发展、注册会计师对审计程序不可预测性的考虑（例如，调整审计程序的时间、选取测试项目的方法等）等因素的影响，因而各期采取的审计应对措施不尽相同，相应地，对这些审计应对措施的描述也可能有所不同。在各期描述关键审计事项时，需要体现出各期不同的地方。例如，注册会计师将存货估值作为多个期间的关键审计事项，但各期的应对措施因存货种类的变化而有所不同，则在描述应对措施时，应展现不同期间应对措施的不同。同时，描述时应注意避免重复，例如，可以把各期间相同的审计应对措施统一进行描述，在此基础上，补充说明报告期内各期间所实施的不同的审计应对措施；也可以在首期完整描述各期均实施的审计应对措施，而在报告期的其余期间仅描述该期间追加的审计应对措施，并将实施的其他相同审计应对措施索引至首次描述的审计应对措施。

(四) 仅与特定期间相关的关键审计事项在审计报告中的披露

关键审计事项也可能仅与报告期内的某一个或多个特定期间相关,而非与报告期内的所有期间都相关。例如,注册会计师可能将被审计单位某一年度的某个重大并购事项确定为收购当期的关键审计事项。在此情况下,注册会计师需要在审计报告中明确该关键审计事项所涉及的具体报告期间。

IPO 财务报表审计报告中披露关键审计事项样式见参考格式 5-10。

参考格式 5-10　IPO 财务报表审计报告中披露关键审计事项

关键审计事项

关键审计事项是我们根据职业判断,认为分别对 20×1 年度、20×2 年度、20×3 年度及 20×4 年 1~×月期间财务报表审计最为重要的事项。这些事项的应对以对财务报表整体进行审计并形成审计意见为背景,我们不对这些事项单独发表意见。

我们在审计中识别出的关键审计事项汇总如下:

(一) [标题 1]

(二) [标题 2]

(三) [标题 3]

……

关键审计事项	该事项在审计中是如何应对的
[标题 1] [该事项被确定为关键审计事项的原因] [可将不同期间/年度原因相同的部分汇总列示,不同的部分单独列示。] [索引至财务报表中对该事项的披露] 例如: 相关会计期间/年度:20×4 年 1~×月期	[该事项在审计中是如何应对的] [可将不同期间/年度相同应对汇总列示,不同之处单独列示。] 例如: 20×4 年 1~×月期间、

关键审计事项	该事项在审计中是如何应对的
［标题1］ 间、20×3年度、20×2年度和20×1年度。 　　相关信息披露详见财务报表附注×、×。［需考虑索引至相关的重要会计政策和会计估计部分）］ 　　截至20×4年×月×日、20×3年12月31日、20×2年12月31日及20×1年12月31日，财务报表所示××项目金额分别为人民币××元、××元、××元及××元。 　　20×4年1~×月期间、20×3年度、20×2年度及20×1年度ABC公司在如下与××相关的领域运用了特定的判断： 　　1. 　　2. 　　…… 　　此外，对于上述关键审计事项，20×3年度ABC公司还存在××情况： 　　1. 　　2. 　　…… 　　上述领域依赖于多项假设和估计。因此，我们将其确定为关键审计事项。	20×3年度、20×2年度和20×1年度财务报表审计中，针对与××相关的领域所使用的假设和估计的合理性，我们执行了以下程序： 1. 2. 3. …… 针对20×3年度××情况，我们还执行了以下程序： 1. 2. 3. ……
［标题2］ 　　［该事项被确定为关键审计事项的原因］ 　　［可将不同期间/年度原因相同的部分汇总列示，不同的部分单独列示。］ 　　［索引至财务报表中对该事项的披露］	［该事项在审计中是如何应对的］ 　　［可将不同期间/年度相同应对汇总列示，不同之处单独列示。］

关键审计事项 ［标题 3］	该事项在审计中是如何应对的
［该事项被确定为关键审计事项的原因］ ［可将不同期间/年度原因相同的部分汇总列示，不同的部分单独列示。］ ［索引至财务报表中对该事项的披露］	［该事项在审计中是如何应对的］ ［可将不同期间/年度相同应对汇总列示，不同之处单独列示。］
……	

八、如何界定非标准审计报告

在二元审计报告模式下，审计报告分为标准审计报告（standard report）和非标准审计报告（non-standard reports）。标准审计报告，是指注册会计师对财务报表出具的无保留意见的审计报告，并且审计报告不包括强调事项段、其他事项段和任何修饰性段落和措辞。非标准审计报告，是指注册会计师对财务报表出具的非无保留意见（保留意见、否定意见或无法表示意见）的审计报告，或者带有强调事项段、其他事项段和任何修饰性段落和措辞的审计报告。

从审计准则的角度看，在加强版审计报告模式下，是否还能够继续将审计报告分为标准审计报告和非标准审计报告？区分是需要的，范围可能发生变化。"关键审计事项"（上市实体）和"其他信息"属于审计报告的常规要素，因此，似乎不应将带有这些要素的无保留意见的审计报告归类到非标准审计报告。新西兰在一份分析关键审计事项的报告中①，提到了非标准审计报告的内容，归类为："与持续经营相关的重大不确定性""强调事项段""其他事项段""保留意见""否定意见""无法表示意见"。

中国证监会颁布的《公开发行证券的公司信息披露编报规则第 14 号——非标准审计意见及其涉及事项的处理》（2018 年修订），将非标准审计意见定义为："本规定所称非标准审计意见是指注册会计师对财务报表发表的非无保

---

① XRB，FMA：Key Audit Matters：A Stock Take of the First Year in New Zealand，November 2017.

留意见或带解释性说明的无保留意见。上述非无保留意见，是指注册会计师对财务报表发表的保留意见、否定意见或无法表示意见。上述带有解释性说明的无保留意见，是指对财务报表发表的带有强调事项段、持续经营重大不确定性段落的无保留意见或者其他信息段落中包含其他信息未更正重大错报说明的无保留意见。"由此可见，中国证监会将非标准审计意见归类为："保留意见""否定意见""无法表示意见"，以及无保留意见段下的"与持续经营相关的重大不确定性""强调事项段""其他信息未更正错报说明"。从监管者的角度看，将"关键审计事项"和"其他事项段"排除在非标准审计报告之外，以及将"其他信息未更正错报说明"纳入非标准审计报告之内是合理的。一是，注册会计师在沟通关键审计事项时，要逐项说明确定关键审计事项的理由，以及在审计中是如何应对的。而且，关键审计事项的应对以对财务报表整体进行审计并形成审计意见为背景，注册会计师不对关键审计事项单独发表意见。因此，关键审计事项不影响审计意见。二是，其他事项是注册会计师提请使用者关注的如下事项，即未在财务报表中列报或披露，但与使用者理解审计工作、注册会计师的责任或审计报告相关的其他事项，上述事项不影响审计意见，通常也不是需要引起监管关注的风险信号。三是，当其他信息与财务报表之间存在重大不一致而被审计单位没有纠正时，注册会计师将其在审计报告中沟通，审计报告出现了强烈的监管信号。

附 录

1. A+H股、H股和自愿披露公司样本名单

序号	单位名称	股票代码	会计师事务所	类型
1	青岛啤酒股份有限公司	600600	普华永道中天	A类
2	中国石化上海石油化工股份有限公司	600688	普华永道中天	A类
3	天津创业环保股份有限公司	600874	普华永道中天	A类
4	中国石油化工股份有限公司	600028	普华永道中天	A类
5	安徽皖通高速公路股份有限公司	600012	普华永道中天	A类
6	北京北辰实业股份有限公司	601588	普华永道中天	A类
7	广深铁路股份有限公司	601333	普华永道中天	A类
8	中国平安保险（集团）股份有限公司	601318	普华永道中天	A类
9	中信银行股份有限公司	601998	普华永道中天	A类
10	交通银行股份有限公司	601328	普华永道中天	A类
11	中国建设银行股份有限公司	601939	普华永道中天	A类
12	中国中煤能源股份有限公司	601898	普华永道中天	A类
13	中国太平洋保险（集团）股份有限公司	601601	普华永道中天	A类
14	中国农业银行股份有限公司	601288	普华永道中天	A类
15	大连港股份有限公司	601880	普华永道中天	A类
16	上海医药集团股份有限公司	601607	普华永道中天	A类
17	中信证券股份有限公司	600030	普华永道中天	A类
18	中国国际海运集装箱（集团）股份有限公司	000039	普华永道中天	A类
19	上海电气集团股份有限公司	601727	普华永道中天	A类
20	福耀玻璃工业集团股份有限公司	600660	普华永道中天	A类
21	马鞍山钢铁股份有限公司	600808	安永华明	A类
22	中国东方航空股份有限公司	600115	安永华明	A类
23	中兴通讯股份有限公司	000063	安永华明	A类
24	中国银行股份有限公司	601988	安永华明	A类
25	中国人寿保险股份有限公司	601628	安永华明	A类
26	中国铝业股份有限公司	601600	安永华明	A类
27	潍柴动力股份有限公司	000338	安永华明	A类

续表

序号	单位名称	股票代码	会计师事务所	类型
28	中国铁建股份有限公司	601186	安永华明	A类
29	紫金矿业集团股份有限公司	601899	安永华明	A类
30	新疆金风科技股份有限公司	002202	安永华明	A类
31	北京金隅股份有限公司	601992	安永华明	A类
32	比亚迪股份有限公司	002594	安永华明	A类
33	新华人寿保险股份有限公司	601336	安永华明	A类
34	上海复星医药（集团）股份有限公司	600196	安永华明	A类
35	中国交通建设股份有限公司	601800	安永华明	A类
36	中国光大银行股份有限公司	601818	安永华明	A类
37	深圳高速公路股份有限公司	600548	安永华明	A类
38	江西铜业股份有限公司	600362	德勤华永	A类
39	江苏宁沪高速公路股份有限公司	600377	德勤华永	A类
40	洛阳栾川钼业集团股份有限公司	603993	德勤华永	A类
41	广发证券股份有限公司	000776	德勤华永	A类
42	招商银行股份有限公司	600036	德勤华永	A类
43	华电国际电力股份有限公司	600027	德勤华永	A类
44	中海油田服务股份有限公司	601808	德勤华永	A类
45	中国神华能源股份有限公司	601088	德勤华永	A类
46	中国中铁股份有限公司	601390	德勤华永	A类
47	中国冶金科工股份有限公司	601618	德勤华永	A类
48	中国中车股份有限公司	601766	德勤华永	A类
49	中国银河证券股份有限公司	601881	德勤华永	A类
50	长城汽车股份有限公司	601633	德勤华永	A类
51	新华文轩出版传媒股份有限公司	601811	德勤华永	A类
52	北京京城机电股份有限公司	600860	信永中和	A类
53	山东新华制药股份有限公司	000756	信永中和	A类
54	兖州煤业股份有限公司	600188	信永中和	A类
55	中船海洋与防务装备股份有限公司	600685	信永中和	A类
56	四川成渝高速公路股份有限公司	601107	信永中和	A类
57	山东墨龙石油机械股份有限公司	002490	信永中和	A类
58	东江环保股份有限公司	002672	信永中和	A类
59	第一拖拉机股份有限公司	601038	信永中和	A类
60	招商证券股份有限公司	600999	信永中和	A类
61	东方电气股份有限公司	600875	信永中和	A类
62	中原证券股份有限公司	601375	信永中和	A类
63	华能国际电力股份有限公司	600011	毕马威华振	A类

续表

序号	单位名称	股票代码	会计师事务所	类型
64	安徽海螺水泥股份有限公司	600585	毕马威华振	A类
65	中国国际航空股份有限公司	601111	毕马威华振	A类
66	中国工商银行股份有限公司	601398	毕马威华振	A类
67	中国石油天然气股份有限公司	601857	毕马威华振	A类
68	中国民生银行股份有限公司	600016	毕马威华振	A类
69	万科企业股份有限公司	000002	毕马威华振	A类
70	华泰证券股份有限公司	601688	毕马威华振	A类
71	光大证券股份有限公司	601788	毕马威华振	A类
72	中国南方航空股份有限公司	600029	毕马威华振	A类
73	沈机集团昆明机床股份有限公司	600806	瑞华	A类
74	东北电气发展股份有限公司	000585	瑞华	A类
75	海信科龙电器股份有限公司	000921	瑞华	A类
76	鞍钢股份有限公司	000898	瑞华	A类
77	天津中新药业集团股份有限公司	600329	瑞华	A类
78	大唐国际发电股份有限公司	601991	瑞华	A类
79	中远海运控股股份有限公司	601919	瑞华	A类
80	山东晨鸣纸业集团股份有限公司	000488	瑞华	A类
81	丽珠医药集团股份有限公司	000513	瑞华	A类
82	广州白云山医药集团股份有限公司	600332	立信	A类
83	广州汽车集团股份有限公司	601238	立信	A类
84	海通证券股份有限公司	600837	立信	A类
85	郑州煤矿机械集团股份有限公司	601717	立信	A类
86	东方证券股份有限公司	600958	立信	A类
87	南京熊猫电子股份有限公司	600775	立信	A类
88	上海大众公用事业（集团）股份有限公司	600635	立信	A类
89	中远海运能源运输股份有限公司	600026	天职	A类
90	中联重科股份有限公司	000157	天职	A类
91	中远海运发展股份有限公司	601866	天职	A类
92	重庆钢铁股份有限公司	601005	天健	A类
93	浙江世宝股份有限公司	002703	天健	A类
94	洛阳玻璃股份有限公司	600876	大信	A类
95	内蒙古伊泰煤炭股份有限公司	900948	大华	A类
96	中石化石油工程技术服务股份有限公司	600871	致同	A类
97	中国中材股份有限公司	01893	信永中和	B类
98	北青传媒股份有限公司	01000	信永中和	B类
99	宝德科技集团股份有限公司	08236	信永中和	B类

续表

序号	单位名称	股票代码	会计师事务所	类型
100	江苏南大苏富特科技股份有限公司	08045	信永中和	B类
101	上海交大慧谷信息产业股份有限公司	08205	信永中和	B类
102	新疆新鑫矿业股份有限公司	03833	普华永道中天	B类
103	首创置业股份有限公司	02868	普华永道中天	B类
104	青岛港国际股份有限公司	06198	普华永道中天	B类
105	海航基础股份有限公司	00357	普华永道中天	B类
106	新疆天业节水灌溉股份有限公司	00840	天健	B类
107	成都普天电缆股份有限公司	01202	天健	B类
108	北京市春立正达医疗器械股份有限公司	01858	天健	B类
109	秦皇岛港股份有限公司	03369	安永华明	B类
110	株洲中车时代电气股份有限公司	03898	安永华明	B类
111	广东粤运交通股份有限公司	03399	毕马威华振	B类
112	烟台北方安德利果汁股份有限公司	02218	毕马威华振	B类
113	北京京客隆商业集团股份有限公司	00814	瑞华	B类
114	哈尔滨电气股份有限公司	01133	立信	B类
115	南京三宝科技股份有限公司	01708	立信	B类
116	深圳市元征科技股份有限公司	02488	大华	B类
117	江铃汽车股份有限公司	000550	普华永道中天	C类
118	浦东发展银行股份有限公司	600000	普华永道中天	C类
119	中国联合网络通信股份有限公司	600050	毕马威华振	C类

注：B类股票代码为H股代码，会计师事务所为出具H股审计报告的事务所；天津中新药业集团股份有限公司为A+S股公司；内蒙古伊泰煤炭股份有限公司为B+H股公司。

2. 沪深300指数公司样本名单

序号	公司名称	股票代码	会计师事务所	类型
1	上海浦东发展银行股份有限公司	600000	普华永道中天	主板
2	北京首创股份有限公司	600008	致同	主板
3	上海国际机场股份有限公司	600009	立信	主板
4	内蒙古包钢钢联股份有限公司	600010	致同	主板
5	华能国际电力股份有限公司	600011	毕马威华振	主板
6	华夏银行股份有限公司	600015	德勤华永	主板
7	中国民生银行股份有限公司	600016	毕马威华振	主板
8	上海国际港务（集团）股份有限公司	600018	立信	主板

续表

序号	公司名称	股票代码	会计师事务所	类型
9	宝山钢铁股份有限公司	600019	德勤华永	主板
10	上海电力股份有限公司	600021	信永	主板
11	浙江浙能电力股份有限公司	600023	普华永道中天	主板
12	中国石油化工股份有限公司	600028	普华永道中天	主板
13	中国南方航空股份有限公司	600029	毕马威华振	主板
14	中信证券股份有限公司	600030	普华永道中天	主板
15	三一重工股份有限公司	600031	瑞华	主板
16	招商银行股份有限公司	600036	德勤华永	主板
17	中航直升机股份有限公司	600038	信永	主板
18	保利房地产（集团）股份有限公司	600048	立信	主板
19	中国联合网络通信股份有限公司	600050	毕马威华振	主板
20	国投资本股份有限公司	600061	立信	主板
21	郑州宇通客车股份有限公司	600066	大华	主板
22	中国葛洲坝集团股份有限公司	600068	立信	主板
23	江苏保千里视像科技集团股份有限公司	600074	立信	主板
24	北京同仁堂股份有限公司	600085	致同	主板
25	特变电工股份有限公司	600089	信永	主板
26	同方股份有限公司	600100	信永	主板
27	上海汽车集团股份有限公司	600104	德勤华永	主板
28	国金证券股份有限公司	600109	天健	主板
29	中国北方稀土（集团）高科技股份有限公司	600111	致同	主板
30	中国东方航空股份有限公司	600115	安永华明	主板
31	中国东方红卫星股份有限公司	600118	大华	主板
32	厦门建发股份有限公司	600153	致同	主板
33	永泰能源股份有限公司	600157	山东和信	主板
34	上海建工集团股份有限公司	600170	立信	主板
35	雅戈尔集团股份有限公司	600177	立信	主板
36	兖州煤业股份有限公司	600188	信永	主板
37	上海复星医药（集团）股份有限公司	600196	安永华明	主板
38	新湖中宝股份有限公司	600208	天健	主板
39	山东南山铝业股份有限公司	600219	山东和信	主板
40	海南航空控股股份有限公司	600221	普华永道中天	主板
41	圆通速递股份有限公司	600233	立信	主板
42	航天信息股份有限公司	600271	天健	主板
43	江苏恒瑞医药股份有限公司	600276	苏亚金诚	主板
44	广汇汽车服务股份有限公司	600297	普华永道中天	主板

续表

序号	公司名称	股票代码	会计师事务所	类型
45	万华化学集团股份有限公司	600309	德勤华永	主板
46	广州白云山医药集团股份有限公司	600332	立信	主板
47	华夏幸福基业股份有限公司	600340	中兴财光华	主板
48	浙江龙盛集团股份有限公司	600352	天健	主板
49	江西铜业股份有限公司	600362	德勤华永	主板
50	西南证券股份有限公司	600369	天健	主板
51	中航航空电子系统股份有限公司	600372	信永	主板
52	中文天地出版传媒股份有限公司	600373	信永	主板
53	北京首都开发股份有限公司	600376	致同	主板
54	金地（集团）股份有限公司	600383	德勤华永	主板
55	五矿资本股份有限公司	600390	天健	主板
56	国电南瑞科技股份有限公司	600406	立信	主板
57	浙江中国小商品城集团股份有限公司	600415	安永华明	主板
58	漳州片仔癀药业股份有限公司	600436	华兴	主板
59	中国船舶重工集团动力股份有限公司	600482	立信	主板
60	北京信威科技集团股份有限公司	600485	致同	主板
61	中金黄金股份有限公司	600489	瑞华	主板
62	烽火通信科技股份有限公司	600498	立信	主板
63	康美药业股份有限公司	600518	正中珠江	主板
64	贵州茅台酒股份有限公司	600519	立信	主板
65	江苏中天科技股份有限公司	600522	中兴华	主板
66	天士力医药集团股份有限公司	600535	天健	主板
67	山东黄金矿业股份有限公司	600547	天圆全	主板
68	厦门钨业股份有限公司	600549	致同	主板
69	恒生电子股份有限公司	600570	天健	主板
70	海洋石油工程股份有限公司	600583	立信	主板
71	安徽海螺水泥股份有限公司	600585	毕马威华振	主板
72	用友网络科技股份有限公司	600588	安永华明	主板
73	绿地控股集团股份有限公司	600606	瑞华	主板
74	东方明珠新媒体股份有限公司	600637	立信	主板
75	上海城投控股股份有限公司	600649	普华永道中天	主板
76	福耀玻璃工业集团股份有限公司	600660	普华永道中天	主板
77	上海陆家嘴金融贸易区开发股份有限公司	600663	安永华明	主板
78	四川川投能源股份有限公司	600674	信永	主板
79	南京新街口百货商店股份有限公司	600682	苏亚金诚	主板
80	中船海洋与防务装备股份有限公司	600685	信永	主板

续表

序号	公司名称	股票代码	会计师事务所	类型
81	中国石化上海石油化工股份有限公司	600688	普华永道中天	主板
82	青岛海尔股份有限公司	600690	山东和信	主板
83	三安光电股份有限公司	600703	中审众环	主板
84	物产中大集团股份有限公司	600704	天健	主板
85	中航资本控股股份有限公司	600705	中审众环	主板
86	辽宁成大股份有限公司	600739	华普天健	主板
87	华域汽车系统股份有限公司	600741	德勤华永	主板
88	国电电力发展股份有限公司	600795	瑞华	主板
89	鹏博士电信传媒集团股份有限公司	600804	华信	主板
90	安信信托股份有限公司	600816	立信	主板
91	上海隧道工程股份有限公司	600820	立信	主板
92	上海百联集团股份有限公司	600827	立信	主板
93	海通证券股份有限公司	600837	立信	主板
94	中石化石油工程技术服务股份有限公司	600871	致同	主板
95	国投电力控股股份有限公司	600886	立信	主板
96	内蒙古伊利实业集团股份有限公司	600887	大华	主板
97	中国航发动力股份有限公司	600893	立信	主板
98	上海张江高科技园区开发股份有限公司	600895	天职国际	主板
99	中国长江电力股份有限公司	600900	信永	主板
100	华安证券股份有限公司	600909	华普天健	主板
101	江苏银行股份有限公司	600919	毕马威华振	主板
102	杭州银行股份有限公司	600926	安永华明	主板
103	东方证券股份有限公司	600958	德勤华永	主板
104	江苏省广电有线信息网络股份有限公司	600959	苏亚金诚	主板
105	中国电影股份有限公司	600977	致同	主板
106	招商证券股份有限公司	600999	信永	主板
107	大秦铁路股份有限公司	601006	毕马威华振	主板
108	南京银行股份有限公司	601009	普华永道中天	主板
109	隆基绿能科技股份有限公司	601012	瑞华	主板
110	宁波舟山港股份有限公司	601018	普华永道中天	主板
111	春秋航空股份有限公司	601021	普华永道中天	主板
112	中国神华能源股份有限公司	601088	德勤华永	主板
113	太平洋证券股份有限公司	601099	立信	主板
114	中国国际航空股份有限公司	601111	德勤华永	主板
115	中国化学工程股份有限公司	601117	立信	主板
116	海南天然橡胶产业集团股份有限公司	601118	中审众环	主板

续表

序号	公司名称	股票代码	会计师事务所	类型
117	新城控股集团股份有限公司	601155	普华永道中天	主板
118	三角轮胎股份有限公司	601163	瑞华	主板
119	兴业银行股份有限公司	601166	德勤华永	主板
120	北京银行股份有限公司	601169	安永华明	主板
121	中国铁建股份有限公司	601186	德勤华永	主板
122	东兴证券股份有限公司	601198	德勤华永	主板
123	国泰君安证券股份有限公司	601211	安永华明	主板
124	白银有色集团股份有限公司	601212	永拓	主板
125	内蒙古君正能源化工集团股份有限公司	601216	大华	主板
126	陕西煤业股份有限公司	601225	希格玛	主板
127	广州港股份有限公司	601228	立信	主板
128	上海银行股份有限公司	601229	毕马威华振	主板
129	中国农业银行股份有限公司	601288	普华永道中天	主板
130	中国平安保险（集团）股份有限公司	601318	普华永道中天	主板
131	交通银行股份有限公司	601328	普华永道中天	主板
132	广深铁路股份有限公司	601333	普华永道中天	主板
133	新华人寿保险股份有限公司	601336	安永华明	主板
134	中原证券股份有限公司	601375	信永	主板
135	兴业证券股份有限公司	601377	德勤华永	主板
136	中国中铁股份有限公司	601390	普华永道中天	主板
137	中国工商银行股份有限公司	601398	毕马威华振	主板
138	东吴证券股份有限公司	601555	安永华明	主板
139	中国铝业股份有限公司	601600	安永华明	主板
140	中国太平洋保险（集团）股份有限公司	601601	普华永道中天	主板
141	上海医药集团股份有限公司	601607	普华永道中天	主板
142	中信重工机械股份有限公司	601608	普华永道中天	主板
143	中国核工业建设股份有限公司	601611	立信	主板
144	中国冶金科工股份有限公司	601618	德勤华永	主板
145	中国人寿保险股份有限公司	601628	安永华明	主板
146	长城汽车股份有限公司	601633	德勤华永	主板
147	中国建筑股份有限公司	601668	普华永道中天	主板
148	中国电力建设股份有限公司	601669	中天运会	主板
149	华泰证券股份有限公司	601688	毕马威华振	主板
150	际华集团股份有限公司	601718	立信	主板
151	上海电气集团股份有限公司	601727	普华永道中天	主板
152	中国中车股份有限公司	601766	德勤华永	主板

续表

序号	公司名称	股票代码	会计师事务所	类型
153	光大证券股份有限公司	601788	安永华明	主板
154	中国交通建设股份有限公司	601800	安永华明	主板
155	中国光大银行股份有限公司	601818	安永华明	主板
156	中国石油天然气股份有限公司	601857	毕马威华振	主板
157	中远海运发展股份有限公司	601866	天职国际	主板
158	招商局能源运输股份有限公司	601872	信永	主板
159	浙江正泰电器股份有限公司	601877	天健	主板
160	浙商证券股份有限公司	601878	天健	主板
161	中国银河证券股份有限公司	601881	德勤华永	主板
162	中国国旅股份有限公司	601888	毕马威华振	主板
163	中国中煤能源股份有限公司	601898	德勤华永	主板
164	紫金矿业集团股份有限公司	601899	安永华明	主板
165	方正证券股份有限公司	601901	信永	主板
166	中远海运控股份有限公司	601919	瑞华	主板
167	永辉超市股份有限公司	601933	致同	主板
168	中国建设银行股份有限公司	601939	普华永道中天	主板
169	金堆城钼业股份有限公司	601958	大信	主板
170	山东玲珑轮胎股份有限公司	601966	普华永道中天	主板
171	中国核能电力股份有限公司	601985	天健	主板
172	中国银行股份有限公司	601988	安永华明	主板
173	中国船舶重工股份有限公司	601989	致同	主板
174	大唐国际发电股份有限公司	601991	瑞华	主板
175	北京金隅集团股份有限公司	601992	安永华明	主板
176	贵阳银行股份有限公司	601997	安永华明	主板
177	中信银行股份有限公司	601998	普华永道中天	主板
178	深圳市汇顶科技股份有限公司	603160	大华	主板
179	浙江华友钴业股份有限公司	603799	天健	主板
180	欧派家居集团股份有限公司	603833	正中珠江	主板
181	山东步长制药股份有限公司	603858	信永	主板
182	洛阳栾川钼业集团股份有限公司	603993	德勤华永	主板
183	平安银行股份有限公司	000001	普华永道中天	主板
184	万科企业股份有限公司	000002	毕马威华振	主板
185	神州高铁技术股份有限公司	000008	大信	主板
186	深圳市中金岭南有色金属股份有限公司	000060	瑞华	主板
187	中兴通讯股份有限公司	000063	安永华明	主板
188	深圳华侨城股份有限公司	000069	瑞华	主板

续表

序号	公司名称	股票代码	会计师事务所	类型
189	TCL 集团股份有限公司	000100	大华	主板
190	中联重科股份有限公司	000157	天职国际	主板
191	申万宏源集团股份有限公司	000166	毕马威华振	主板
192	美的集团股份有限公司	000333	普华永道中天	主板
193	潍柴动力股份有限公司	000338	安永华明	主板
194	金融街控股股份有限公司	000402	致同	主板
195	东旭光电科技股份有限公司	000413	中兴财光华	主板
196	渤海金控投资股份有限公司	000415	安永华明	主板
197	东阿阿胶股份有限公司	000423	德勤华永	主板
198	徐工集团工程机械股份有限公司	000425	苏亚金诚	主板
199	海虹企业（控股）股份有限公司	000503	大华	主板
200	云南白药集团股份有限公司	000538	中审众环	主板
201	中天金融集团股份有限公司	000540	信永	主板
202	万向钱潮股份有限公司	000559	天健	主板
203	泸州老窖股份有限公司	000568	华信	主板
204	吉林敖东药业集团股份有限公司	000623	中准	主板
205	重庆长安汽车股份有限公司	000625	安永华明	主板
206	天茂实业集团股份有限公司	000627	大信	主板
207	铜陵有色金属集团股份有限公司	000630	华普天健	主板
208	珠海格力电器股份有限公司	000651	中审众环	主板
209	阳光城集团股份有限公司	000671	立信中联	主板
210	东北证券股份有限公司	000686	中准	主板
211	河钢股份有限公司	000709	中兴财光华	主板
212	山西美锦能源股份有限公司	000723	兴华	主板
213	京东方科技集团股份有限公司	000725	毕马威华振	主板
214	国元证券股份有限公司	000728	华普天健	主板
215	中国航发动力控制股份有限公司	000738	中审众环	主板
216	国海证券股份有限公司	000750	德勤华永	主板
217	中航飞机股份有限公司	000768	中审众环	主板
218	广发证券股份有限公司	000776	德勤华永	主板
219	长江证券股份有限公司	000783	中审众环	主板
220	青海盐湖工业股份有限公司	000792	瑞华	主板
221	启迪桑德环境资源股份有限公司	000826	信永	主板
222	中信国安信息产业股份有限公司	000839	致同	主板
223	宜宾五粮液股份有限公司	000858	华信	主板
224	新希望六和股份有限公司	000876	华信	主板

续表

序号	公司名称	股票代码	会计师事务所	类型
225	河南双汇投资发展股份有限公司	000895	安永华明	主板
226	鞍钢股份有限公司	000898	瑞华	主板
227	紫光股份有限公司	000938	中兴华	主板
228	北京首钢股份有限公司	000959	致同	主板
229	江苏中南建设集团股份有限公司	000961	致同	主板
230	华东医药股份有限公司	000963	天健	主板
231	山西西山煤电股份有限公司	000983	立信	主板
232	招商局蛇口工业区控股股份有限公司	001979	信永	主板
233	华兰生物工程股份有限公司	002007	大华	中小板
234	大族激光科技产业集团股份有限公司	002008	瑞华	中小板
235	苏宁云商集团股份有限公司	002024	普华永道中天	中小板
236	分众传媒信息技术股份有限公司	002027	立信	中小板
237	美年大健康产业控股股份有限公司	002044	瑞华	中小板
238	东华软件股份公司	002065	兴华	中小板
239	国轩高科股份有限公司	002074	华普天健	中小板
240	苏州金螳螂建筑装饰股份有限公司	002081	华普天健	中小板
241	宁波银行股份有限公司	002142	安永华明	中小板
242	荣盛房地产发展股份有限公司	002146	大华	中小板
243	北京中长石基信息技术股份有限公司	002153	信永	中小板
244	游族网络股份有限公司	002174	瑞华	中小板
245	新疆金风科技股份有限公司	002202	安永华明	中小板
246	科大讯飞股份有限公司	002230	华普天健	中小板
247	浙江大华技术股份有限公司	002236	立信	中小板
248	歌尔股份有限公司	002241	瑞华	中小板
249	上海莱士血液制品股份有限公司	002252	大华	中小板
250	奥飞娱乐股份有限公司	002292	正中珠江	中小板
251	深圳信立泰药业股份有限公司	002294	瑞华	中小板
252	江苏洋河酒厂股份有限公司	002304	苏亚金诚	中小板
253	北京东方园林环境股份有限公司	002310	立信	中小板
254	顺丰控股股份有限公司	002352	普华永道中天	中小板
255	北京大北农科技集团股份有限公司	002385	瑞华	中小板
256	江苏必康制药股份有限公司	002411	瑞华	中小板
257	杭州海康威视数字技术股份有限公司	002415	德勤华永	中小板
258	贵州百灵企业集团制药股份有限公司	002424	天健	中小板
259	苏州胜利精密制造科技股份有限公司	002426	天衡	中小板
260	康得新复合材料集团股份有限公司	002450	瑞华	中小板

续表

序号	公司名称	股票代码	会计师事务所	类型
261	欧菲科技股份有限公司	002456	大华	中小板
262	江西赣锋锂业股份有限公司	002460	立信	中小板
263	广州海格通信集团股份有限公司	002465	立信	中小板
264	天齐锂业股份有限公司	002466	信永	中小板
265	申通快递股份有限公司	002468	大信	中小板
266	金正大生态工程集团股份有限公司	002470	大信	中小板
267	立讯精密工业股份有限公司	002475	立信	中小板
268	山西证券股份有限公司	002500	毕马威华振	中小板
269	杭州老板电器股份有限公司	002508	瑞华	中小板
270	芜湖顺荣三七互娱网络科技股份有限公司	002555	正中珠江	中小板
271	巨人网络集团股份有限公司	002558	安永华明	中小板
272	索菲亚家居股份有限公司	002572	立信	中小板
273	比亚迪股份有限公司	002594	安永华明	中小板
274	龙蟒佰利联集团股份有限公司	002601	立信	中小板
275	浙江世纪华通集团股份有限公司	002602	天健	中小板
276	江苏国信股份有限公司	002608	天衡	中小板
277	完美世界股份有限公司	002624	立信	中小板
278	西部证券股份有限公司	002673	信永	中小板
279	牧原食品股份有限公司	002714	中兴华	中小板
280	国信证券股份有限公司	002736	瑞华	中小板
281	万达电影股份有限公司	002739	瑞华	中小板
282	第一创业证券股份有限公司	002797	立信	中小板
283	深圳市裕同包装科技股份有限公司	002831	天健	中小板
284	江苏张家港农村商业银行股份有限公司	002839	公证天业	中小板
285	广州视源电子科技股份有限公司	002841	立信	中小板
286	乐普（北京）医疗器械股份有限公司	300003	立信	创业板
287	爱尔眼科医院集团股份有限公司	300015	中审众环	创业板
288	网宿科技股份有限公司	300017	德勤华永	创业板
289	沈阳新松机器人自动化股份有限公司	300024	华普天健	创业板
290	华谊兄弟传媒股份有限公司	300027	瑞华	创业板
291	浙江核新同花顺网络信息股份有限公司	300033	天健	创业板
292	东方财富信息股份有限公司	300059	立信	创业板
293	北京碧水源科技股份有限公司	300070	大信	创业板
294	北京三聚环保新材料股份有限公司	300072	利安达	创业板
295	重庆智飞生物制品股份有限公司	300122	瑞华	创业板
296	深圳市汇川技术股份有限公司	300124	立信	创业板

续表

序号	公司名称	股票代码	会计师事务所	类型
297	深圳市信维通信股份有限公司	300136	众华	创业板
298	宋城演艺发展股份有限公司	300144	立信	创业板
299	北京光线传媒股份有限公司	300251	兴华	创业板
300	北京掌趣科技股份有限公司	300315	大华	创业板

参考文献

1. 中国注册会计师协会：《中国注册会计师审计准则第1501号——对财务报表形成审计意见和出具审计报告（修订）》《中国注册会计师审计准则第1502号——在审计报告中发表非无保留意见（修订）》《中国注册会计师审计准则第1503号——在审计报告中增加强调事项段和其他事项段（修订）》《中国注册会计师审计准则第1504号——在审计报告中沟通关键审计事项》《中国注册会计师审计准则第1151号——与治理层的沟通（修订）》《中国注册会计师审计准则第1324号——持续经营（修订）》《中国注册会计师审计准则第1521号——注册会计师对其他信息的责任（修订）》（2016年修订）。

2. 中国注册会计师协会：《中国注册会计师审计准则问题解答第15号——其他信息》，2018年4月24日。

3. 中国注册会计师协会：《中国注册会计师审计准则问题解答第14号——关键审计事项》，2018年4月24日。

4. International Auditing and Assuraance Standards Board: Handbook of International Quality Control, Auditing, Review, Other Assrance, and related Service pronouncements (2016–2017 Edition).

5. IAASB, A Framework for Audit Quality: Key Elements That Create an Enviroment for Audit Quality, February 2014.

6. IAASB Consultation Paper: Enhancing the Value of Auditor Reporting: Exploring Option for Change, May 2011.

7. IAASB: Invitation to Comment (ITC): Improving the Auditor's Report, June 2012.

8. IAASB: Reporting on Audited Financial Statements: Proposed New and Revised International Standards on Auditing (ISAs), June 2013.

9. IAASB: Basis for Conclusions Prepared by Staff of the IAASB,

January 2015.

10. European Commission: Green Paper Audit Policy: Lessons from the Crisis, October, 2010.

11. DIRECTIVE 2014/56/EU OF THE EUROPEAN PARLIAMENT AND OF THE COUNCIL of 16 April 2014 amending DIRECTIVE 2006/43/EC on statutory audits of annual accounts and consolidated accounts, April, 2014.

12. Regulation (EU) No 537/2014 of the European Parliament and of the Council of 16 April 2014 on specific requirements regarding statutory audit of public–interest entities and regarding Commission Decision 2005/909/EC, April, 2014.

13. FRC: The UK Corporate Governance Code, September 2014.

14. FRC: International Standard on Auditing (UK and Ireland) 700: The Independent Auditor's Report on Financial Statements, September 2014.

15. FRC: Extended Auditor's Reports: A Review of Experience in the First Year, March 2015.

16. FRC: Extended Auditor's Reports: A Further Review of Experiencer, January 2016.

17. PWC: Enhanced Auditor's Report: Review of First Year Experience in Hong Kong, July 2017.

18. Enhanced Auditor's Report: Survey of First Year Experience in Singapore, 2017.

19. XRB, FMA: Key Audit Matters: A Stock Take of the First Year in New Zealand, November 2017.

20. IAASB: Question and Answer, November 2016.